O mundo mais bonito
que nossos corações
sabem ser possível

CHARLES EISENSTEIN

O mundo mais bonito que nossos corações sabem ser possível

Tradução
Fábio Marinho e Tônia Van Acker

Palas Athena

Título original: *The More Beautiful World Our Hearts Know Is Possible*
Copyright © Charles Eisenstein, 2013

Grafia segundo o Acordo Ortográfico da Língua Portuguesa de 1990,
que entrou em vigor no Brasil em 2009.

Coordenação editorial: Lia Diskin
Capa e projeto gráfico: Vera Rosenthal
Produção e diagramação: Tony Rodrigues
Imagem da capa: Praia do Portinho, do artista Alexandre Reider
Revisão: Rejane Moura

Dados Internacionais de Catalogação na Publicação (CIP)
(Câmara Brasileira do Livro, SP, Brasil)

Eisenstein, Charles.
 O mundo mais bonito que nossos corações sabem ser possível /
Charles Eisenstein; tradução de Fábio Marinho e Tônia Van Acker –
São Paulo: Palas Athena, 2016.

 Título original: The more beautiful world our hearts know is possible.

 1. Consciência 2. Humanidade I. Título.

16-08576   CDD-158.1

Índices para catálogo sistemático:
1. Consciência: Transformação pessoal: Psicologia aplicada   158.1

2ª edição, fevereiro de 2024

Todos os direitos reservados e protegidos pela
Lei 9610 de 19 de fevereiro de 1998.
É proibida a reprodução total ou parcial, por quaisquer meios,
sem a autorização prévia, por escrito, da Editora.

Direitos adquiridos para a língua portuguesa no Brasil por
Palas Athena Editora
Alameda Lorena, 355 – Jardim Paulista
01424-001 São Paulo, SP Brasil
Fone (11) 3050-6188
www.palasathena.org.br
editora@palasathena.org.br

*Aos humildes,
cujas escolhas invisíveis estão curando o mundo.*

ÍNDICE

Agradecimentos 11

Separação 13
Colapso 21
Interser 29
Cinismo 36
Insanidade 43
Força 47
Ciência 53
Clima 63
Desesperança 72
Esperança 78
Morfogênese 83
Ingenuidade 93
Realidade 100
Espírito 105
Ortodoxia 113
Novidade 121
Urgência 128
Escassez 135
Ação 145
Inação 151
Atenção 157

Índice

Luta 173
Dor 181
Prazer 187
Julgamento 198
Ódio 205
Estar com a Razão 211
Psicopatia 220
Mal 233
História 258
Desmontagem 266
Milagre 283
Verdade 290
Consciência 302
Destino 307
Iniciação 316

Agradecimentos

Há apenas quatro anos minha obra era quase desconhecida e eu estava falido, trabalhando meio período na construção civil, escrevendo nos poucos momentos que minha condição de pai solteiro me permitia. Foi pela generosidade de incontáveis amigos e apoiadores que minha vida mudou de forma tão radical desde então.

Nos últimos três anos fiz pelo menos trezentas conferências em mais de cem cidades. Nenhum desses eventos foi organizado por mim, nem paguei para que o fizessem – foram presentes das pessoas que doaram seu tempo, energia, redes e habilidades de organização. Não incitei os *podcasts*, entrevistas e filmes dos quais participei. Pude prestar serviços de modo tão eficaz por causa dos muitos outros que servem à mesma causa. Meu trabalho é de fato um esforço coletivo.

As pessoas que organizaram tudo isso são numerosas demais para mencionar. O mesmo vale para as centenas de pessoas que me acolheram em suas casas, me alimentaram e me levaram a todos os lugares que visitei. Queridos anfitriões, sua generosidade me sustentou em mais maneiras do que podem imaginar, me relembrando da verdade sobre a qual escrevo. Da mesma forma, as centenas de pessoas que doaram dinheiro on-line ou em eventos, validando o princípio da doação que me leva a disponibilizar meu trabalho. Graças à sua generosidade, posso continuar a escrever e dar palestras sem deixar de sustentar meus quatro filhos.

Além de todas essas pessoas que terão que permanecer anônimas, quero nomear algumas que tiveram um impacto direto sobre este livro. Agradeço a Ken Jordan e Daniel Pincheck por sua total aprovação editorial para publicar alguns artigos nos quais desenvolvi parte das ideias que constam aqui; Andrew Harvey por nossas vibrantes conversas, que me levaram a novas paisagens na reflexão sobre "o mal", bem como por seu generoso entusiasmo pela minha obra; Joshua Ramey, por sua amizade nos momentos cruciais de dúvida; a Patsy, minha ex-mulher, por ter ficado comigo durante a provação da cura; a North Atlantic Books, por ceder às minhas exigências pouco usuais quanto a direitos autorais, arte da capa e editoração; Marie Goodwin, que apareceu do nada para me ajudar no tocante a cronograma, logística, comunicações, pesquisa e sanidade. Gostaria também de mencionar minha apreciação por Glenn Aumgartner, O. J. Haugen, Brad Laughlin, Cynthia Jurs, Polly Higgins, Satish Kumar, Mark Boyle, Manish Jain, Ian MacKenzie, Filipa Pimental, Trenna Cormack, Jeff Dardozzi, Filiz Telek... ah, e agora que comecei quero mencionar mais uma centena de pessoas. Muitos dos que não listei foram tão importantes quanto os que mencionei.

Por fim e mais do que tudo quero agradecer à minha esposa, Stella, cuja presença na minha vida mudou tudo.

Separação

À s vezes me sinto nostálgico em relação à mitologia cultural da minha juventude, um mundo em que não havia nada de errado com os refrigerantes, em que os jogos da Super Bowl eram importantes, em que os Estados Unidos estavam trazendo a democracia para o mundo, em que o médico conseguiria pôr em ordem sua saúde, em que a ciência tornaria a vida cada vez melhor – e ainda por cima tínhamos acabado de colocar um homem na lua.

A vida fazia sentido. Se você se esforçasse, poderia tirar boas notas, entrar em uma boa faculdade, fazer uma pós-graduação ou seguir um bom caminho profissional. E você seria feliz. Com poucas exceções, você seria bem-sucedido se obedecesse às regras de nossa sociedade, se seguisse o conselho médico mais atual, se estivesse sempre informado pela leitura do *New York Times*, se tivesse uma boa educação, obedecesse à lei, fizesse investimentos prudentes e ficasse longe de coisas ruins como as drogas. Claro que havia problemas, mas os cientistas e especialistas estavam trabalhando com empenho para resolvê-los. Em breve, um novo avanço médico, uma nova lei, uma nova técnica educacional iriam elevar a qualidade de vida. Minhas percepções da infância eram parte de uma narrativa que chamo de História das Pessoas, na qual a humanidade estava destinada a criar um mundo perfeito através da ciência, razão e tecnologia, com o intuito de conquistar a natureza, transcender nossas origens animais e construir uma sociedade racional.

Do meu ponto de vista, as premissas básicas dessa história pareciam inquestionáveis. Minha educação, os meios de comunicação e, acima de tudo, a normalidade das rotinas à minha volta conspiravam para dizer que "Está tudo bem". Hoje em dia, no entanto, está cada vez mais óbvio que aquele mundo era uma bolha construída sobre enorme sofrimento humano e degradação ambiental. Mas, naquele tempo, era possível viver dentro dessa bolha, sem necessidade de muito autoengano. A história que nos rodeava era consistente. E facilmente conseguia manter afastados os dados anormais e os pontos fora da curva.

No entanto, eu (como muitos outros) percebia algo errado no mundo, algo inapropriado que penetrava pelas frestas da minha infância privilegiada e isolada. Eu nunca aceitei totalmente o que me havia sido oferecido como normal. A vida, eu sabia, era para ser mais alegre do que isso, mais real, mais significativa, e o mundo deveria ser mais bonito. Nós não deveríamos odiar as segundas-feiras e viver em função de fins de semana e feriados. Não deveríamos ter que pedir autorização para sair da sala de aula para ir ao banheiro. Não deveríamos ser mantidos dentro de quatro paredes em um dia bonito, durante a semana inteira.

Conforme meus horizontes se ampliavam, eu percebia que milhões de pessoas não deveriam estar passando fome, que as armas nucleares não deveriam estar sobre nossas cabeças, que as florestas tropicais não deveriam estar minguando, ou os peixes morrendo, ou os condores e águias desaparecendo. Eu não podia aceitar o modo como a narrativa dominante da minha cultura tratava essas coisas: como problemas isolados a serem resolvidos, como fatos tristes da vida a serem lamentados, ou como temas tabu que não deviam ser mencionados, mas simplesmente ignorados.

Em algum nível, todos nós sabemos bem disso. Esse conhecimento raramente é articulado com clareza; em vez disso, nós o expressamos de forma indireta através de uma rebelião disfarçada ou evidente. Vícios, autossabotagem, procrastinação, preguiça, raiva, fadiga crônica e depressão são modos de negarmos nossa plena participação no programa de vida que nos é oferecido. Quando a mente consciente não pode encontrar uma razão para dizer não, o inconsciente diz não à sua própria maneira. Cada vez mais, as pessoas não suportam ficar na "velha normalidade".

A narrativa do normal está se desintegrando também no nível sistêmico. Vivemos hoje um momento de transição de mundos. As instituições que têm nos servido de apoio através dos séculos perderam sua vitalidade; apenas com o aumento da autoilusão podemos fingir que elas são sustentáveis. Os sistemas monetário, político, energético, médico, educacional e outros, não estão mais oferecendo benefícios como faziam antes (ou pareciam fazer). A promessa utópica, tão inspiradora um século atrás, fica mais distante a cada ano. Milhões de nós sabem disso e, cada vez mais, quase não se preocupam em fingir o contrário. No entanto, parecemos impotentes para mudar, e até mesmo para deixar de participar dessa corrida da civilização industrial em direção ao abismo.

Em meu livro anterior, ofereci uma ressignificação desse processo, vendo a evolução cultural humana como uma história de crescimento, seguido de crise, colapso e renascimento: a emergência de um novo tipo de civilização – de uma Era do Encontro, que se segue à Era da Separação. Talvez mudanças profundas só aconteçam através do colapso. Sem dúvida isso é verdade para muitos em um nível pessoal. Você pode saber, intelectualmente, que seu estilo de vida não é sustentável e que você tem que mudar seu jeito de viver: "Sim, sim. Eu sei que deveria parar de fumar. Começar a me exercitar. Parar de comprar a crédito".

Mas com que frequência alguém faz qualquer mudança sem uma chamada para o despertar ou, mais provavelmente, sem uma série dessas chamadas? Afinal, os nossos hábitos estão arraigados em um modo de ser que inclui todos os aspectos da vida. Daí o ditado: "Você não pode mudar uma coisa sem mudar todo o resto".

No nível coletivo, o mesmo é verdadeiro. À medida que despertamos para a interligação de todos os nossos sistemas, vemos que não podemos mudar, por exemplo, as tecnologias de energia sem alterar o sistema econômico que as suporta. Aprendemos também que todas as instituições externas refletem nossas percepções básicas do mundo, nossas ideologias invisíveis e sistemas de crença. Nesse sentido, podemos dizer que a crise ecológica – como todas as nossas crises – é uma crise espiritual. Ou seja, ela chega até o fundo, abrangendo todos os aspectos da nossa humanidade.

E exatamente o que está no fundo? O que quero dizer com uma "transição entre os mundos"? Na base da nossa civilização encontra-se uma história, uma mitologia. Eu a chamo de História do Mundo ou História das Pessoas. É uma matriz de narrativas, acordos e sistemas simbólicos que abrange as respostas que nossa cultura oferece para as perguntas mais básicas da vida:

- Quem sou eu?
- Por que as coisas acontecem?
- Qual é o propósito da vida?
- O que é a natureza humana?
- O que é sagrado?
- Quem somos nós como pessoas?
- De onde viemos e para onde vamos?

Nossa cultura responde essas perguntas mais ou menos do modo a seguir. Apresentarei uma articulação pura dessas respostas, dessa História das Pessoas, embora, na realidade, ela nunca tenha dominado por completo, nem mesmo ao atingir seu apogeu no século passado. Você pode reconhecer algumas dessas respostas como cientificamente obsoletas, mas essa ciência obsoleta dos séculos XIX e XX ainda forma nossa visão do que é real, possível e prático. A nova física, a nova biologia, a nova psicologia mal começaram a se infiltrar em nossas crenças operacionais. Então, aqui estão as velhas respostas:

Quem é você? Você é um indivíduo separado, entre outros indivíduos separados, num universo que também é separado de você. Você é uma partícula cartesiana de consciência que olha para fora através dos olhos de um robô de carne, programado por seus genes para maximizar seu próprio interesse reprodutivo. Você é uma bolha psicológica, uma mente (baseada ou não no cérebro) separada de outras mentes e separada da matéria. Ou você é uma alma envolvida por um corpo de carne, separado do mundo e separado de outras almas. Ou você é uma massa, um conglomerado de partículas que operam de acordo com as forças impessoais da física.

Por que as coisas acontecem? Mais uma vez, porque as forças impessoais da física agem sobre um material genérico de partículas fundamentais. Todos os fenômenos são o resultado dessas interações matematicamente determinadas. Inteligência, ordem, propósito e design são ilusões; por baixo de tudo, está apenas um amontoado de forças e massas sem propósito. Qualquer fenômeno, todos os movimentos, toda a vida é o resultado da soma total das forças agindo sobre os objetos.

Qual é o propósito da vida? Não há nenhuma finalidade, apenas causa. No fundo, o universo é cego e morto. O pensamento não é nada além de um impulso eletroquímico; o amor, apenas uma cascata hormonal que reestrutura nossos cérebros. A única finalidade da vida (além da que nós mesmos fabricamos) é simplesmente viver, sobreviver e se reproduzir, para maximizar o próprio interesse. Uma vez que somos fundamentalmente separados uns dos outros, é provável que o meu interesse próprio viva à custa do seu. Tudo que não for eu é hostil ou, na melhor das hipóteses, indiferente para o meu bem-estar.

O que é a natureza humana? Para nos protegermos contra esse universo hostil de indivíduos concorrentes e de forças impessoais, devemos exercer o máximo de controle possível. Procuramos qualquer coisa que promova esse objetivo, por exemplo: dinheiro, status, segurança, informação e poder – todas essas coisas que chamamos de "mundanas". Na dimensão mais fundamental de nossa natureza, motivações e desejos, está o que podemos chamar de mal. É essa a definição daquilo que maximiza, de modo implacável, o autointeresse.

O que, então, é sagrado? Uma vez que a busca cega e implacável do autointeresse é antissocial, é importante superar nossa programação biológica e buscar "coisas mais elevadas". Uma pessoa santa não sucumbe aos desejos da carne. Ela toma o caminho da abnegação, da disciplina, ascendendo para o reino do espírito ou, na versão secular desta missão, para o reino da razão e da mente, princípios e ética. Para o religioso, ser sagrado é ser de outro mundo; a alma é separada do corpo, e Deus vive elevado acima da terra. Apesar de sua oposição superficial, ciência e religião concordam: o sagrado não é deste mundo.

Quem somos nós como pessoas? Nós somos um tipo especial de animal, o ápice da evolução, com cérebros que permitem a transferência cultural de informações, além da transferência genética. Nós somos os únicos a ter (na visão religiosa) uma alma ou (na visão científica) uma mente racional. Em nosso universo mecânico, só nós possuímos consciência e meios para moldar o mundo de acordo com nosso projeto. O único limite para nossa capacidade de fazê-lo é a quantidade de força que conseguimos usar e a precisão com a qual a aplicamos. Quanto mais pudermos fazê-lo, melhor ficaremos neste universo indiferente ou hostil, e mais confortáveis e seguros estaremos.

De onde viemos e para onde vamos? Começamos como animais nus e ignorantes, mal conseguindo sobreviver, vivendo de forma desagradável, brutal e efêmera. Por sorte, graças aos nossos grandes cérebros, a ciência substituiu a superstição, e a tecnologia substituiu o ritual. Nós ascendemos para nos tornar senhores e possuidores da natureza, domesticando plantas e animais, aproveitando as forças naturais, dominando doenças, revelando os segredos mais profundos do universo. Nosso destino é concluir essa conquista: libertar-nos do trabalho, da doença e da própria morte, para subir às estrelas e deixar a natureza para trás por completo.

Ao longo deste livro, vou me referir a essa visão de mundo como a História da Separação, a velha história, ou às vezes às consequências dela: a História da Ascensão, o programa de controle, e assim por diante.

As respostas a essas perguntas dependem da cultura, mas estamos tão imersos nessas respostas que as vemos como a própria realidade. Hoje as respostas estão mudando, junto com tudo o que foi construído sobre elas, o que significa, basicamente, toda a nossa civilização. É por isso que às vezes temos a sensação vertiginosa de que o mundo inteiro está desabando. Vendo o vazio do que antes parecia tão real, prático e duradouro, nós estamos à beira de um abismo. O que vem a seguir? Quem sou eu? O que é importante? Qual o propósito da minha vida? Como posso ser um agente eficaz de cura? As velhas respostas vão esmaecendo à medida que a antiga História das Pessoas – com suas velhas respostas – vai se desmantelando.

Este livro é um guia para atravessar o espaço vazio entre histórias: da velha história em direção a uma nova história. Ele aborda o leitor como sujeito dessa transição pessoal e como agente da transição para os demais, a sociedade e o planeta.

Do mesmo modo que a crise, a transição que enfrentamos vai até o fundo. Internamente, significa transformar a experiência de estar vivo. Externamente, não é nada menos do que transformar o papel da humanidade sobre a Terra.

Não ofereço este livro como alguém que completou sua própria transição. Longe disso. Não tenho mais autoridade para escrever este livro do que qualquer outro homem ou mulher. Não sou um avatar ou um santo, não estou canalizando mestres superiores ou ETs, não tenho poderes psíquicos incomuns, não sou um gênio intelectual, não passei por qualquer dificuldade ou provação notável, não tenho prática espiritual especialmente profunda ou treinamento xamânico. Sou um homem comum. Portanto, você terá que avaliar minhas palavras por seus próprios méritos.

E se as minhas palavras cumprirem sua intenção, que é a de catalisar um próximo passo, grande ou pequeno, em direção ao mundo mais bonito que nossos corações sabem que é possível, minha total normalidade passa a ser altamente significativa. Ela mostra o quão perto todos nós, seres humanos comuns, estamos de uma profunda transformação da consciência e do ser. Se eu, uma pessoa comum, já posso enxergar isso, nós devemos estar quase lá.

Colapso

O Reino de Deus é para os corações partidos.
– Fred Rogers

É assustadora essa transição entre os mundos, mas também fascinante. Você já se viu viciado em sites de previsões catastróficas, buscando todo dia a mais recente evidência de que o colapso está chegando, sentindo-se quase desapontado quando a produção de petróleo não chegou a seu pico em 2005, ou quando o sistema financeiro não entrou em colapso em 2008? (Eu mesmo ainda estou preocupado com o bug do milênio.) Você olha para o futuro com medo, mas também com uma espécie de expectativa positiva? Quando uma grande crise ameaça, uma catástrofe natural ou uma crise financeira, há uma parte de você que diz "Que venha!" esperando que ela possa nos libertar do aprisionamento coletivo a um sistema que não serve a ninguém (nem mesmo a suas elites)?

É perfeitamente normal temer aquilo que mais se deseja. Desejamos transcender a História do Mundo que acabou nos escravizando e que, de fato, está matando o planeta. Tememos o que o fim dessa História possa trazer: o desaparecimento de muitas coisas que conhecemos.

Temendo ou não, isso já está acontecendo. Desde a minha infância, na década de 1970, a nossa História das Pessoas tem se desgastado em ritmo acelerado. Mais e mais pessoas no Ocidente já não acreditam que a civilização esteja fundamentalmente no caminho certo. Mesmo aqueles que ainda não questionam suas premissas básicas de forma explícita, parecem ter se cansado dela. Uma camada de cinismo, uma autoconsciência típica da contracultura tem silenciado nossa sinceridade. O que antes era tão real, como por exemplo o eixo da plataforma de um partido, hoje é visto através de muitos níveis de "meta" filtros que o analisam em termos de imagem e mensagem. Somos como crianças que cresceram para além de uma história que já nos encantou, conscientes agora de que era apenas uma história.

Ao mesmo tempo, uma série de novos dados têm desmontado a história pelo lado de fora. O aproveitamento dos combustíveis fósseis, o milagre de produtos químicos para transformar a agricultura, os métodos da engenharia social e das ciências políticas para criar uma sociedade mais racional e justa – cada um desses itens ficou muito aquém de suas promessas e trouxe consequências inesperadas que, em conjunto, ameaçam a civilização. Simplesmente não podemos mais acreditar que os cientistas têm tudo sob controle, nem que a marcha da razão trará uma utopia social.

Hoje não podemos ignorar a intensa degradação da biosfera, o mal-estar do sistema econômico, o declínio da saúde humana, ou a persistência e o efetivo crescimento da pobreza e da desigualdade global. Nós, um dia, já pensamos que os economistas corrigiriam a pobreza, que os cientistas políticos erradicariam a injustiça social, que químicos e biólogos resolveriam os problemas ambientais e que o poder da razão prevaleceria e adotaríamos políticas sãs. Lembro-me de olhar para os mapas de destruição da floresta tropical na *National Geographic,* no início de 1980 e de me sentir ao mesmo tempo alarmado e aliviado – aliviado porque pelo menos os cientistas e todos os que liam a *National Geographic* estavam cientes do problema naquele momento, e algo certamente seria feito.

Nada foi feito. O desaparecimento das florestas tropicais se acelerou, e igualmente todas as outras ameaças ambientais conhecidas em 1980. Nossa História das Pessoas seguiu adiante, sob o impulso de séculos, porém, a cada década que passa, amplia-se mais e mais o esvaziamento de sua essência, que começou talvez com a mortandade em escala industrial na Primeira Guerra Mundial. Quando eu era criança, nossos sistemas ideológicos e meios de comunicação ainda protegiam essa história, mas nos últimos trinta anos as incursões da realidade têm perfurado seu escudo protetor e corroído sua infraestrutura essencial. Não acreditamos mais em nossos contadores de histórias, nossas elites.

Perdemos a visão de futuro que já tivemos; a maioria das pessoas não tem qualquer visão de futuro. Isso é novo para nossa sociedade. Cinquenta ou cem anos atrás, a maioria das pessoas concordava com as linhas gerais do futuro. Achávamos que sabíamos para onde a sociedade estava indo. Até marxistas e capitalistas coincidiam no que diz respeito aos contornos básicos: um paraíso de lazer automatizado e uma harmonia social cientificamente construída, com a espiritualidade integralmente abolida ou relegada a um canto inconsequente da vida, acontecendo especialmente aos domingos. Claro que havia dissidentes, mas esse era o consenso geral.

Como um animal que se aproxima da morte, quando uma história chega ao fim, seus espasmos e convulsões dão uma aparência exagerada de vida. Desse modo, vemos hoje dominação, conquista, violência e separação assumirem extremos absurdos, que evidenciam o que antes estava escondido e difuso. Eis alguns exemplos:

- Aldeias de Bangladesh, onde metade das pessoas têm apenas um rim, por terem vendido o outro no comércio de órgãos do mercado negro. Em geral isso é feito para quitar dívidas. Aqui vemos, literalmente, a conversão da vida em dinheiro, que faz funcionar o nosso sistema econômico.
- Prisões na China, onde detentos são obrigados a passar 14 horas por dia jogando videogames para acumular pontos e níveis para seus personagens on-line. Os funcionários da prisão, em seguida, vendem esses personagens para adolescentes

no Ocidente. Aqui vemos, de forma extrema, a desconexão entre os mundos físico e virtual, o sofrimento e a exploração sobre os quais nossas fantasias são construídas.
- Pessoas idosas no Japão cujos parentes não têm tempo para vê-las recebem, em seu lugar, visitas de "parentes" profissionais que fingem ser membros da família. Aqui está um reflexo da dissolução dos laços de comunidade e família, que são substituídos pelo dinheiro.

Claro, tudo isso perde a força se comparado com a ladainha de horrores que pontua a história e continua endêmica até hoje. As guerras; o genocídio; os estupros em massa; as fábricas que exploram mão de obra análoga à de escravo; exploração de trabalhadores; as minas terrestres; a escravidão. Se bem examinados, estes fatos não são menos absurdos. O cúmulo do despropósito é que ainda estejamos fabricando bombas de hidrogênio e munições de urânio empobrecido no momento em que o planeta está de tal modo ameaçado que todos nós precisamos unir esforços, e rápido, para que a civilização tenha qualquer esperança de sobreviver. O absurdo da guerra nunca passou despercebido para os mais perspicazes, mas, em geral, temos ouvido narrativas que escondem ou normalizam esse absurdo, e assim impedem a ruptura da História do Mundo.

Às vezes acontece algo que é tão insensato, tão terrível, ou tão manifestamente injusto que penetra as defesas e faz com que as pessoas questionem muito do que consideravam normal. Esses eventos geram uma crise cultural. Em geral, porém, a mitologia dominante logo se recupera, incorporando de novo o acontecimento dentro de suas próprias narrativas. A fome na Etiópia passou a ser a história da ajuda àquelas pobres crianças negras, desafortunadas por viverem em um país que ainda não "se desenvolveu" como o nosso. O genocídio de Ruanda tornou-se a história da selvageria africana que necessita de intervenção humanitária.

O Holocausto nazista tornou-se a história do mal que assume o controle e precisa ser detido. Todas estas interpretações contribuem, de várias maneiras, para a velha História das Pessoas: estamos nos desenvolvendo, a civilização está no caminho certo, a bondade se consegue através do controle. Nada disso resiste a uma análise minuciosa: nos dois primeiros exemplos, estão suprimidas as causas coloniais e econômicas da fome e do genocídio, que ainda estão em curso. No caso do Holocausto, a explicação do mal obscurece a participação em massa de pessoas comuns – pessoas como eu e você. Debaixo das narrativas, uma inquietação persiste: a sensação de que algo está terrivelmente errado com o mundo.

O ano de 2012 terminou com um pequeno mas potente evento capaz de perfurar a história: o massacre do tiroteio contra crianças na escola primária de Sandy Hook. Pelos números, foi uma tragédia limitada: muito mais crianças igualmente inocentes morreram nos ataques de drones dos EUA naquele ano, ou de fome naquela mesma semana. Mas Sandy Hook penetrou os mecanismos de defesa que usamos para manter a ficção de que o mundo é basicamente bom. Nenhuma narrativa pode dar conta da total falta de sentido do episódio e sufocar a percepção de uma profunda e tremenda injustiça.

Era impossível não identificar aqueles inocentes assassinados nos rostos jovens que conhecemos, e a angústia de seus pais em nós mesmos. Por um momento, imagino, todos nós sentimos exatamente a mesma coisa. Entramos em contato com a crueza do amor e do luto, uma verdade fora da história.

Na sequência daquele momento, as pessoas se apressaram a dar sentido para o evento, submetendo-o a uma narrativa sobre controle de armas, saúde mental, ou segurança dos prédios escolares. Ninguém acredita de verdade que essas respostas tocam o cerne da questão. Sandy Hook é um ponto fora da curva, que desmascara a narrativa – o mundo não faz mais sentido. Lutamos para explicar o que isso significa, mas nenhuma explicação satisfaz.

Podemos continuar fingindo que o "normal" ainda é normal, mas este é um de uma série de eventos do "fim dos tempos", que desmantela a mitologia da nossa cultura.

Duas gerações atrás, quando a história do progresso era forte, quem poderia ter previsto que o século XXI seria um tempo de massacres em escolas; de obesidade desenfreada; de crescente endividamento; de insegurança generalizada; de intensa concentração de riqueza; de inclemente fome mundial, e de uma degradação ambiental que ameaça a civilização? O mundo deveria estar ficando melhor. Nós deveríamos estar nos tornando mais ricos, mais esclarecidos. A sociedade deveria estar avançando. A intensificação da segurança é o melhor a que podemos aspirar? O que aconteceu com as visões de uma sociedade sem cadeados, sem pobreza, sem guerras? Estas coisas estão além de nossas capacidades tecnológicas? Por que as visões de um mundo mais bonito, que pareciam tão próximas no meio do século XX, agora parecem tão inacessíveis, de modo que tudo o que podemos esperar é sobreviver em um mundo cada vez mais competitivo e degradado? De fato, nossas histórias nos deixaram na mão. É pedir muito viver em um mundo onde nossos dons humanos beneficiem a todos? Onde nossas atividades diárias contribuam para a cura da biosfera e para o bem-estar de outras pessoas? Precisamos de uma História das Pessoas – uma verdadeira, que não nos pareça uma fantasia – em que um mundo mais bonito é novamente possível.

Vários pensadores visionários têm oferecido versões dessa história, mas nenhuma se tornou uma verdadeira História das Pessoas ainda, um conjunto de acordos e narrativas amplamente aceito que dá sentido ao mundo e organiza a atividade humana em direção à sua realização. Não estamos prontos para tal história ainda, porque a antiga, embora em farrapos, continua com grandes áreas de tecido intacto. E mesmo quando elas se romperem, ainda teremos que percorrer, nus, o espaço entre as histórias. Nos tempos turbulentos à nossa frente, nossos modos tradicionais de agir, pensar e ser deixarão de fazer sentido. Não saberemos o que está acontecendo, o que tudo isso significa, e, às vezes, nem mesmo o que é real. Algumas pessoas já entraram nesse tempo.

Gostaria de poder dizer que estou pronto para uma nova História das Pessoas, mas mesmo eu, que estou entre seus muitos tecelões, ainda não posso viver plenamente nas novas vestimentas. Enquanto descrevo o mundo que poderia ser, algo dentro de mim duvida e rejeita e, por baixo da dúvida, existe algo que dói. O colapso da velha história é uma espécie de processo de cura, que revela as velhas feridas escondidas sob seu tecido e as expõe à luz restauradora da consciência. Estou certo de que muitas pessoas que leem isto passaram por um momento semelhante, quando caiu o disfarce das ilusões: todas as antigas justificativas, racionalizações e velhas histórias. Eventos como Sandy Hook ajudam a iniciar o mesmo processo em um nível coletivo. Assim como as calamidades naturais, as crises econômicas, os colapsos políticos. De um modo ou de outro, a obsolescência da nossa velha mitologia está sendo desnudada.

O que é essa coisa que dói, que toma a forma de cinismo, desesperança ou ódio? Se não for curada, como podemos criar um futuro que não reflita essa ferida de volta para nós? Quantos revolucionários têm recriado, em suas próprias organizações e países, as mesmas instituições de opressão que pretendiam derrubar? Apenas na História da Separação podemos isolar o lado de fora do de dentro. À medida que essa história se decompõe, vemos que um lado reflete obrigatoriamente o outro. Vemos a necessidade de reunir as esferas, há muito separadas, da espiritualidade e do ativismo.

No próximo capítulo, à medida que eu descrever os elementos de uma nova História das Pessoas, é bom lembram que temos um território acidentado para atravessar até chegar a ela. Se minha descrição de uma História do Interser – que reúne humanidade e natureza; eu e o outro; trabalho e diversão; disciplina e desejo; matéria e espírito; homem e mulher; dinheiro e dádiva; justiça e compaixão, e tantas outras polaridades – parecer idealista ou ingênua, se ela despertar cinismo, impaciência ou desesperança, por favor, não ignore esses sentimentos. Eles não são obstáculos a serem superados (que é parte da antiga História do Controle). Eles são portas de entrada para habitarmos plenamente uma nova história, e para podermos servir de forma ampla às mudanças que ela traz.

Não temos uma nova história ainda. Cada um de nós está ciente de alguns dos seus tópicos como, por exemplo, a maioria das coisas que hoje chamamos alternativas, holísticas ou ecológicas. Aqui e ali vemos padrões, desenhos, partes do tecido emergente. Mas os novos mitos ainda não foram criados. Vamos respeitar por um tempo o "espaço entre as histórias". Ele é um tempo muito precioso – sagrado, diriam alguns. Nesse tempo estamos em contato com o real. Cada desastre desnuda a realidade sob nossas histórias. O terror de uma criança, a dor de uma mãe, a honestidade de não saber o porquê – nesses momentos a nossa humanidade adormecida desperta à medida que amparamos uns aos outros, ser humano com ser humano, e aprendemos quem somos. É isso que acontece cada vez que há uma calamidade, antes que as antigas crenças, ideologias e políticas assumam de novo o controle. Atualmente as calamidades e contradições estão surgindo tão rápido que a história não tem tempo suficiente para se recuperar. Eis o processo de nascimento de uma nova história.

INTERSER

*Não tenho certeza de que eu exista de fato.
Eu sou todos os escritores que li, todas as pessoas que conheci,
todas as mulheres que amei, todas as cidades que visitei.*
– Jorge Luis Borges

Uma percepção de aliança está crescendo entre as pessoas nos diversos setores do ativismo, seja político, social ou espiritual. O acupunturista holístico e o defensor das tartarugas marinhas talvez não consigam explicar o sentimento de estarem servindo à mesma coisa, mas estão. Ambos estão a serviço de uma emergente História das Pessoas, que é a mitologia que define um novo tipo de civilização.

Vou chamá-la de História do Interser ou Era do Encontro, a era ecológica, o mundo da dádiva. Ela oferece um conjunto completamente diferente de respostas para as questões que definem a vida. Aqui estão alguns dos princípios dessa nova história:

- O meu ser participa do seu ser e de todos os seres. Isso vai além da interdependência – a nossa própria existência é relacional.
- Por isso, o que fazemos para o outro fazemos para nós mesmos.
- Cada um de nós tem um dom original e necessário para dar ao mundo.
- O propósito da vida é o de expressar nossos dons.
- Todo ato é significativo e tem efeito sobre o cosmos.
- Somos fundamentalmente não separados uns dos outros, de todos os seres e do universo.

- Cada pessoa que encontramos e cada experiência que temos espelha algo de nós mesmos.
- A humanidade está destinada a juntar-se completamente à tribo de toda a vida na Terra, oferecendo os dons exclusivamente humanos para o bem-estar e o desenvolvimento do todo.
- Propósito, consciência e inteligência são propriedades inatas da matéria e do universo.

Grande parte deste livro aprofundará a História do Interser. Quanto mais compartilharmos uns com os outros esse tipo de conhecimento, mais fortes estaremos nele, e menos sozinhos. Não é necessário negar a ciência, porque a ciência está passando por mudanças de paradigma semelhantes. Não é necessário negar os meios de sustentação de nossas vidas porque a partir de uma relação de confiança na dádiva vamos encontrar fontes de sustento inesperadas. Não é necessário negar todos ao nosso redor, porque mais e mais pessoas estão vivendo a partir da nova história, cada um à sua maneira, criando um sentimento crescente de camaradagem. Também não é preciso afastar-se do mundo que ainda está imerso na Separação, porque a partir da nova história, acessamos novas e poderosas formas para fazer acontecer a mudança.

O preceito fundamental da nova História é que não somos separados do universo, e nosso ser participa do ser de todos e de tudo. Por que devemos acreditar nisso? Vamos começar com o óbvio: esse interser é algo que podemos sentir. Por que nos dói ouvir que outra pessoa está em perigo? Por que, ao ler sobre a morte dos recifes de coral e ver seus esqueletos descoloridos, nos sentimos como se tivéssemos sofrido um golpe? É porque isso está literalmente acontecendo a nós mesmos, a nossos eus estendidos. O eu separado se espanta: "Como isso pode me afetar?" Essa dor não tem sentido e é explicada, talvez, como uma falha no circuito de empatia, cuja função genética é proteger aqueles que compartilham nosso DNA. Mas por que essa empatia se estende de maneira tão fácil a estranhos, e até mesmo a outras espécies? Por que desejamos tão fortemente servir ao bem de todos? Por que, depois de atingirmos um máximo de segurança e conforto em nossa vida, ainda estamos insatisfeitos? Sem dúvida – como um pouco de introspecção pode revelar – nosso desejo de ajudar não é proveniente de um cálculo racional de que esta injustiça ou aquele desastre ecológico, de alguma forma, algum dia, vão ameaçar o nosso bem-estar pessoal. A dor é mais direta, mais visceral do que isso. Ou seja, tudo isso dói porque está literalmente acontecendo a nós mesmos.

A ciência da Separação oferece outra explicação para o que chama de "comportamento altruísta". Talvez ele seja um tipo de exibição de acasalamento, que demonstra a "qualidade fenotípica" da pessoa diante de parceiros em potencial (ou seja, o altruísmo mostra que alguém é tão "promissor" que pode se dar ao luxo de desperdiçar recursos com terceiros). Mas esta explicação tem como premissa não comprovada outra suposição da visão de mundo da Separação: a escassez de oportunidades de acasalamento e uma competição por companheiros. Conforme a antropologia descobriu revendo evidências, em livros como *Sex at Dawn* [Sexo ao amanhecer], essa visão da vida primitiva é mais uma projeção de nossa experiência social atual do que uma descrição exata da vida dos caçadores-coletores, que era comunitária.[1] Uma explicação mais sofisticada baseia-se em cálculos da teoria dos jogos sobre as vantagens de termos reciprocidade forte ou fraca em situações de dependência mútua.[2] Todas essas teorias são, na verdade, um passo a mais em direção a uma biologia evolutiva do interser, já que elas derrubam a ideia de que o "interesse próprio" pode existir independente do interesse dos demais.

---

1. Christopher Ryan e Cacilda Jethá, *Sex at Dawn: How We Mate, Why We Stray, and What It Means for Modern Relationships* [Sexo ao amanhecer: Como ficamos juntos, por que nos afastamos, e o que isso significa para os relacionamentos modernos] (New York: HarperCollins, 2010).

2. Para um bom exemplo deste tipo de raciocínio, consulte Ernst Fehr e Urs Fischbacher, "The Nature of Human Altruism" [A natureza do altruísmo humano], *Nature* 425 (23 de outubro de 2003): 785-791.

O desejo de servir a algo que transcenda o próprio eu e a dor que sentimos pelo sofrimento dos outros são dois lados da mesma moeda. Ambos falam do nosso estado de interser. A ciência emergente que procura explicá-los, ao invocar neurônios-espelho, transferência horizontal de genes, evolução de grupo, campos mórficos, além de outros conceitos, não os explica, mas apenas ilustra um princípio geral de conexão ou, ouso dizer, de unidade. A ciência está começando a confirmar o que de modo intuitivo sabíamos o tempo todo: nós somos mais do que aquilo que nos foi dito. Não somos apenas um ego encapsulado dentro da pele, uma alma embalada num corpo. Nós somos cada outro; nós somos o mundo.

Nossa sociedade funciona, em grande parte, a partir da negação dessa verdade. Só através da colocação de tapa-olhos ideológicos e sistêmicos entre nós mesmos e as vítimas da civilização industrial é que suportamos continuar. Poucos de nós roubariam pessoalmente o último pedaço de pão de uma criança faminta de três anos ou sequestraríamos sua mãe com uma arma para fazê-la trabalhar em uma fábrica têxtil. No entanto, através de nossos hábitos de consumo e de nossa participação na economia, fazemos o equivalente a isso todos os dias. E tudo o que está acontecendo com o mundo está acontecendo a nós mesmos. Distantes das florestas moribundas, dos trabalhadores indigentes, das crianças famintas, nós desconhecemos a fonte de nossa dor, mas não se enganem: só porque não sabemos a fonte não significa que não sintamos a dor. Aquele que comete um ato direto de violência irá, se e quando perceber o que fez, sentir remorso – uma palavra que significa literalmente "morder de volta". Mesmo testemunhar tal ato é doloroso. Mas a maioria de nós não pode sentir remorso, digamos, pelo dano ecológico que a extração de minérios usados em nossos celulares provoca em terras do Brasil. Essa dor, e a de toda a violência invisível da máquina da civilização industrial, é mais difusa. Ela permeia nossas vidas tão completamente que mal sabemos o que é sentir-se bem. Às vezes, temos uma breve suspensão dessa dor, talvez pela graça, ou por meio de drogas, ou por conta de uma paixão. E acreditamos, nesses momentos, que este é o suposto gosto de estarmos vivos. Raramente, porém, ficamos nisso por muito tempo, uma vez que estamos imersos em um mar de dor.

Nossa situação é muito parecida com a de uma menina que foi levada por sua mãe para visitar uma amiga minha, que é quiroprática. Sua mãe disse: "Eu acho que tem algo errado com a minha filha. Ela é uma menina muito tranquila e sempre bem comportada, mas nunca a escuto dar risada. Na verdade, é difícil até mesmo vê-la sorrir".

Minha amiga examinou-a e descobriu um desalinhamento da coluna vertebral que, acreditava, poderia provocar na menina uma dor de cabeça terrível, o tempo todo. Felizmente era um desses desalinhamentos que um quiroprático pode corrigir com facilidade e de forma permanente. Ela fez o ajuste e a menina desabou em uma gargalhada, a primeira que sua mãe já tinha ouvido. A dor onipresente em sua cabeça, que ela vinha aceitando como normal, desapareceu de forma milagrosa.

Muitos de vocês podem duvidar de que vivemos em um "mar de dor". Eu mesmo estou me sentindo muito bem agora. Mas também trago na memória a lembrança de um estado muito mais profundo de bem--estar, conectividade e intensa consciência, que na época em que tive essa experiência, senti ser meu direito inato. Qual estado é normal? Será que estamos simplesmente aguentando firme da melhor forma possível?

Quanto do nosso comportamento disfuncional e consumista é simplesmente uma tentativa fútil de fugir de uma dor que está, de fato, em todos os lugares? Correndo de uma compra para outra, de uma dose viciante para outra, um carro novo, uma causa nova, uma nova ideia espiritual, um novo livro de autoajuda, um número maior na conta bancária, a próxima história do noticiário, ganhamos, a cada vez, uma breve interrupção da dor. No entanto a ferida, na sua origem, não desaparece. Na ausência de distração – naqueles momentos que chamamos de "tédio" – podemos sentir seu desconforto.

É claro que qualquer comportamento que alivia a dor sem curar sua fonte pode tornar-se um vício. Devemos, portanto, hesitar em julgar alguém que exibe um comportamento de viciado (uma categoria que, provavelmente, inclui quase todos nós). O que vemos como ganância ou fraqueza pode apenas ser uma tentativa desastrada de atender a uma necessidade, quando o verdadeiro objeto da necessidade não está disponível. Nesse caso, as prescrições habituais de mais disciplina, autocontrole ou responsabilidade são contraproducentes.

Quando mencionei pessoas "correndo de uma compra para outra", observe se você sentiu algum desprezo ou presunção em relação a essas pessoas. Porque isso também é uma espécie de separação. A transição em que estamos entrando é uma transição para uma história onde o desprezo e a presunção não têm mais lugar. É uma história na qual não podemos nos ver como melhores do que qualquer outro ser humano. É uma história em que não é mais o medo do autodesprezo que vai conduzir nossa ética. Entraremos nessa história não na aspiração do ideal de virtudes como o não julgamento ou o perdão, mas no reconhecimento sereno da verdade da não separação.

Em meu livro *Sacred Economics* [Economia sagrada], propus que o que percebemos como ganância pode ser uma tentativa de expandir o eu separado para compensar as conexões perdidas que compõem o interser; que os objetos de nossos desejos egoístas são apenas substitutos para o que de fato queremos. Os anunciantes jogam com isso o tempo todo: a venda de carros esportivos como substituto para a liberdade; a junk food e os refrigerantes como substituto para a emoção; as "marcas" como substituto para a identidade social, e praticamente tudo como um substituto para o sexo, ele mesmo um substituto para a intimidade que está faltando na vida moderna. Também podemos entender o culto a heróis do esporte como um substituto para a expressão da própria grandeza; os parques de diversões como substitutos para a superação de limites; a pornografia como substituto para o amor-próprio, e comer em excesso como substituto para a conexão ou a sensação de estar presente. O que de fato precisamos está quase indisponível na vida que a sociedade nos oferece. Até mesmo comportamentos que parecem demonstrar egoísmo podem ser interpretados como um esforço para recuperar nosso estado de interser.

Outra indicação não científica de nossa verdadeira natureza é visível em mais uma aparente manifestação de ganância: a busca infinita de riqueza e poder. Como explicar o fato de que, para muitos dos extremamente ricos, nenhuma quantidade de dinheiro é suficiente? Qualquer quantidade de poder tampouco pode satisfazer o ambicioso. Talvez o que esteja acontecendo é que o desejo de servir ao bem comum está sendo canalizado para um substituto e, claro, nenhuma quantidade do substituto pode se igualar ao artigo autêntico.

Para cada um de nós, a ferida da Separação e a dor do mundo nos afetam de formas diferentes. Buscamos o remédio de acordo com as características da nossa ferida. Julgar alguém por fazer isso seria como condenar um bebê por chorar. Classificar o que vemos como comportamento egoísta, ganancioso, egoico ou do mal, e procurar suprimi-lo pela força sem tratar a ferida subjacente é inútil: a dor vai sempre encontrar outra maneira de se expressar. Aqui reside uma percepção fundamental do interser. Ele diz: "Eu faria o que você faz, se eu fosse você". Nós somos um.

A nova História das Pessoas, portanto, é uma História do Interser, do Encontro. Na sua expressão pessoal, ela proclama nossa profunda interdependência com outros seres, não apenas para sobreviver, mas até mesmo para existir. Ela sabe que o meu ser é mais por causa do seu ser. Em sua expressão coletiva, a nova história diz a mesma coisa sobre o papel da humanidade na Terra e sua relação com o resto da natureza. É essa história que nos une em tantas áreas de ativismo e cura. Quanto mais agirmos a partir dela, mais capazes seremos de criar um mundo que a reflita. Quanto mais agirmos a partir da Separação, mais distância criaremos.

Cinismo

Gostaria de falar àqueles que se sentem incomodados pelos princípios do interser que defini antes e que, admito, podem parecer uma propaganda desvairada da Nova Era. Na verdade, serei brutalmente honesto: só uso a expressão "propaganda desvairada da Nova Era" como forma de assegurar a vocês de modo implícito que não sou ingênuo em relação a essas coisas; que estou do lado dos realistas cabeça-dura. Vejam, estou me unindo a vocês no escárnio.

Esta é uma tática comum. Os liberais têm prazer especial em criticar os esquerdistas mais radicais; os ufólogos mais concretos são veementes em seu escárnio sobre as alegações de abdução; a criança que sofre gozações desconta em alguém ainda mais fraco; as crianças impopulares na escola se esforçam para não serem contaminadas pela associação com crianças ainda mais impopulares. Ao fazer isso, porém, estamos tentando obter legitimação do próprio sistema que esperamos subverter e, de forma indireta, o reforçamos, por usá-lo para melhorar nossa própria legitimidade. Cometemos o mesmo erro quando nos apoiamos nas credenciais acadêmicas ou profissionais de nossos aliados para persuadir aqueles que se impressionam com essas coisas. Se eu apelo ao status do Dr. Eben Alexander como professor de neurocirurgia para levar você a acreditar em experiências extrassomáticas de quase morte, então, de modo implícito, estou afirmando que você deve confiar no status de doutor, juntamente com a estrutura da ciência acadêmica em torno dele.[1] Mas, em geral, aqueles que pertencem a esse status e a essa estrutura negam os argumentos que estou apresentando. Apelos à autoridade oficial só fortalecem a autoridade oficial. Que mensagem implícita está codificada na seguinte afirmação: "Veja, tal professor, tal republicano, tal homem de negócios, tal especialista famoso concorda comigo"? A mensagem de que essas pessoas detêm o selo de aprovação legítimo, ao contrário das pessoas de fora, os hippies, os sem credenciais, os que não têm textos publicados. Usando esta tática, podemos ganhar a batalha, mas perderemos a guerra. Audre Lorde disse muito bem: as ferramentas do mestre nunca desmontarão a casa do mestre.

Lógica semelhante aplica-se a argumentos utilitários usados na defesa ambiental. Você já escutou que devemos conservar o meio ambiente por causa do valor econômico dos "serviços prestados pelos ecossistemas"? Tais argumentos são problemáticos porque reafirmam a própria premissa que precisamos questionar: a de que nossas decisões, em geral, devem ser tomadas de acordo com cálculos econômicos. E tampouco conseguem convencer. Você é um ambientalista motivado pelo dinheiro que economizaremos? Bem, ninguém se torna ambientalista por essa razão. Temos que apelar para o que nos move: o amor por este belo planeta.[2]

Sabendo de tudo isso, por que, então, eu ainda sou tentado a usar o termo depreciativo "propaganda desvairada da Nova Era" para negar os próprios princípios que enumerei, em um esforço

---

1. Refiro-me ao livro de Eben Alexander, *Proof of Heaven: A Neurosurgeon's Journey into the Afterlife* [A prova do paraíso: a viagem de um neurocirurgião para além da vida].

2. Não digo isto para descartar a ideia de alinhar incentivos econômicos com o bem-estar ecológico. Impostos verdes e medidas similares são formas importantes de trazer valores ecológicos para nosso sistema econômico. Mas eles têm o seu limite; devemos entender que nenhuma medida, nenhuma quantidade, pode abranger o infinito. Quando tentamos reduzir o infinitamente precioso a um número, resultam monstruosidades. Por exemplo, se avaliamos os benefícios do ecossistema de uma floresta tropical em US$ 50 milhões, isso implica que, se pudermos ganhar US$ 51 milhões cortando-a, deveríamos fazê-lo.

para manter minha credibilidade? Assim como você, caro leitor, eu ainda habito duas histórias conflitantes, uma velha e uma nova. Mesmo quando conto a História do Interser, parte de mim continua no mundo da separação. Não sou um ser iluminado tentando guiá-lo em uma viagem que já foi concluída. Isso também é um modelo antigo, que faz parte de uma espécie de hierarquia espiritual, baseada em uma concepção linear de evolução da consciência. Na fase atual de transição, cada um de nós é pioneiro de uma parte única do território do Encontro. Em consonância com isso, devo oferecer-lhe as minhas dúvidas e conflitos juntamente com a minha visão. Essas verdades espirituais – sinto certa aversão por esta expressão – me irritam quase tanto quanto irritam o mais acirrado defensor da ortodoxia científica. A única diferença é que o meu escárnio está voltado para dentro.

Não estou adotando o vocabulário do cético apenas com o intuito de neutralizar acusações de ingenuidade. O que, então, motiva o meu cinismo interno? Os princípios acima são assustadores porque fomentam uma esperança delicada, vulnerável, que pode ser facilmente esmagada, como já aconteceu tantas vezes. Em palestras as pessoas me perguntam: "Nos anos sessenta, dizíamos coisas semelhantes sobre o surgimento de uma nova era, mas isso não aconteceu. Em vez disso, o curso da violência e da alienação prosseguiu acelerado; passou, de fato, a níveis muito mais elevados. Como você sabe que o mesmo não vai acontecer desta vez?" Parece uma objeção razoável. Defendo neste livro que a década de 1960 foi, de maneira significativa, diferente dos tempos atuais, mas meu argumento pode ser batido e rebatido. Debaixo de tudo isso, algo está doendo, e enquanto essa ferida vai se tornando pútrida nenhum argumento será persuasivo para o cínico.

Lembre-se disso quando você encontrar um crítico cínico e rigoroso (seja fora ou dentro de você). Se você se lembrar de que o cinismo vem de uma ferida, será capaz de responder de modo a tratar dessa mágoa. Eu não posso lhe dizer com antecedência como responder exatamente. Essa sabedoria virá de escutar de maneira compassiva e estar presente para a dor. Talvez lhe ocorra algum ato de perdão e generosidade que possa promover a cicatrização da ferida. Quando isso acontece, as crenças intelectuais, que são apenas expressões de um estado de ser, muitas vezes mudam de forma espontânea. Crenças que um dia tiveram apelo deixam de ser atraentes.

O escárnio do cínico vem da ferida de um idealismo destroçado e de esperanças traídas. Foi o que aconteceu, no nível cultural, quando a Era de Aquário se transformou na era Ronald Reagan e, no nível individual, quando o nosso idealismo juvenil – que sabia que um mundo mais bonito é possível, que acreditou em nosso próprio destino individual de contribuir com algo significativo para o mundo, que não iria se corromper frente a qualquer circunstância, e que nunca se tornaria como nossos pais – deu lugar a uma vida adulta de sonhos adiados e expectativas reduzidas. Qualquer coisa que expõe essa ferida vai nos fazer protegê-la. Tal proteção é o cinismo, que rejeita e despreza como tolas, ingênuas ou irracionais todas as expressões da Era do Encontro.

O cínico confunde seu cinismo com realismo. Ele quer que descartemos os aspectos esperançosos que tocam sua ferida, para se contentar com o que é compatível com suas baixas expectativas. Isso, diz ele, é realismo. Ironicamente, na verdade o cinismo é pouco prático. A pessoa ingênua tenta realizar o que o cínico diz ser impossível, e às vezes consegue.

Se você está pensando que toda essa história de unidade é uma grande bobagem, se você estiver sentindo aversão ou desprezo, eu lhe peço para olhar de forma honesta para a origem da sua rejeição. Será que existe em você uma parte solitária e tímida que quer acreditar? Você tem medo dessa parte? Eu sei que eu tenho. Se eu permitir que ela cresça, se permitir que ela oriente minha vida, se confiar em todas essas declarações da nova história listadas acima, eu me abro para a possibilidade de uma imensa decepção. É uma posição extraordinariamente vulnerável, essa de acreditar e confiar no propósito, na orientação e no fato de que vou ficar bem. É melhor ser cínico. É melhor permanecer seguro.

Se você reage a essa história de unidade não com cinismo, mas com um sentimento de aprovação, isso não significa que você não carregue a mesma ferida que o cínico. Talvez, em vez de expressá-la como o cínico, você a esteja ignorando. Pode ser que, sempre que a dúvida surge, você alivie sua dor pegando o último livro sobre cura através dos anjos, círculos extraterrestres nas plantações ou reencarnação. Será que você está fazendo um desvio espiritual? Uma maneira de saber se a sua crença na unidade e nos paradigmas associados a ela esconde uma ferida não cicatrizada é ver se o escárnio do cético provoca em você indignação ou autodefesa. Se assim for, então algo além de uma mera opinião está sendo ameaçada. Cético e crente não são tão diferentes, já que ambos estão usando a crença para proteger uma ferida. Então, se você se sentir indignado com minha menção a OVNIs, ou com a rejeição doutrinária do cético sobre eles, encorajo você a refletir sobre a origem dessa emoção. É preciso ver o que está escondido dentro de nós de modo a não reproduzi-lo, cega e repetidamente, naquilo que criamos.

Tenho medo só de pensar no que um realista prático como James Howard Kunstler (alguém que admiro) diria ao ler este livro. Não importa – o meu crítico interno sabe criticar mais do que ele. "Você acha que algumas 'tecnologias mágicas de interser' vão nos salvar?", diz meu crítico com raiva. "Este é exatamente o tipo de pensamento positivo que nos mantém complacentes e paralisados. Você apenas não consegue encarar a verdade. Não há saída. A situação é sem esperança. Salvo algum milagre que aconteça de repente quando todo mundo acordar amanhã, a humanidade está condenada. Ficar falando sobre um 'propósito' ou uma 'inteligência' no universo sem nenhuma evidência científica só piora as coisas."

Descobri, no entanto, que é o contrário do que o meu cínico interior diz. O pessimismo é que é paralisante; a esperança ingênua me inspira a agir. Qualquer um dos dois sentimentos pode ser uma profecia autorrealizável. O que acontece quando milhões ou bilhões de pessoas começarem a agir a partir da História do Interser, em que nenhuma ação é insignificante? O mundo muda.

Igualmente paralisante é a crença de que uma facção sinistra do mal controla o mundo. Por que tentar criar qualquer coisa, quando a mudança significativa será esmagada por uma força diabólica que tudo vê? Já me envolvi nessas teorias, o que me levava a um estado pesado, carregado, que me fazia sentir como se eu estivesse sufocando em uma piscina de melaço. Ainda assim, me dizem que eu sou ingênuo e pouco prático por negar essas coisas. Se ao menos eu abrisse meus olhos para enxergar!

No entanto, essas teorias da conspiração expressam uma verdade psicológica. Eles dão voz a um sentimento de impotência e raiva, a indignação primal de estar em um mundo governado por instituições e ideologias que são hostis ao bem-estar humano. A "conspiração do mal" também representa um aspecto sombrio de nós mesmos, quando somos levados a dominar e controlar – uma consequência inevitável do eu separado em um universo indiferente ou hostil. O movimento sem fim para provar teorias da conspiração é uma espécie de protesto. Ele diz: "Por favor, acredite em mim. Não era para ser assim. Algo terrível tomou conta do mundo". Esse algo é a História da Separação e tudo o que surge a partir dela.

Então isso significa que a nova história é um subterfúgio motivacional, um truque para nos levar a agir como se nossas ações tivessem importância? O último recurso do meu cínico interior é dizer: "Bem, acho que a História do Interser pode ser útil como uma forma de iludir as pessoas para entrarem em ação, mas ela não é verdadeira". Eu seria como o pregador que exorta as pessoas a atos piedosos mas que, em segredo, é um descrente. Debaixo desse cinismo particular, eu encontro novamente dor, uma solidão cheia de angústia. Ele quer *provas* de que a História do Interser é verdadeira, prova de que a vida tem um propósito, que o universo é inteligente, e que eu sou mais do que meu eu separado. Gostaria de poder me apoiar em evidências para escolher a minha crença. Mas não posso. Qual história é verdadeira: a da Separação ou a do Interser? Neste livro, vou oferecer evidências que se encaixam na segunda, mas nenhuma delas constitui prova. Nenhuma evidência jamais é suficiente. Há sempre uma explicação alternativa: coincidência, fraude, pensamento positivo etc. Na falta de provas conclusivas, você terá que decidir sobre outras bases, como: "Que história é mais alinhada com quem você realmente é e quer ser?"; "Que história lhe dá mais alegria?"; "Que história faz você mais eficaz como agente de mudança?" Fazer essa escolha com base em algo diferente de evidências e razão já é um enorme desvio da História da Separação e de seu universo objetivo.

Então, estou enganando você? De fato, se eu oferecesse a nova história a partir de um lugar de descrença secreta seria um contador de histórias ineficaz. Minha falsidade transpareceria de um modo ou de outro e estragaria a integridade da narrativa. Isso não quer dizer que eu entrei por inteiro na História do Interser e em toda a fé e confiança que ela implica. Longe disso. Por sorte, a minha capacidade de contar a história não depende apenas da minha fé. Estou cercado de muitas, muitas outras pessoas que, de forma imperfeita como eu, carregam a mesma história. Juntos nos aprofundamos cada vez mais nela. A iluminação é uma atividade de grupo.

Insanidade

Tornei-me insano, com longos intervalos de horrível sanidade.
— Edgar Allan Poe

Ao contrário da doutrina do cínico, a História do Interser (como veremos) não é, na verdade, menos racional ou menos baseada em evidências do que a História da Separação. Gostamos de pensar que baseamos nossas crenças em evidências mas, pelo contrário, é muito mais comum organizarmos as evidências para que se encaixem nas nossas crenças, distorcendo ou excluindo o que não se encaixa, buscando outras provas que possam nos servir e cercando-nos de pessoas que compartilham nossas ideias. Quando essas crenças nos envolvem como parte de uma História das Pessoas, e quando o próprio interesse financeiro e a aceitação social estão vinculados a elas, é ainda mais difícil aceitar qualquer coisa radicalmente diferente.

Por isso, às vezes viver na nova história pode ser árduo e solitário. Em particular, o sistema monetário: não está alinhado com a História do Interser e impõe, ao contrário: a concorrência; a escassez; a alienação da natureza; a dissolução da comunidade, e a interminável exploração do planeta (sem qualquer reciprocidade). Se o seu trabalho não contribui para converter a natureza em produtos e os relacionamentos em serviços, você deve perceber com frequência que o seu trabalho não gera muito dinheiro. Há exceções – falhas no sistema, bem como as tentativas hesitantes de pessoas e organizações beneficentes de usar um pouco do seu dinheiro com espírito de dádiva – mas, em geral o dinheiro, do modo como existe hoje, não está alinhado com o mundo mais bonito que nossos corações sabem ser possível.

Nem tampouco nossos sistemas de status social, educação ou as narrativas dominantes apresentadas na mídia. Imersa no que alguns chamam de "realidade consensual", a sanidade de uma pessoa é questionada por acreditar nos princípios do Interser. Estamos autorizados a entreter as pessoas com uma espécie de filosofia espiritual, mas quando começamos a fazer escolhas a partir desses princípios, quando começamos a vivê-los, ainda que seja dez por cento deles, as pessoas começam a questionar nossa sanidade. Pode ser que nós mesmos a questionemos. Junto com a dúvida a respeito de si mesmo, vem um profundo sentimento de alienação.

Ainda esta manhã, ouvi dez segundos de notícias sobre a reforma das leis de imigração. Imagens vieram à minha mente: um vasto aparato de cercas, pontos de verificação, cartões de identificação, documentos, entrevistas, fronteiras, zonas de segurança e status oficial. E eu pensei: "Espere um minuto – não é óbvio que a Terra pertence a todos e a ninguém em particular? E que não deveria haver fronteiras? Não é hipocrisia tornar a vida insuportável em algum lugar por meio de medidas econômicas e políticas e, em seguida, impedir as pessoas de deixarem esse lugar?" Os dois lados do debate nem sequer mencionam esse ponto de vista, porque ele está muito fora dos limites de um pensamento que se considera respeitável. O mesmo acontece com praticamente todos os assuntos públicos controversos. Não é loucura pensar que eu esteja certo e o resto do mundo esteja errado?

De certa forma, é loucura – na medida em que a sanidade é uma categoria socialmente construída, que serve à manutenção das narrativas dominantes e das estruturas de poder. Nesse caso, é hora de sermos loucos juntos! É hora de violar a realidade consensual.

Os seres humanos são animais sociais. É pouco realista e perigoso levar sozinho uma história alternativa. Façamos aqui uma pausa para um momento de humildade. Alguns anos atrás, fui conhecer um homem a quem chamarei de Frank. Ele era altamente intelectual, com bom conhecimento em vários campos científicos, mas o trabalho da sua vida, no qual ele passava oito ou dez horas por dia, era cortar palavras de embalagens e revistas. A partir dessas pistas, ele criou uma grande e abrangente teoria da conspiração. Frank acreditava que, rearranjando as palavras com tesoura e cola, poderia romper a conspiração e mudar a realidade em favor de todos os seres.

Ele revelou as mais fascinantes conexões. Numa caixa de cereal pode estar escrito "General Mills" na frente. "Mills" contém "mil", abreviação de "militar" e, veja, o texto na parte de trás da caixa tem frases de dezenove e treze palavras. Isso leva a 1913, ano em que o Sistema de Reserva Federal americano foi estabelecido. Aha! O padrão começa a surgir. Este exemplo mostra, ainda que em pequena escala, a complexidade labiríntica das teorias de Frank, que une embalagens, logotipos, numerologia e muito mais.

Todo mundo pensava que Frank era perturbado, mas eu ponderei seriamente: "Em que eu sou diferente dele?" Parece uma pergunta trivial, mas eu a considero fértil. Nós dois defendemos uma explicação para o funcionamento do mundo que viola de maneira grave a realidade consensual. Nós dois estamos reorganizando palavras tiradas de um substrato linguístico e conceitual existente, esperando com isso alterar a realidade. Nós dois somos vistos por muitos como desviantes e, portanto, devemos perseverar indefinidamente sem muito apoio financeiro ou afirmação social (na época, eu estava tão sem dinheiro e era tão desconhecido como ele).

Às vezes eu instigo meu cérebro com o pensamento de que talvez Frank de fato esteja certo; que ele é o maior e mais destemido gênio da história, trabalhando em um nível simbólico mágico para salvar o mundo. Talvez, se eu apenas gastasse um tempo para mergulhar em seu trabalho, enxergaria o mesmo que ele.

Você às vezes não sente vontade de que seus amigos e parentes tirassem um tempo para ler o livro de fulano de tal, assistissem tal documentário, abrissem suas mentes, e parassem de desconsiderar por completo sua própria visão de mundo? Se ao menos enxergassem, eles entenderiam!

Eu não mantive mais contato com Frank, mas tenho quase certeza de que ele continua seus trabalhos obscuros até hoje. A maioria de nós não tem esse tipo de ousadia. Somos animais sociais e precisamos de pelo menos um pouco de afirmação. Não podemos ficar sozinhos em uma história desviante; diante de toda a sociedade que nos puxa para a História da Separação, precisamos de aliados. Este livro pretende ser esse aliado. Espero que ele desperte ou reforce o seu entendimento de que, afinal, você não está louco, e que se algo ficou louco, foi o mundo.

Você pode dizer que eu estou pregando para o coro dos que já acreditam. Sim. Mas como membro do coro ao qual pertenço, agradeço aos pregadores maravilhosos cujas palavras me mantiveram aqui, conservaram minha crença. Sem eles, eu teria saído há muito tempo e encontrado um emprego, e estaria lubrificando as engrenagens da máquina devoradora do mundo. É também por isso que conferências, retiros e comunidades de cultura alternativa são tão importantes. Sustentamos uns aos outros nas novas crenças. "Sim, eu vejo isso também. Você não é louco." Nós, o coro, nos reunimos e aprendemos a cantar juntos.

Conforme as coisas desmoronam e a velha história libera seus prisioneiros para o espaço entre as histórias, a bela música do nosso coro irá chamá-los, e eles virão se juntar a nós para cantar. Temos feito um trabalho importante, a princípio sós, e depois em grupos pequenos e marginais. Está próximo o tempo em que a nova História das Pessoas sairá da incubadora. Quando as coisas desmoronarem, o que parece irremediavelmente radical vai se tornar senso comum.

Força

O estado de interser é um estado vulnerável. É a vulnerabilidade do altruísta ingênuo, do amante que confia, daquele que compartilha sem desconfiança ou cautela. Para entrar nesse estado é preciso deixar para trás o aparente abrigo de uma vida baseada no controle, protegida por paredes de cinismo, julgamento e culpa. E se eu der e não receber? E se eu escolher acreditar em um propósito maior e estiver iludido? E se, no fim das contas, o universo for uma confusa batalha impessoal de forças? E se eu me abrir e o mundo me violar? Em geral, estes medos garantem que ninguém entre na nova história até que a antiga desmorone. A antiga história não é algo que construímos – é algo em que nascemos imersos.

O mesmo estado de interser que nos faz tão altamente vulneráveis também nos torna imensamente poderosos. Lembre-se disso! De fato, a vulnerabilidade e o poder andam de mãos dadas, porque só relaxando a guarda do eu separado podemos ter acesso a um poder além de nosso alcance. Só então poderemos realizar coisas que são, para o eu separado, impossíveis. Dito de outra forma, tornamo-nos capazes de realizar coisas que não sabemos como "fazer" acontecer.

Fazer algo acontecer é usar algum tipo de força. Posso lhe pedir para me dar dinheiro, mas como poderia *fazer* você me dar o dinheiro? Bem, se você for frágil, eu poderia forçá-lo de forma física a pôr a mão no bolso. Ou poderia colocar uma arma na sua cabeça. Qualquer ameaça à sua sobrevivência é também um tipo de força. A ameaça à sobrevivência pode ser muito sutil. A força jurídica, por exemplo, se apoia, em última instância, na força física: se você ignorar as decisões do tribunal mais cedo ou mais tarde um homem com algemas e uma arma vai aparecer na sua casa. Do mesmo modo, a força econômica reside na associação do dinheiro com conforto, segurança e sobrevivência.

E há a força psicológica, um termo que é mais do que simples metáfora. Trata-se de alavancar motivações ligadas à segurança básica, em particular o desejo de ser aceito pelo grupo e pelos pais. Nosso treinamento no uso da força psicológica começa na infância com as aprovações e rejeições condicionais por parte dos pais, que tocam talvez no maior medo de qualquer jovem mamífero: o abandono pela mãe. Um mamífero bebê deixado sozinho por muito tempo chorará copiosamente por sua mãe, atraindo qualquer predador ao alcance da voz – um risco preferível à morte certa pela separação da mãe cuidadora. Ativar esse medo mortal é equivalente a ameaçar alguém com uma arma na cabeça.

Muitas práticas parentais modernas alavancam esse medo: o acusatório "Como você pôde fazer isso?"; "O que há de errado com você?"; "O que você estava pensando?", e – talvez ainda mais pernicioso – o elogio manipulador que diz "Eu aceito você só se você fizer o que eu aprovo". Aprendemos a nos esforçar para sermos um "bom menino" ou uma "boa menina". A palavra "bom" aqui significa que mamãe ou papai aceitam você. Às vezes nós internalizamos a rejeição como autorrejeição – culpa e vergonha – e internalizamos a aceitação condicional como autoaceitação condicional. Dar a si mesmo essa aceitação é profundamente gratificante; negá-la, profundamente desconfortável. Esse sentimento de satisfação é fundamental para entender aquilo que de fato queremos dizer com a palavra "bom" ou "boa". Vale a pena experimentar. Repita para si mesmo: "Eu sou bom. Um bom garoto, uma boa pessoa. Algumas pessoas são más, mas não eu – eu sou uma boa pessoa". Se você pensar a sério nessas palavras, descobrirá que há algo de profundamente infantil sobre a gratificação que elas evocam.

Autoaprovação e autorrejeição condicionais são poderosos mecanismos de autocontrole: a aplicação da força psicológica sobre si mesmo. Estamos profundamente condicionados a essas forças; são talvez as mais fundamentais entre as que vou chamar de "hábitos de separação". Por estarmos tão condicionados ficamos vulneráveis a qualquer figura de autoridade ou de governo que possa assumir o papel dos pais: os árbitros do bem e do mal, os que concedem ou negam aprovação.

O mesmo condicionamento também influencia nossas tentativas de mudar as outras pessoas e o mundo. Invocamos a culpa com slogans como "Você é parte do problema ou parte da solução?" Proclamamos a cumplicidade de todos e de cada um de nós nas depredações imperialistas da civilização ocidental: "ecocídio", "culturicídio" e genocídio. Tentamos manipular a vaidade das pessoas cujas ações esperamos mudar: se você fizer X, você é uma boa pessoa.

Temos o hábito de exercer a força também contra políticos e corporações. Pode ser a ameaça de humilhação pública ou o incentivo de um elogio público e de uma imagem positiva. Pode ser a ameaça de uma ação judicial ou uma campanha de *recall*. Pode ser uma ameaça ou um incentivo na área financeira: "Envolva-se com práticas ambientalmente responsáveis, porque isso acabará por melhorar o seu resultado financeiro".

Que visão de mundo, que história estamos reforçando quando usamos essas táticas? É a visão de mundo em que as coisas acontecem apenas por meio da aplicação de força. Essas táticas parecem dizer: "Eu conheço você. Você é um implacável maximizador do próprio interesse racional ou genético". Partindo desse pressuposto, tentamos manipular esse autointeresse. Fazemos isso com as outras pessoas e com a gente mesmo.

Nada disso significa que devemos deixar de manifestar elogio e desaprovação, ou nos esforçar para não sermos influenciados pela opinião dos outros. Como interseres, o mundo reflete de volta para nós o que colocamos nele. Não há nada de errado em comemorar as escolhas corajosas que nos movem, ou expressar raiva e tristeza diante de decisões prejudiciais. Mas quando essas ações são usadas com intenção de manipular, elas estão fundadas na visão de mundo da força.

A aplicação habitual de vários tipos de força baseia-se em raízes profundas. Segundo o paradigma científico – que, apesar de obsoleto, ainda gera nossa atual visão de praticidade – nada muda no universo a menos que uma força seja aplicada. Portanto, na realidade física o poder é concedido a quem é capaz de reunir a maior força e obter as informações mais completas e precisas sobre onde aplicar essa força. É por esta razão que os sedentos de poder são, muitas vezes, obcecados por controlar o fluxo de informações.

Em um universo que carece de inteligência e vontade própria, as coisas nunca "simplesmente acontecem"; elas só acontecem se algo causar o acontecimento. E "causar" aqui significa forçar. É deste universo que devemos tirar o que queremos, nele devemos controlar o que queremos e projetar nossos próprios desígnios, acumulando mais e mais força, aplicando-a com precisão cada vez maior, para ao final nos tornarmos os cartesianos senhores e possuidores da natureza.

Você consegue ver como a palavra "praticidade" esconde muito da mentalidade subjacente à depredação provocada pela nossa civilização?

Você acha que, agindo a partir do sistema de crenças da Era da Separação, podemos criar qualquer coisa que não seja mais separação?

O controle gera a sua própria necessidade. Assim, quando tratamos a terra com pesticidas fortes, as superervas daninhas e superbactérias que surgem acabam exigindo doses ainda mais fortes de novos pesticidas. Quando alguém faz uma dieta e tenta controlar a vontade de comer, em algum momento o desejo reprimido explode e se manifesta como uma compulsão, o que leva a outras tentativas de controlar a si mesmo. E quando os seres humanos são encaixotados, vigiados, programados, designados, classificados, obrigados, eles se rebelam de todas as formas, por vezes irracionais ou mesmo violentas. E então concluímos que precisamos controlar essas pessoas. Tal como acontece com um vício, essas tentativas crescentes de controle acabam por esgotar todos os recursos disponíveis, sejam pessoais, sociais ou planetários. O resultado é uma crise que as tecnologias de controle só conseguem adiar, mas nunca resolver. E cada adiamento apenas esgota, com mais rapidez, os recursos ainda disponíveis.

É evidente que a "praticidade" não está funcionando tão bem como costumava funcionar. Não só porque o que antes era prático agora é insuficiente para a nossa necessidade, mas também porque é cada vez mais impotente em seu domínio original: o prático não é mais tão prático. Gostemos ou não, estamos nascendo para um mundo novo.

Este livro é uma chamada para renunciarmos ao pensamento baseado no controle, para que possamos realizar coisas muito superiores à capacidade de nossa força. É um convite para um entendimento radicalmente diferente de causa e efeito e, portanto, uma concepção radicalmente diferente do que é prático. Agindo de modo novo, para os que atuam dentro dos velhos paradigmas, nossas escolhas com frequência parecem ser loucas, ingênuas, pouco práticas, irresponsáveis. Na verdade, elas também parecem assim para aquela parte de nós – e acredito que ela vive tanto em você como em mim – onde ainda habita a velha história. Você pode reconhecer a voz dela: crítica, depreciativa, duvidando, insinuando. Ela quer que a gente fique encolhido, seguro e protegido dentro de nossas pequenas bolhas de controle. Meu propósito aqui não é exortá-lo a lutar contra essa voz ou eliminá-la. Apenas reconhecê-la pelo que é já começa a reduzir seu poder.

Nada disso quer dizer que nunca devamos usar a força, ou que devamos abandonar todas as formas de aculturação que dependam de conquistar aceitação dos pais, dos mais velhos e do grupo. Isso sempre será parte importante do drama humano. No entanto, nossas ideologias profundas nos cegaram para outras maneiras de operar mudanças. Este livro irá explorar o retorno da força (e da razão, do pensamento linear etc.) ao seu domínio correto.

Ciência

A nossa concepção do que é "prático" contém uma armadilha. "Prático" significa as leis de causa e efeito que o velho mundo nos ofereceu, e de acordo com essas leis, nada do que fazemos pode algum dia ser suficiente para criar um mundo mais bonito, nem mesmo para melhorar o horror do mundo atual. As crises são muito grandes, os poderosos são muito fortes e você é apenas um minúsculo indivíduo. Se até mesmo os mais poderosos do nosso sistema, os presidentes e CEOs, sentem-se à mercê de forças maiores do que eles próprios, constrangidos por seus papéis e descrições de cargo, ainda mais impotentes somos nós.

Não é de admirar, então, que tantos ativistas, mais cedo ou mais tarde, venham a enfrentar a desesperança. Eles talvez pensem: "Quando eu era jovem e idealista, colocava uma energia sem limites para enfrentar os problemas, mas por fim percebi o quão grande eles são, e quão poderosa é a resistência à mudança. Nada que eu possa fazer pode ser suficiente". Em outras palavras, eles tentaram e esgotaram todos os recursos dentro da categoria do que é prático.

Portanto, a questão diante de nós é o que faremos quando, em termos globais, aquilo que é prático não for mais prático? É óbvio, vamos ter que fazer coisas que não são práticas de acordo com o nosso entendimento habitual.

Aqui está um ponto crucial: a nossa compreensão habitual do que é prático se baseia em uma visão de mundo, um mito, que está rapidamente se tornando obsoleto. Além disso, essa visão de mundo arcaica é bem aquela subjacente ao velho mundo, que estamos nos esforçando para mudar. Em outras palavras, a crise da civilização e a desesperança em relação a ela compartilham a mesma fonte.

Você pode argumentar que o desespero que enfrentamos quando reconhecemos a ineficácia das tecnologias da separação (para resolver a crise da separação) é um sinal da plena realização da Era da Separação. Ele marca um ponto de virada: desesperados, entregamos os pontos, e algo novo se torna disponível. A velha história afinal chegou ao fim de sua narração, e o espaço se abre para uma nova história emergir. Isso não pode acontecer enquanto a velha história ainda carregar esperança. Se alguma coisa no velho mundo "prático" ainda tem esperança de sucesso, isso significa que a velha história ainda tem vida para viver. É por isso que os argumentos de "extinção a curto prazo", como os de Guy McPherson, são valiosos. Irrefutáveis em seus próprios termos, eles aniquilam qualquer esperança dentro desses termos, que traduzem a estreita visão do que é possível dentro da História da Separação.

Vejam, não estou sugerindo que abdiquemos de qualquer coisa que ainda faça sentido na velha história só porque é da velha história. O novo não nega o antigo, mas o engloba e substitui aos poucos. Portanto, sustento que a tarefa diante de nós é impossível se nos limitarmos às coisas antigas. Para aqueles que já estão em estado de desespero ou se aproximando dele, qualquer esforço para mudar o mundo parece irremediavelmente ingênuo.

Há um vasto território do outro lado do desespero, uma nova história do mundo que gera um entendimento radicalmente diferente de causa e efeito, mas esse território é invisível do outro lado, embora possamos ter lampejos ocasionais, premonições. Dentro dessa lógica, a nossa situação não é de modo algum sem esperança.

De onde vêm nossas noções de praticidade, realismo e causalidade? Todas estão baseadas na física. A História da Separação e o programa de controle que dela deriva estão falindo, pessoal e coletivamente. Não só porque estão se tornando menos eficazes. Não só porque as crises estão destruindo a confiança em nossos mitos de criação de mundo. Enquanto tudo isso está acontecendo, as bases científicas da separação também estão desmoronando. Essas mudanças profundas de paradigma oferecem uma concepção diferente da natureza do ser, do universo e, portanto, da forma como as coisas acontecem e do que é prático. Esses desenvolvimentos na vanguarda da física, biologia e psicologia são extremamente importantes para a maneira como nos comportamos como seres sociais, econômicos e políticos. Não são apenas curiosidades interessantes. Na verdade, eu chegaria ao ponto de dizer que nenhum movimento para mudar o mundo pode algum dia ter sucesso sem que seja desenhado a partir dessas mudanças mais profundas de paradigma.

Em primeiro lugar está a quebra na ortodoxia neodarwinista, segundo a qual sequências bem definidas de DNA, chamadas genes, evoluíram por mutação aleatória e seleção natural, e que esses genes programam organismos vivos para maximizar seu autointeresse reprodutivo. Hoje estamos aprendendo que este fato se mantém somente em um âmbito muito estreito. A macroevolução não acontece através de mutações aleatórias, mas sim por fusão simbiótica, mediante aquisição de sequências de DNA de origem externa, e do corte, processamento e recombinação do próprio DNA do organismo. Também acontece por meio de herança celular e epigenética. A ausência, no âmbito genético, de qualquer ser separado, distinto e capaz de maximizar seu próprio interesse, nega uma base metafórica primária da nossa História do Ser. O "eu" genético tem limites fluidos. É uma quimera resultante do intercâmbio permanente de DNA e de informações com outros organismos e com o ambiente. Não é que não haja fronteiras para o ser; o fato é que essas fronteiras são mutáveis, e o ser dentro delas também é.[1]

Além disso, o estudo da ecologia está nos ensinando que as espécies evoluem, não só para servir a seu próprio interesse genético (conceito por si só difícil de definir quando os organismos podem reestruturar seus próprios genes), mas também para atender às necessidades de outras espécies e do todo. Isto não seria surpreendente para culturas que viveram perto da natureza, que sabiam que cada espécie tinha um dom único e necessário. Mas a ciência só veio compreender isso na última geração: compreender, por exemplo, que se uma espécie é extinta, todo o ecossistema se torna muito mais frágil. Por ter desaparecido um competidor a situação não fica melhor para os que sobraram. O interesse de cada um é o interesse de todos.

Um desafio ainda mais profundo para a velha História do Mundo é a revolução quântica na física, que começou há mais de oitenta anos, mas é tão distante dos pressupostos científicos dos séculos anteriores e da nossa História do Mundo dominante que até hoje nos parece estranha e contrária à nossa intuição. Hesito em me aventurar nesse território porque a utilização arbitrária do termo "quantum", para imbuir um caráter científico a todo tipo de ideias e produtos questionáveis, tornou a palavra quase sem sentido. No entanto, fenômenos quânticos violam de forma tão flagrante a base da "praticidade" que descrevi, que uma pequena explicação é suficiente. Por favor, entenda que eu não estou invocando a mecânica quântica como uma prova de qualquer afirmação deste livro, mas como fonte de intuição e metáfora, em uma dimensão mítico-poética.

---

1. Expus um pouco da base científica dessas afirmações, com extensas referências, no capítulo 7 do livro *The Ascent of Humanity* [A ascensão da humanidade]. Uma excelente fonte, escrita pelo proeminente biólogo acadêmico, James Shapiro, é o livro *Evolution: A View from the 21st Century* [Evolução: uma visão do século 21] (Upper Saddle River, NJ: FT Press, 2011).

Como exposto antes, um princípio básico do universo newtoniano é que as coisas não acontecem por acaso, sem uma causa. Você tem que fazê-las acontecer. Mas no mundo quântico isso não é verdade. Ao invés de serem determinadas integralmente pela resultante das forças que agem sobre elas, as partículas quânticas, como fótons e elétrons, se comportam de maneira aleatória. No conjunto, pode-se calcular a distribuição provável do seu deslocamento, mas para qualquer fóton específico, uma análise completa de toda influência física sobre ele é insuficiente para prever o seu comportamento. O fóton *A* pode passar pela fenda e parar aqui; já o fóton *B* pode parar ali. Por quê? Não há nenhuma razão, nenhuma causa. Por esse motivo, a física chama o comportamento de aleatório. Neste caso, na base principal da nossa explicação sobre a realidade física está a "acausalidade". As coisas podem acontecer sem nenhuma força que as faça acontecer.

O relato acima, embora devidamente simplificado, é indiscutível. Por noventa anos a física tentou e fracassou em preservar o determinismo. A situação não melhorou desde o famoso protesto de Einstein: "Deus não joga dados com o universo". Incapaz de remover a indeterminação por completo, a física teve que se contentar em enterrá-la com segurança no microcosmo: o comportamento quântico aleatório se agrega para adquirir, na esfera macro, um comportamento determinado e causal semelhante ao do mundo humano, no qual, como antes, nada acontece sem que alguma força seja responsável.

Por que um fóton vai para cá e outro para lá, se não são obrigados por nenhuma força? Bem, por que você faz uma coisa em vez de outra, se não é obrigado por nenhuma força? Você escolhe. Então a resposta intuitiva óbvia é que o fóton *escolhe* seu curso. A física, é claro, não pode tolerar tal resposta, tão fora da dimensão do pensamento científico que chega a ser ridícula. A física – que está na base da nossa História do Mundo, da nossa noção do que é real ou prático e de como as coisas funcionam – diz, em vez disso, que o comportamento é "aleatório", preservando, ao preço da "acausalidade", a ideia de um universo construído por blocos genéricos e inconscientes. Porque, na verdade, atribuir poder de escolha a algo tão simples como um fóton ou um elétron seria reconhecer a inteligência do nosso universo de ponta a ponta. O universo não seria mais apenas um monte de coisas; não poderíamos mais, de maneira tão soberba, nos atribuir o papel de seus senhores e mestres. A construção central da nossa História das Pessoas seria abalada em seus alicerces.

Façamos uma pausa para notar que a maioria das pessoas que já viveu sobre a Terra não teria nenhuma dificuldade em acreditar que o universo é inteligente de ponta a ponta. As pessoas pré-modernas, animistas ou panteístas, atribuíam senciência não apenas a plantas e animais, mas a todos os seres, até mesmo a pedras e nuvens. As crianças tendem a fazer o mesmo. Nós chamamos isso de personificação ou projeção e achamos que sabemos mais do que as crianças e os animistas; que o universo é, de fato, um lugar essencialmente insensato e morto.

Talvez você não queira que a expansão do seu poder criativo dependa da aceitação da ideia de que até mesmo os elétrons têm senciência. Ok, tudo bem – não vou insistir. Mas, ao menos nessa concepção, estamos em uma esfera onde a força não é a causa do comportamento. Além do mais, a física moderna oferece um segundo, talvez ainda mais grave desafio à História da Separação: a quebra da base da distinção eu/outro.

Estamos acostumados a um universo em que a existência ocorre dentro de um sistema objetivo cartesiano de espaço e tempo. Se algo existe, ele ocupa o ponto X, Y, Z, no tempo T, e esta existência é independente de você, de mim ou de qualquer outro ser no universo. Mesmo que saibamos sobre o paradoxo da medição ou do entrelaçamento quântico, o pressuposto da objetividade é tecido tão profundamente em nossas percepções que negá-lo seria ridículo. Digamos que você vá para a cama antes de os resultados das eleições saírem. Você acorda na manhã seguinte. Quem ganhou? Você pode não saber ainda, mas não iria negar que já foi decidido, que o fato existe independente de seu conhecimento. Ou digamos que você esteja investigando um acidente de trânsito. Cada parte no acidente tem uma versão diferente do que aconteceu. Você negaria que há uma realidade, independente das histórias dos participantes, que consiste naquilo que "realmente aconteceu"?[2]

De modo algum eu entraria nessas reflexões ontológicas, se não fosse pelo fato (o fato!) de que a velha e imprecisa História do Ser – do eu separado e abandonado em um universo objetivo externo – é uma receita para a impotência e a desesperança. Separados do mundo, nada do que façamos pode importar muito. Na grande confusão descoordenada de eus separados e forças impessoais que compõem o universo, a nossa capacidade de mudar o curso dos acontecimentos depende da quantidade de força que conseguimos reunir (ou inspirar, se outros escutarem. E sendo separados de nós, suas escolhas estão fora do nosso controle, a menos que os *façamos* escutar. Voltamos novamente à força). Em particular, esta história desvaloriza a maioria dos pequenos atos pessoais de serviço que, no âmbito do sentimento, experimentamos como importantes e que caracterizam o tipo de mundo em que gostaríamos de viver.

Por exemplo, no mundo da separação, se você quiser mudar o planeta, parar o aquecimento global, ou salvar as tartarugas marinhas, então seria um desperdício de tempo ser voluntário em um hospital, resgatar um cachorro perdido, ou dar comida para uma pessoa que

---

[2]. Não vou, nestas páginas, procurar estabelecer uma posição filosófica alternativa sobre a natureza da realidade. Só quero salientar que a nossa crença padrão é imprecisa; que é parte integrante da História da Separação. Como essa história está infiltrada em nossa própria linguagem, pode ser impossível revertê-la usando a linguagem. Olhe para a última frase: "...pode ser impossível". Então veja, estou querendo dizer que existe um fato externo à questão. Mesmo palavras como "real", "realidade" e "é" traduzem uma realidade objetiva. Dizer que algo "não é uma realidade objetiva" já pressupõe a existência de uma (pois, em qual realidade uma realidade objetiva existe ou deixa de existir?).

mora na rua. Essa senhora vai morrer de qualquer maneira – que importa se sua morte for um pouco mais confortável? Talvez você devesse ter usado essas horas educando os jovens para lhes passar consciência ecológica.

Basear nossas decisões em seus efeitos mensuráveis, calculáveis é, por si só, uma parte da História da Separação. Podemos chamar a isso de instrumentalismo, que se baseia na crença de que nossa compreensão da causalidade é completa – que podemos saber com razoável certeza todos os efeitos que serão produzidos. Mas esta certeza é cada vez mais injustificada. A ciência preservou-a por um tempo, relegando a indeterminação quântica ao microcosmo, ignorando o significado completo da dinâmica não linear com a sua ideia de ordem a partir do caos, e negando qualquer fenômeno que evidencie um universo inteligente e interconectado – mas hoje se torna cada vez mais difícil manter essa construção.

Mesmo se o efeito pretendido for algo nobre, a mentalidade instrumentalista nos aliena de outras fontes de conhecimento e orientação que só fazem sentido dentro de uma História do Ser e do Mundo diferente. E isso pode levar a resultados monstruosos. Quem sabe quem ou o que devemos sacrificar pela "causa"?

Orwell mostrou isso em *1984*, quando O'Brien, funcionário do Partido, está fingindo recrutar Winston para a Fraternidade Revolucionária, que busca derrubar o Partido:

"Você está preparado para dar sua vida?"
"Sim."
"Você está preparado para cometer assassinato?"
"Sim."
"Para cometer atos de sabotagem que podem causar a morte de centenas de pessoas inocentes?"
"Sim."
"Para trair seu país às potências estrangeiras?"

"Sim."

"Você está preparado para enganar, forjar, chantagear, corromper mentes infantis, distribuir drogas que causam dependência, incentivar a prostituição, disseminar doenças venéreas – fazer qualquer coisa que é suscetível de causar desmoralização e enfraquecer o poder do Partido?"

"Sim."

"Se, por exemplo, fosse de alguma forma útil a nossos interesses jogar ácido sulfúrico no rosto de uma criança – você estaria preparado para fazer isso?"

"Sim."[3]

Winston, como se vê, não é realmente diferente do Partido ao colocar um fim abstrato e inacessível acima de qualquer meio. É significativo o fato de que a Fraternidade Revolucionária é falsa, uma invenção do Partido; ela é o próprio Partido. Da mesma maneira, apenas talvez de modo mais sutil, o guerreiro social ou ambiental que sacrifica valores humanos por sua causa não é de modo algum verdadeiramente revolucionário mas, pelo contrário, um pilar do sistema. Vemos com frequência dentro das organizações ambientais, dentro dos grupos políticos de esquerda, a mesma intimidação de subordinados, as mesmas disputas de poder, as mesmas rivalidades egoicas que vemos em qualquer outro lugar. Se isto acontece em nossas organizações, como podemos esperar que não acontecerá no mundo que criaremos, se formos vitoriosos?

Alguns grupos, reconhecendo isso, dedicam muito do seu tempo a processos de grupo, procurando implementar, dentro de suas próprias organizações, as metas igualitárias e inclusivas que estão buscando trazer para a sociedade. O perigo é que o grupo se torne

---

3. George Orwell, *Nineteen Eighty-Four [1984]* (Nova York: Penguin - Signed Classic, 1950).

completamente focado em si mesmo e não consiga realizar qualquer objetivo externo. Muitos grupos do movimento *Occupy* vivenciaram essa tendência. No entanto, esses esforços para criar novos princípios de organização e consenso significam uma crescente percepção da unidade que existe entre o interno e externo. Não é apenas para demonstrar virtude sendo igualitário ou inclusivo. É que o que somos e como nos relacionamos afeta aquilo que nós criamos.

Clima

E o que dizer, então, do ativista engajado contra as mudanças climáticas que afirma: "Certamente, a inclusão dos marginalizados, a exposição dos preconceitos raciais e de classe, as habilidades de comunicação não violenta, de escuta profunda, e outras nessa linha, são todas metas louváveis, mas nós estamos falando da sobrevivência da nossa espécie! Precisamos alcançar a redução de CO_2 por qualquer meio necessário. Essas outras coisas podem vir depois. Mas nada vai importar se não pararmos com o aumento de seis ou oito graus de temperatura, que o nosso curso atual projeta. Assim, dedicar-se a essas coisas, ou mesmo à maioria dos problemas sociais, é um pouco fútil".

Pode não ser óbvio, mas essa visão acredita em outra versão da História da Separação, uma na qual o universo é constituído por um grande número de fenômenos independentes. Nela, a negligência de um líder ambiental com sua família, ou a contratação de serviços de limpeza por salário mínimo, não tem qualquer influência sobre a mudança climática global. A mecânica quântica, com a sua ruptura da distinção eu/outro, objeto/universo, observador/observado, nos oferece um novo conjunto de intuições sobre como a realidade funciona. Não vou dizer que isso "prova" que mudando suas crenças ou relacionamentos você vai resolver a mudança climática. No entanto, isso realmente sugere um princípio de interconexão que implica que cada ação tem um significado cósmico. Mas, mesmo sem buscar a base desse princípio na mecânica quântica, podemos chegar a ele simplesmente fazendo algumas perguntas. Qual a verdadeira causa da mudança climática? Emissões de CO_2 e de outros gases do efeito estufa, talvez? Ok, qual a causa dessas emissões? Talvez o consumismo, a arrogância tecnológica, a necessidade de crescimento imposta pelo sistema financeiro. E quais as causas desses fatores? Em última análise, são as ideologias profundas que governam nosso mundo, a mitologia que define nossa civilização, que eu tenho chamado de História da Separação.

As emissões de dióxido de carbono não vão mudar a menos que tudo o que as alimenta também mude. Apenas querer reduzir o CO_2 não é suficiente, como mostra o gigantesco fracasso dos acordos climáticos da Rio 92. O mundo declarou de maneira solene a sua intenção de congelar as emissões de CO_2. Nos vinte anos seguintes, elas aumentaram em 50%. O aumento do CO_2 é inseparável de todas as outras facetas da História da Separação. Portanto, qualquer ação que aborde qualquer uma dessas facetas também aborda as alterações climáticas.

Em última análise, muitas vezes a rede de conexões que gera a mudança climática é visível através de nossa lente normal de causalidade. Aqueles que defendem a legalização da *Cannabis* poderiam apontar para os benefícios ecológicos da planta medicinal se comparados aos fármacos intensivamente químicos e tecnológicos cuja fabricação consome muita energia; para o potencial de geração de biocombustíveis a partir do cânhamo industrial; ou mesmo para o modo como o hábito de fumar maconha desestimula algumas pessoas a participar plenamente do modelo estabelecido. Para outras áreas de ativismo, a relação de causalidade com a mudança climática é mais difícil de ver. O que dizer da igualdade no casamento? O fim do tráfico de pessoas? O fornecimento de abrigo aos sem-teto? Seguindo o entendimento de causalidade do eu separado, é difícil ver como esses itens se relacionam.

Uma pergunta: que tipo de ser humano é politicamente passivo, vota por medo ou por ódio, se dedica ao consumo interminável, e tem medo de contemplar a mudança? Todos nós temos esses comportamentos inscritos em nossa visão de mundo dominante e, portanto, nas instituições dela decorrentes. Separados da natureza, separados da comunidade, financeiramente inseguros, alienados de nossos próprios corpos, imersos em escassez, presos em um pequeno e isolado eu que tem fome permanente da essência perdida, será que podemos fazer outra coisa senão perpetuar o comportamento e o sistema que causam a mudança do clima? Nossa resposta para o problema deve tocar nessa dimensão fundamental, que poderíamos chamar de espiritualidade.

É aqui que está a raiz da nossa doença coletiva, da qual o aquecimento global é apenas uma febre sintomática. Precisamos ser cautelosos sobre as medidas que abordam apenas a causa mais próxima desse sintoma, e deixam as causas mais profundas intocadas. Alguns justificariam o fraturamento hidráulico utilizado na exploração de óleo e gás, a energia nuclear, e outras atividades ecologicamente destrutivas pelos motivos (ilusórios) de que estes amenizarão as mudanças climáticas. Ideólogos tecnológicos propõem amplos esquemas de geoengenharia que semeiam a estratosfera com ácido sulfúrico ou os oceanos com ferro, ações que podem ter consequências descomunais e imprevisíveis. Essas propostas são uma extensão da mesma mentalidade de gerir e controlar a natureza, que está na raiz do nosso problema ecológico.

Por essa razão, desconfio um pouco da narrativa convencional sobre o aquecimento global – de que a redução de CO_2 e de outras emissões do efeito estufa é a principal prioridade ambiental. Essa narrativa se presta muito facilmente a soluções centralizadas e à mentalidade de maximizar (ou minimizar) um número. Ela subordina todas as coisas pequenas e locais que precisamos fazer para criar um mundo mais belo a uma única causa pela qual tudo deve ser sacrificado. Essa é a mentalidade da guerra, segundo a qual um fim muito importante supera quaisquer escrúpulos quanto aos meios a serem utilizados, e justifica qualquer sacrifício. Nós, como sociedade, somos viciados nessa mentalidade. Dessa maneira, a guerra contra o terrorismo substituiu a Guerra Fria, e se a mudança climática perdesse popularidade como *casus belli*, por certo encontraríamos outra coisa para substituí-la – digamos, a ameaça de um asteroide atingindo a Terra – para justificar a mentalidade de guerra.

A mentalidade de guerra, que justifica e impõe o sacrifício de todas as coisas pelo bem da vitória, é também a mentalidade da usura. Como descrevi em meu livro *Sacred Economics* [Economia sagrada], um sistema monetário como o nosso, baseado no empréstimo a juros, impulsiona o crescimento ilimitado do mundo do dinheiro e a conversão de muitos em um – a diversidade de valores se converte em uma quantidade unitária chamada valor. Como a sociedade se torna cada vez mais monetizada, seus membros aceitam que o dinheiro é a chave para o cumprimento de qualquer necessidade ou desejo. Dinheiro, o meio universal, tornou-se, portanto, o fim universal também. Assim como o paraíso da utopia tecnológica ou a vitória final da guerra contra o mal, ele se torna um deus com uma demanda insaciável por sacrifício. A busca pelo dinheiro desqualifica os pequenos atos e relações não quantificáveis que tornam a vida verdadeiramente rica, mas que os números não podem justificar. Quando o dinheiro é o objetivo, tudo o que não pode ser traduzido em números é ignorado.

O mesmo acontece com a guerra, é claro, e com qualquer campanha para um grandioso objetivo unitário. Se você já esteve em uma cruzada para salvar o mundo, pode ter notado como as pequenas coisas que tornam a vida rica ficam relegadas a segundo plano. Você pode se perguntar: "Que tipo de revolução estou fomentando aqui? Que experiência de vida estou defendendo como exemplo?" Essas são perguntas importantes! Se é verdade, como nossas intuições nos dizem, que a crise que enfrentamos hoje vai seguir até o fundo do poço, essas questões não podem ser ignoradas.

Existe o perigo de que a questão das mudanças climáticas obstrua outras questões ambientais importantes: desmatamento; eutrofização; esgotamento da pesca; resíduos radioativos; acidentes nucleares; destruição de zonas úmidas; poluição genética; resíduos tóxicos; poluição farmacêutica; poluição eletromagnética; destruição de todos os tipos de habitat; erosão do solo; extinção de espécies; esgotamento e poluição de aquíferos e de água doce; perda de biodiversidade. Algumas das coisas que precisamos fazer para reduzir as emissões de CO_2 também diminuem esses outros problemas; mas em outros casos, os temas parecem não ter relação. Se o bem-estar, digamos, de um recife de coral, ou mesmo de uma simples lagoa, não afeta o futuro da civilização via mudanças climáticas, não deveríamos nos preocupar com isso? Focar nas emissões de gases do efeito estufa enfatiza o quantificável, tornando invisível o qualitativo – poderíamos até dizer o sagrado. O ambientalismo é reduzido a um jogo de números. Nós, como sociedade, estamos confortáveis com isso, mas acho que a mudança que devemos fazer é mais profunda. Precisamos criar uma relação direta, carinhosa, sensual com a floresta, a montanha, o rio, um pequeno pedaço de terra, e protegê-los para nosso próprio bem, e não para uma meta ulterior. Isso não é negar os perigos dos gases do efeito estufa mas, em última análise, nossa salvação virá por recuperarmos uma relação direta com o que está vivo à nossa frente.

Desvalorizamos de modo implícito essa relação direta quando citamos os gases do efeito estufa como a razão para nos opormos ao fraturamento hidráulico, à exploração de areias betuminosas ou à mineração a céu aberto com remoção de cumes. Nós nos conformamos à mentalidade que sacrifica o local e o concreto em benefício do global e abstrato. Isso é perigoso. Os números podem ser manipulados; os dados podem ser mal interpretados. Por exemplo, os que questionam as alterações climáticas demonstram que a temperatura atmosférica tem permanecido estável desde 1997 (mas, e a dos oceanos?) É provável que ela suba de novo em breve. Entretanto, e se estivermos enfrentando não o aquecimento continuado, mas oscilações de clima cada vez mais violentas como as mudanças de composição da atmosfera, com uma rapidez sem precedentes, ao mesmo tempo em que os sistemas de controle homeostáticos primários nas florestas e oceanos estiverem se degradando? E se algum projeto de geoengenharia baixar os níveis de CO_2 ou prometer fazê-lo? Nesse caso, aqueles que são contrários ao fraturamento hidráulico e à perfuração não teriam mais motivos para protestar. É por isso que, além das medições de nível dos sistemas para combater as alterações climáticas (por exemplo, um sistema de taxas e dividendos para os combustíveis de carbono), precisamos apelar diretamente para o nosso amor real, local, único e insubstituível pela terra e pela água. Nenhuma quantidade de dados pode disfarçar um desmatamento. Eles podem camuflar os "hectares totais desmatados", mas não um desmatamento específico. Precisamos fundamentar o ambientalismo em algo maior do que dados e números.

Sou cético quanto à história convencional da mudança climática, e ainda mais cético em relação ao ceticismo sobre a mudança climática. A maioria dos céticos parece descartar com a mesma tranquila confiança todas as preocupações ambientais, afirmando que a Terra pode suportar qualquer coisa que fizermos a ela. O tema da alteração climática é proveniente de uma percepção importante e relativamente nova para a nossa civilização: a de que não estamos separados da natureza; que o que fazemos para o mundo, fazemos a nós mesmos; que somos uma parte do equilíbrio dinâmico de Gaia e temos que agir como membros responsáveis da comunidade de toda a vida na Terra. Muitos céticos das mudanças climáticas parecem desejar um tempo mais simples, o tempo daquela história que vivíamos sobre a Terra, mas não como parte dela.

Na História do Interser é de se esperar que qualquer desequilíbrio em nossa própria sociedade e psicologia coletiva seja espelhado em desequilíbrios análogos nos processos de Gaia. CO_2 e outros gases do efeito estufa certamente contribuem para a instabilidade do clima. Ainda mais perigoso, porém, é o desmatamento, porque as florestas são cruciais na manutenção da homeostase planetária (em muitos aspectos, e não só como sumidouros de carbono).[1] Com florestas saudáveis, o planeta é muito mais resiliente. Florestas, por sua vez, não são apenas coleções de árvores: são seres vivos complexos onde cada espécie contribui para a saúde do todo, o que significa que a biodiversidade é outro fator na regulação do clima. Desmatamento à parte, o declínio de uma espécie de árvore após outra em todo o mundo é algo misterioso para os cientistas: em cada caso, parece haver um diferente culpado nas redondezas: um besouro, um fungo etc. Mas, por que elas se tornaram suscetíveis? A chuva ácida liberando alumínio livre a partir dos silicatos do solo? O ozônio ao nível do solo danificando as folhas? Estresse hídrico causado pelo desmatamento em outros lugares? Estresse térmico devido às alterações climáticas? Alterações dentro da mata devido ao crescimento da população de cervos, causado pelo extermínio de seus predadores? Insetos vindos de outros ecossistemas? Aumento da população de insetos devido ao declínio de algumas espécies de aves?

Ou é tudo isso mencionado acima? Talvez por trás de todos esses vetores de declínio florestal e de instabilidade climática esteja um princípio mais geral que é inevitável. Tudo o que tenho mencionado resulta de uma espécie de desarranjo em nossa própria sociedade. Tudo vem da percepção de separação da natureza e de uns dos outros, sobre a qual são construídos todos os nossos sistemas de dinheiro, tecnologia, indústria e tantos mais. Cada um deles se projeta sobre nossa própria psique também. A ideologia do controle diz que basta identificar a "causa", para controlarmos as alterações climáticas.

---

1. Coisas semelhantes podem ser ditas dos oceanos, onde a pesca excessiva, a eutrofização (por fertilizantes e esgoto) e outras formas de poluição podem prejudicar a função de moderação do clima pelo oceano. A acidificação em razão do CO_2 também pode contribuir para esse problema.

Tudo bem, mas, e se a causa for tudo? Economia, política, emissões, agricultura, medicina, até chegar à religião, psicologia e nossas histórias básicas através das quais apreendemos o mundo? Percebemos, então, a futilidade do controle e a necessidade da transformação.

Deixe-me levar o argumento do interser ao seu extremo. Os céticos das mudanças climáticas muitas vezes culpam o Sol pelas flutuações climáticas. O Sol obviamente não é influenciado pela atividade humana, certo? Bem, eu arriscaria apostar que a maioria das pessoas pré-modernas discordariam de que o Sol não é afetado por assuntos humanos. Muitas delas tinham rituais para agradecer e suplicar ao Sol para que ele continuasse brilhando. Será que eles sabiam de algo que não sabemos? Será que o Sol está se contorcendo pela dor da ingratidão e da violência que a humanidade inflige sobre Terra? Será que ele inevitavelmente refletirá a nossa própria loucura?

Sim, meus amigos, a revolução conceitual que estamos iniciando chega a esse ponto. Precisamos redescobrir o espírito da natureza, para voltar ao nosso animismo original e ao universo com alma que ele intuía. Precisamos entender a natureza; o planeta; o Sol; o solo; a água; as montanhas; as rochas; as árvores e o ar como seres sencientes, cujo destino não está separado do nosso. Que eu saiba, nenhuma pessoa indígena na Terra negaria que uma rocha carrega algum tipo de consciência ou inteligência.

Quem somos nós para pensar diferente? Serão os resultados da visão científica moderna tão sensacionais a ponto de justificar tamanha presunção? Estamos criando uma sociedade mais bonita do que eles? Na verdade, como o exemplo da partícula quântica sugere, a ciência está finalmente voltando para o animismo. Certamente, os paradigmas científicos que admitem um universo inteligente são, em sua maioria, heterodoxos hoje, mas estão, de forma gradual, invadindo os pensamentos dominantes. Tomemos o exemplo da água. Emergindo das sombras da homeopatia, da antroposofia, e da pesquisa de figuras menos centrais como Masaru Emoto e o brilhante

Viktor Schauberger, a ideia de que a própria água é viva, ou pelo menos tem estrutura e individualidade, está agora sendo explorada por cientistas consagrados como Gerald Pollack. Temos ainda um longo caminho até que um princípio como a senciência de todas as coisas possa ser aceito, ou mesmo articulado, pela ciência. Mas imagine o que essa crença significaria quando contemplássemos atividades de mineração que destroem paisagens, ou líquidos de fraturamento hidráulico que poluem aquíferos, e assim por diante.

Quaisquer que sejam as razões – gases do efeito estufa, desmatamento, ou flutuações solares –, a mudança climática está nos enviando uma mensagem importante. Nós e a Terra somos um. Assim em cima como é embaixo: o que fazemos aos outros, mesmo ao menor animal ou planta, fazemos a toda a criação. Talvez todos os nossos atos pequenos e invisíveis deixem marcas no mundo de várias maneiras que não entendemos.

Desesperança

O mal é uma lógica habilidosa que desafia o amor e a verdade argumentando que, uma vez que todos os seres humanos são egoístas e falhos por natureza, qualquer busca de virtude deve ser hipocrisia.
– Robert Graves

Embora muitas pessoas entendam que a solução para a mudança climática envolve mais do que uma escolha pontual de tecnologias alternativas, poucos diriam que os que dedicam suas vidas ao direito de casamento entre gays, à compaixão com os moradores de rua, ou ao cuidado com os autistas estão fazendo algo essencial para a sobrevivência da nossa espécie. Mas isso só acontece porque nossa compreensão do interser ainda é superficial. Gostaria de sugerir que qualquer coisa que viole ou interrompa a História da Separação curará todas e quaisquer consequências dessa história. Isso inclui até mesmo as pequenas ações invisíveis, que nossa mente racional, mergulhada na lógica da Separação, afirma que não fazem diferença. Inclui o tipo de ação que não entra nos grandes empreendimentos para salvar o mundo.

Falei recentemente com Kalle Lasn, o fundador da revista radical *Adbusters*, um homem que dedicou sua vida inteira à promoção e à prática do ativismo engajado. Ele me disse que, já há algum tempo, não tem se envolvido muito na política ou na revista, porque está cuidando de sua sogra de 95 anos de idade. Ele disse: "Cuidar dela é muito mais importante para mim do que todos os meus outros trabalhos juntos".

Kalle concordou comigo quando eu disse: "Nossa visão de mundo deve acomodar a verdade e a importância disso". Você, caro leitor, poderia aceitar uma realidade em que, para salvar o planeta, temos que negligenciar a nossa sogra de 95 anos? É preciso haver um espaço em nossa compreensão sobre o funcionamento do universo que inclua os incalculáveis atos pessoais de serviço que formam uma parte tão bonita da nossa humanidade.

Será que Kalle pode confiar em seu sentimento de que, cuidando dessa senhora, está fazendo algo significativo?

Você não sente no seu íntimo que qualquer sistema de crença que negue essa importância é parte do problema?

Você pode suportar viver num mundo em que o que ele está fazendo não importa?

Nós só continuamos executando as tarefas que mantêm a máquina devoradora do mundo funcionando por reprimir esse sentimento de importância. Nós nos preparamos para fazer o que algum raciocínio abstrato nos diz que devemos fazer por praticidade. Ocasionalmente, essa "praticidade" significa "o que vai ajudar a curar o ecossistema, trazer a justiça social, e permitir a sobrevivência de nossa espécie" – mas para a maioria das pessoas, na maior parte do tempo, praticidade envolve dinheiro ou outros meios de segurança e conforto. E dinheiro, em nosso sistema atual, geralmente vem através da participação na conversão da natureza em produtos, das comunidades em mercados, dos cidadãos em consumidores e dos relacionamentos em serviços. Se o seu coração não se alinha com tudo isso, você vai achar que a praticidade muitas vezes contradiz o desejo urgente do seu coração.

O problema é muito mais profundo do que uma visão egoísta sobre o que é prático. Ele chega ao próprio entendimento de causa e efeito que está por trás. Os apelos do coração podem contradizer não apenas os ditames do dinheiro, mas também toda a lógica instrumentalista.

Isso não quer dizer que devamos ignorar a lógica da mente ao tentar fazer mudanças práticas no mundo, nem tampouco abandonar a tecnologia, a literatura, ou quaisquer outros frutos da nossa jornada milenar da separação. Por certo, as ferramentas de controle e a aplicação da força e da razão têm o seu lugar. A humanidade não é exceção na natureza. Como acontece com todas as espécies, os nossos dons podem contribuir de maneira única para o bem-estar e desenvolvimento do todo. Temos, no entanto, que usar nossos dons nesse espírito. Em vez disso, estamos usando esses dons para dominar e conquistar, enfraquecendo a saúde de Gaia e de todos os seus seres. E, portanto, enfraquecendo a nós mesmos também. Agora temos a oportunidade de transformar os nossos dons exclusivamente humanos: de ferramentas de superioridade para ferramentas de serviço.

Em que situações específicas os métodos de "praticidade" são apropriados? Muito simples. Eles são adequados quando se sabe como fazer algo de acordo com nossa atual compreensão de causalidade. Se o seu fogão está pegando fogo e você tem um extintor de incêndio, então é claro que você usa o extintor de incêndio. Você não vai ignorá-lo e rezar por um milagre.

Mas, do mesmo modo, se a sua casa está um inferno em chamas e tudo que você tem é um pequeno extintor de incêndio, que você sabe que não dá conta da tarefa, não adianta apenas agitá-lo na frente das chamas com pose de herói.

Esta última cena é uma boa descrição da nossa situação atual. Sim, é verdade, nossa casa está em chamas. O que os alarmistas ambientais estão dizendo é verdade. Eu não estou usando "alarmista" como um termo depreciativo. A situação é ainda pior do que eles (por temerem o rótulo de alarmistas) estão nos contando publicamente. Mas o que devemos fazer sobre isso? Ou indo mais direto ao ponto: o que *você* deve fazer a respeito? O que, de acordo com as noções convencionais de causalidade – que quase todos na sociedade moderna têm interiorizadas de modo profundo – você pode fazer de prático?

Nada. Portanto, devemos aprender a seguir outro tipo de orientação, que leva a um campo ampliado de possibilidades.

Você pode pensar que é perigoso semear a desesperança, mesmo se o que digo for verdade. Mas, semeando ou não, a desesperança está aí. Todo ativista com quem falei confirma que eles sentem, em algum momento, exatamente a desesperança que estou suscitando. Tentamos ocultá-la com raciocínios como "Claro, não faz diferença se você for o único a fazer mudanças, mas se todo mundo fizer também, então o mundo vai mudar". É verdade, mas está em seu poder fazer com que todos mudem? Não. O que você faz importa se todos fizerem também. Pelo mesmo motivo, uma vez que nem todo mundo está fazendo isso, o que você faz não tem importância. Eu nunca consegui escapar dessa lógica dentro de seus próprios termos. Ela é tão sólida como suas premissas: o eu separado em um mundo objetivo.

Pior ainda, alguns diriam que os nossos esforços individuais para comprar de fornecedores locais, reciclar, usar bicicletas são até mesmo contraproducentes, dando-nos uma falsa complacência, desmobilizando atos revolucionários mais eficazes, e permitindo que os mecanismos maiores de ruína prossigam esmagando tudo à sua frente. Como diz Derrick Jensen, esqueçam os banhos mais curtos.

Acho melhor não evitar a desesperança, porque a verdadeira esperança só se encontra do lado de lá da desesperança. A desesperança é parte do território que precisamos atravessar. Até chegar ao outro lado, esse sentimento pesa em nossos corações à medida que persistirmos, sem acreditar totalmente que estamos fazendo muita coisa de bom. De maneira eventual, ainda que com espírito vigoroso, nossos esforços vacilam, nossa energia enfraquece e desistimos. Talvez, por um tempo, a vaidade pessoal possa nos manter no caminho, sustentando nossa imagem de pessoas éticas, conscientes e "parte da solução". Mas essa motivação não é profunda o suficiente para nos trazer a coragem, o compromisso e a fé de que precisamos.

O verdadeiro otimismo é resultado de ter atravessado o território da desesperança e medido seus contornos. Não é ignorando a magnitude da crise, nem desconhecendo suas forças, que nos manteremos no caminho da cura. Às vezes, as pessoas me confrontam nas palestras e me informam sobre o poder da elite e sua máquina de propaganda, seu controle político e econômico, inclusive suas tecnologias de controle da mente, imaginando que não tenho consciência disso ou que de forma deliberada ignoro o funcionamento do nosso sistema. Ou me falam da apatia das massas, da ganância e ignorância das pessoas que simplesmente não entendem nada disso, e da improbabilidade de qualquer mudança. Tudo isso é parte do território da desesperança, com o qual estou intimamente familiarizado. Não estou me esquivando da triste verdade por não conseguir suportá-la. O otimismo está do outro lado dela, e a esperança é seu porta-voz.

Em seus próprios termos, a lógica da desesperança é inatacável. Essa lógica inclui mais do que apenas o desalento quanto ao estado do planeta; ela está entranhada também no próprio mito que nos define, que nos lança num universo impessoal de forças e massas. É esse mito que nos torna ao mesmo tempo sozinhos no universo e impotentes para mudá-lo de modo significativo (ou para mudá-lo de qualquer forma, já que essas mesmas forças determinam também nossas ações). Talvez por isso a energia emocional por trás dos argumentos a favor da desesperança (que acabei de descrever) é idêntica à que está por trás da rejeição de paradigmas científicos alternativos. Os leitores de meus livros anteriores vão me perdoar por citar novamente esta passagem do ensaio "A Free Man's Worship" [A adoração de um homem livre] de Bertrand Russell, uma das grandes mentes da era moderna:

> Que o homem seja produto de causas que não podiam prever o fim que atingiriam; que sua origem, seu crescimento, suas esperanças, seus medos, amores e suas crenças, são apenas o resultado de

posições acidentais de átomos; que nenhum fogo, nenhum heroísmo, nenhuma intensidade de pensamento e sentimento pode preservar a vida do indivíduo para além do túmulo; que todos os trabalhos de eras, toda a devoção, toda a inspiração, todo o brilho do gênio humano, estão destinados à extinção na vastidão da morte do sistema solar; e que o templo das realizações humanas será inevitavelmente soterrado sob os escombros de um universo em ruínas – todas essas coisas, se não completamente indubitáveis, são quase tão certas que nenhuma filosofia que as rejeite pode ter esperança de durar. Somente dentro da estrutura dessas verdades, apenas na base firme da inflexível desesperança, pode a morada da alma, doravante, ser construída de forma segura.

Como já dei a entender, a história em que Russell baseia suas conclusões não é mais tão certa assim. Uma filosofia que as rejeite pode, sim, querer perdurar – se construída sobre o fundamento da interconectividade e indeterminação quântica; da tendência dos sistemas não lineares em direção à organização espontânea e à autopoiese; da capacidade de organismos e ambientes propositadamente reestruturarem seu DNA, e da proliferação de anomalias científicas que prometem mais mudanças de paradigma ainda por vir. Sem tentar construir um sólido argumento filosófico favorável, destaco que todas essas revoluções científicas prestam-se, pelo menos de modo metafórico, a uma História do Mundo muito diferente.

Esperança

Um outro mundo não só é possível como já está a caminho.
Em um dia calmo, posso ouvir sua respiração.
– Arundhati Roy

A esperança tem má reputação entre alguns estudiosos atualmente. Por um lado, parece sugerir uma ilusão que nos distrai da análise sóbria da realidade e fomenta expectativas irrealistas. Como disse Nietzsche, "A esperança é o pior dos males, pois prolonga os tormentos do homem". Ao mesmo tempo, na linguagem da "espiritualidade", a esperança sugere uma rejeição do momento presente ou talvez uma mancha de dúvida que corrói o poder criativo das nossas intenções. Mas não sejamos tão rápidos em descartar este elemento primordial da psique humana. Sendo "a última que morre" – como acontece tantas vezes – o que a esperança tem a nos dizer sendo uma flor que cresce nos becos desolados do desespero?

É certo que as pessoas com frequência têm esperança em coisas absurdas, coisas que bloqueiam a experiência da verdade do presente e a capacidade de reagir a ela com sabedoria: uma mulher doente espera que o tumor em seu seio vá embora se ela o ignorar; uma criança espera que mamãe e papai voltem a ficar juntos; nossa sociedade espera que os cientistas encontrem uma solução para as mudanças climáticas. No entanto, o que se alega é que a energia emocional por trás da esperança é a de que "tudo vai ficar bem". De certa forma, é verdade, não porque os nossos piores temores não acontecerão, mas porque nos conciliaremos com eles depois que acontecerem. A mulher vai ficar bem, não porque ignorou o nódulo, mas porque tomou conhecimento dele e o tratou. Ou talvez porque ela perdeu o seio e experimentou amor e autoaceitação, transcendendo sua aparência. Ou talvez por causa do que ocorre no processo de morte. Do mesmo modo, os cientistas já chegaram a uma solução para a mudança climática, aliás, muitas soluções. Elas estão bem à nossa frente: conservação; permacultura; energia renovável; vida simples; bicicletas; produtos lixo zero, e assim por diante. Mas apenas quando a mudança climática nos atingir seriamente é que estaremos propensos a implementar essas soluções em uma escala significativa. A esperança nos mostra um destino, mas entre ele e nós encontra-se o vasto território do desespero.

No mais profundo desespero, uma inextinguível centelha de esperança se mantém acesa dentro de nós, pronta a se transformar em chama ao menor sopro de boas notícias. Ainda que atraindo o cinismo, vive dentro de nós um idealismo infantil, sempre pronto a acreditar, sempre pronto a descobrir novas possibilidades com o olhar renovado, sobrevivendo apesar de infinitas decepções. Mesmo nos tempos mais sombrios de resignação à velha normalidade, nossa participação nela é hesitante, porque parte da nossa energia está procurando algo fora do mundo – do mundo na forma em que o conhecemos.

Segundo a lógica da velha história, a esperança é uma mentira, uma alucinação de algo impossível. Mas ela vem do nosso idealismo inato, do conhecimento do nosso coração sobre um mundo mais bonito. As crenças que nos dizem que um mundo mais belo não é possível conflitam com o coração que nos diz que é. Somente quando a estrutura dessas crenças desabarem é que a esperança não precisará mais se revestir de absurdo. Uma nova História do Mundo dá expressão prática a esse conhecimento do coração que chamamos esperança. E, então, ela se transforma em otimismo autêntico.

Nossa insensata esperança está apontando para algo verdadeiro. É por isso que eu a chamo de porta-voz.

Essa nova história, por incorporar um entendimento diferente da realidade e da causalidade, também transforma nossa compreensão do que é prático. Na História do Interser o conhecimento que o coração tem sobre a importância de cuidar da sogra de 95 anos não conflita mais com a razão da mente. Os termos da razão mudaram. Coração e mente não precisam estar em desacordo. Sua aproximação é parte de uma tendência maior de encontro, que é a cura do nosso mundo, englobando a reunião de espírito e matéria; disciplina e desejo; corpo e alma; dinheiro e dádiva; natureza e tecnologia; homem e mulher; doméstico e selvagem; trabalho e lazer; vida e arte. Cada um desses, entenderemos, cria e contém o outro. Não viveremos mais na ilusão de que eles são separados.

Talvez a maioria dos meus leitores tenham pela frente ainda um longo território de desesperança para navegar antes que possa desembarcar por completo na nova história. Sei que eu tenho muito chão pela frente. Mesmo assim, à medida que emergimos desse território, aos trancos e barrancos ganhamos a fé e a coragem para fazer o que a velha história nos dizia que era inútil. Esse entendimento é libertador. Muitas pessoas silenciam a expressão de seus dons por pensarem que devem fazer algo grandioso com eles. Suas próprias ações não são suficientes. É preciso escrever um livro que atinja milhões. E rapidamente isso se transforma em uma competição sobre que ideias serão ouvidas. Isso invalida as pequenas e belas iniciativas da maior parte da humanidade; invalida, de forma paradoxal, as mesmas coisas que temos de começar a fazer em massa para sustentar um planeta habitável.

Inúmeras vezes, jovens me perguntam algo como: "De verdade quero atuar em permacultura, é isso que eu amo, mas eu não deveria ter a responsabilidade de fazer algo maior do que isso?" Eu respondo que essa escolha só é pequena através dos olhos da separação. Do ponto de vista do interser, sua escolha não é mais nem menos importante do que qualquer escolha do presidente do país.

A lógica da Separação nos aprisiona em um paradoxo. O mundo só pode mudar se bilhões de pessoas fizerem escolhas diferentes em suas vidas, mas, de modo individual, nenhuma dessas escolhas faz diferença. As coisas que fazem apenas *uma* diferença não fazem diferença alguma. E se eu fizer isso, e ninguém mais fizer? Certamente vai parecer que quase ninguém está fazendo. Por que fazer, então?

Não estou sugerindo que façamos esses pequenos atos porque eles, de alguma maneira misteriosa, mudarão o mundo (muito embora o farão). Estou sugerindo, em vez disso, que devemos nos orientar olhando mais para o lugar de onde nossas escolhas vêm do que para onde elas vão. A nova história valida e elucida nossas escolhas, mas a motivação vem de outro lugar. Afinal, como podemos de fato saber quais as consequências de nossas ações? A teoria da complexidade nos ensina que na zona caótica entre duas forças de atração, pequenas perturbações podem ter enormes efeitos imprevisíveis. Hoje estamos exatamente nesse lugar. Nossa civilização está se aproximando de uma fase de transição. Quem pode prever os efeitos de nossas ações? Um policial deu um par de botas para um morador de rua descalço, num ato invisível de bondade. Como ele poderia saber que alguém o estava fotografando, e que seu ato despertaria a bondade em milhões? Mas, depois, o homem vende as botas para comprar drogas, inflamando o cinismo de outros milhões. Invisíveis ou não, atos de grande fé, atos que vêm de uma postura profundamente arraigada no território do encontro, envia ondas poderosas além do tecido da causalidade. De uma forma ou de outra, talvez através de vias que não conhecemos, elas aparecem no mundo visível.

Quando meus filhos eram pequenos frequentaram um jardim de infância montessoriano. Nunca encontrei uma escola tão vibrante em amor, risos e gentileza. Os professores tratavam as crianças com profundo e honesto respeito, nunca de modo paternalista, nunca coagindo nem manipulando os alunos com desaprovação ou elogios. Davam-lhes uma experiência de amor incondicional. Aqueles dias de infância são agora apenas uma memória nebulosa para as crianças. De lá, elas saíram para o mundo cruel e degradante da separação. Mas em minha mente eu vejo um pequeno brilho dourado dentro deles e, dentro desse brilho, uma semente. É a semente do respeito e amor incondicional que eles receberam lá, esperando o momento de germinar, florescer e entregar aos que vierem o mesmo fruto que receberam.

    Talvez um ou dois anos de jardim de infância não sejam suficientes para superar o aparato brutal de separação que regula a infância moderna, mas quem sabe quando e como suas sementes poderão florescer? Quem sabe quais efeitos produzirão? Estar diariamente em um santuário de amor e respeito, durante um ou dois anos, num estágio tão importante da vida, marca a pessoa com uma tendência à compaixão, segurança, amor próprio e autoestima. Quem sabe como essa marca irá alterar as escolhas da criança mais tarde na vida? Quem sabe como essas escolhas mudarão o mundo?

Morfogênese

Às vezes, quando me deparo com pioneiros em alguma área da cultura alternativa, tenho a sensação de que – mesmo que estejam trabalhando em pequena escala, talvez dentro de uma pequena ecovila, uma prisão isolada, uma comunidade simples em uma zona de guerra ou de gangues – eles estão fazendo esse trabalho em nome de todos nós. Sinto que as mudanças que eles fazem em si mesmos criam uma espécie de modelo que o resto de nós pode seguir. E, graças a eles, realizamos em um curto espaço de tempo aquilo que lhes custou décadas de esforço e aprendizado. Quando vejo, por exemplo, como minha amiga R., em face de probabilidades quase impossíveis, se curou de maneira tão profunda dos abusos que sofreu quando criança, eu penso: "Se ela pôde se curar, isso significa que milhões de pessoas como ela também podem; e sua cura facilita o caminho para todos".

Às vezes vou mais além. Certa ocasião, em um retiro para homens, um dos participantes nos mostrou cicatrizes em seu pênis, resultado de queimaduras de cigarro aplicadas por seu pai adotivo como punição quando ele tinha cinco anos de idade. O homem estava passando por um poderoso processo de liberação e perdão. Em um lampejo, percebi que seu motivo de estar aqui na Terra foi receber e curar essa ferida, como um ato de serviço capaz de mudar o mundo para todos nós. Eu disse a ele, "J., ainda que você não realize mais nada nesta vida além dessa cura, já terá feito um enorme serviço ao mundo". E a verdade disso parecia palpável a todos os presentes.

A mente racional, calcada na Separação, duvida que a cura dele possa de verdade fazer alguma diferença. Ela diz que, se o processo se tornar público de algum modo, transformando-se em uma história motivacional, por exemplo, então sim, a cura poderia ter algum efeito sobre o mundo, além da influência que já teve sobre aquele homem. Eu não nego o poder da história. Talvez a cura de J. esteja tendo influência agora através desse meu relato. No entanto, a história é apenas um dos possíveis vetores de manifestação de um fenômeno mais geral. Uma das maneiras pelas quais o seu projeto, a sua cura pessoal, ou a sua inovação social podem mudar o mundo é através da história. Mas mesmo que ninguém jamais escute sobre eles, mesmo que eles sejam invisíveis para todos os seres humanos na Terra, produzirão efeitos na mesma medida.

O princípio que estou invocando aqui é chamado de "ressonância mórfica", um termo cunhado pelo biólogo Rupert Sheldrake. Ele define como propriedade básica da natureza que as formas e padrões são contagiosos: uma vez que algo aconteça em algum lugar, isso induz que a mesma coisa aconteça em outros lugares. Um dos seus exemplos favoritos são certas substâncias, como turanose e xilitol, que tinham a forma líquida por muitos anos até que, de repente, começaram a se cristalizar em todo o mundo. Químicos às vezes passam anos tentando gerar formas cristalinas de uma substância; e a partir do momento que conseguem uma cristalização, o processo se torna fácil, como se a substância tivesse aprendido a se cristalizar.

Sheldrake refuta a hipótese de que esse fenômeno possa ser explicado por "partículas-semente" – minúsculos fragmentos de cristal soprados pelo vento ou transportados na barba de um químico visitante, que acabam caindo em uma solução supersaturada e iniciam a cristalização em outro local. Portanto, diz ele, devemos testar a teoria da ressonância mórfica colocando uma amostra em quarentena dentro de um laboratório esterelizado, com ar filtrado e livre de poeira. Se cristais ainda se formarem com mais facilidade ali dentro, conclui ele, estaria provada a teoria da ressonância mórfica.

Concordo com Sheldrake que certos aspectos do mistério da cristalização colocam em cheque a explicação das partículas-semente, e que seu experimento iria refutá-la. Discordo, porém, que a explicação das partículas-semente, se fosse verdadeira, invalidaria a explicação da teoria do campo mórfico. Muito pelo contrário: o princípio geral da ressonância mórfica é pertinente caso o vetor de transmissão for a poeira de cristal ou não. Se a experiência da quarentena funcionar, alguém poderá exigir que o laboratório seja eletromagneticamente blindado, uma vez que a "semente" poderia ser uma vibração eletromagnética. E pode haver outras influências que nem sequer conhecemos. Sheldrake parece querer separar ressonância mórfica de qualquer tipo de causalidade direta. Entretanto, e se todas essas influências causais não forem alternativas para a indução pelo campo mórfico, mas sim exemplos de como esse campo funciona? Aqui temos a oportunidade de expandir o reino da matéria para incluir as propriedades do espírito, em vez de ter que apelar para algo extramaterial a fim de conceder inteligência a um mundo material morto.

De modo semelhante, é bem provável que as transformações locais, pessoais ou relacionais ganhem importância global pelo fato de outras pessoas ficarem sabendo delas. Isso pode se dar também através do efeito cascata, em que pessoas que já mudaram influenciam a mudança de outras. Esses são dois mecanismos de transmissão de causa e efeito, que nossas mentes condicionadas na Separação conseguem aceitar. O que temos dificuldade em admitir, porém, é que o efeito de nossas ações não depende desses mecanismos – que são apenas meios possíveis para a aplicação de uma lei metafísica mais ampla. Mesmo que ninguém jamais descubra sobre seu ato de compaixão, mesmo que sua única testemunha seja alguém que está morrendo, o efeito não é menor do que se alguém fizesse um documentário sobre aquele ato compassivo.

Não estou sugerindo que, portanto, devemos rejeitar os meios convencionais para a divulgação do nosso trabalho. Estou defendendo uma espécie de confiança na importância de tudo o que fazemos, mesmo quando nossa visão não pode desvendar os caminhos misteriosos e sinuosos através dos quais nossas ações atingem o mundo.

Parece haver uma espécie de falta de sentido em nossos atos mais bonitos. Os atos que mudam o mundo de maneira mais profunda são aqueles que a mente da separação não pode compreender. Imagine se Kalle Lasn tivesse decidido cuidar de sua sogra com o objetivo de fazer uma grande exibição pública de sua devoção. Teria cheirado a hipocrisia. Isto também é válido para, digamos, projetos de construção da paz ou ecovilas que de forma rápida desenvolvem uma autoimagem de si mesmos como exemplos. Por favor, não pense que você "precisa escrever um livro sobre isso" para que suas experiências tenham um grande efeito.

O livro pode ser lançado, o documentário sobre os projetos pode ser mostrado, mas em geral deve haver primeiro um período de latência, um tempo de fazer algo por si só, um tempo de focar no objetivo e não no "meta" objetivo. A magia vem desse lugar. A partir daí, as sincronicidades fluem; não há necessidade de forçar, basta participar de um acontecimento maior, que parece ter uma inteligência própria. E então você aparece no lugar certo, no momento certo; responde a necessidades práticas.

Você consegue acreditar que trocar a comadre de uma senhora doente pode mudar o mundo? Se você fizer isso para mudar o mundo, não vai funcionar. Mas se fizer porque ela precisa de sua comadre limpa, então pode ser que funcione.

Muitos anos atrás, Patsy, na época minha esposa, era corretora imobiliária. A mãe de seu cliente, a senhora K., estava gravemente doente e vivia em uma casa abandonada fora da cidade. Um dia Patsy foi até a casa tomar algumas medidas do local e encontrou a senhora K. deitada no chão, em meio a sua própria urina e excrementos, incapaz de se levantar. Patsy passou uma hora limpando-a. Deu-lhe a sopa que tinha comprado para seu próprio almoço, aliás, o único alimento nutritivo que a Sra. K. tinha ingerido por longas horas, já que o filho trabalhava em dois empregos e morava a uma hora de distância. A Sra. K. morreu pouco tempo depois. Um dia após sua morte, a casa desabou, como se estivesse se mantendo em pé pelos hábitos e memórias da Sra. K.

Na época, Patsy nunca imaginou que essa simples reação humana a uma pessoa em necessidade iria ou poderia mudar o mundo. Isso não passou pela sua cabeça em nenhum momento, nem poderia ter passado. Sua decisão de ajudar foi uma escolha entre sua compaixão e as exigências práticas de uma agenda lotada. Parte de sua mente estava tagarelando: "Basta ligar para a polícia, você vai perder seus outros compromissos, esta não é responsabilidade sua, o que importa..." Mas, em alguma dimensão, ela sabia que importava *mesmo*. Tantas vozes nos estimulam a esquecer o amor e a humanidade, a sacrificar o presente e o real pelo que parece mais prático. Aqui reside o medicamento do desespero: libertar-nos de nossas ilusões de praticidade para nos reconectarmos com as necessidades presentes à nossa frente. E, assim, nos permitirmos realizar atos insensatos e não muito práticos que geram milagres.

O princípio da ressonância mórfica justifica nosso sentimento de que esses atos invisíveis e sem sentido aparente são de alguma forma significativos. Que campo mórfico é gerado ao confiarmos na voz da compaixão? Que campo mórfico é induzido ao darmos o melhor de nossos dons para atender as necessidades à nossa frente? Imagine se nossos políticos e executivos fossem envolvidos por esse campo, e atuassem por compaixão e não por cálculo, por humanidade e não por motivos instrumentais abstratos.

Sem dúvida, alguns de vocês estão pensando: "O Eisenstein aí parece pensar que, se todos se concentrassem em cuidar de seus avós e catar o lixo no parque, o aquecimento global, o imperialismo, o racismo e o resto dos problemas catastróficos de nosso planeta se resolveriam por um passe de mágica. Ele fomenta uma passividade perigosa, uma complacência que deixa as pessoas imaginando que estão fazendo algo útil, enquanto o mundo arde em chamas". Os capítulos precedentes devem ter deixado claro que não é isso que "o Eisenstein aí" pensa, mas por via das dúvidas, deixe-me enfrentar essa crítica de frente; afinal de contas, eu a ouço não só dos outros, mas também, com muito maior frequência, dentro da minha própria cabeça.

Em primeiro lugar, as ações pessoais, locais ou invisíveis que venho discutindo não excluem outros tipos de ação, tal como escrever um livro ou organizar um boicote. Na verdade, escutar o chamado e confiar no momento das ações pessoais e invisíveis acaba por fomentar a mesma disposição para outros tipos de ação.

Estou falando de um amplo movimento que caminhe na direção do Interser, e de agir a partir do Interser de acordo com cada tipo de situação. O universo suscita nossos dons de formas distintas em diferentes momentos. Quando o chamado for para o pequeno e pessoal, vamos prestar atenção a ele, para que possamos desenvolver o hábito de prestar atenção quando formos convidados para ações grandes e públicas. Precisamos deixar de ouvir a lógica da Separação, que desvaloriza o pequeno e o pessoal.

Assim como os vetores de ressonância mórfica podem ser algo bem trivial, também as ações para criar o impossível podem ser, se consideradas de modo individual, bastante lineares e práticas. Mas é a sua orquestração que está além da nossa capacidade. Muitos de nós, pressionados pela urgência da situação planetária, tentam fazer grandes coisas que não levam a nada. Escrevemos um livro que ninguém publica. Gritamos a verdade em nossos blogs que ninguém lê, a não ser os já convertidos. Mas às vezes acontece de forma diferente. Quando e por quê?

Quando os meus dois filhos mais velhos eram pequenos, por vários anos fui um pai do tipo que fica em casa. Vivia imerso em um mundo de fraldas e mantimentos, enquanto tentava escrever meu primeiro livro. Muitas vezes me sentia terrivelmente frustrado, me torturando com pensamentos do tipo "Eu tenho coisas importantes para compartilhar com o mundo e estou aqui trocando fraldas e cozinhando o dia inteiro". Esses pensamentos me distraíam das dádivas que eu tinha na minha frente e faziam com que eu estivesse menos presente para meus filhos. Eu não entendia que aqueles momentos – em que eu me entregava à situação, escrevia meu texto e me envolvia totalmente com meus filhos – tinham exatamente o mesmo poderoso efeito sobre o universo do que qualquer livro que eu viesse a escrever. Nós nem sempre conseguimos ver isso, mas tudo tem seu efeito cármico ou, como dizem as religiões ocidentais, Deus está vendo tudo.

Imagine-se em seu leito de morte, olhando em retrospecto toda sua vida. Que momentos vão lhe parecer os mais preciosos? Por quais escolhas você será mais grato? Para Patsy, será ter limpado a senhora K., mais do que qualquer imóvel que tenha vendido. Para mim será ter empurrado Jimi e Matthew ladeira acima em seus carros de brinquedo, mais do que qualquer façanha pública que eu tenha registrado. No meu leito de morte, serei grato por cada vez que escolhi conexão, amor e serviço.

Você pode aceitar um universo em que essas percepções do leito de morte estejam erradas? Você pode aceitar um universo em que temos que ser fortes para negligenciar essas coisas e nos dedicar, de modo mais eficiente, ao empreendimento de salvar o planeta?

Você consegue enxergar que a necessidade de endurecer-se para ignorar nossa própria humanidade é exatamente o que nos meteu nessa confusão?

Essa é a velha história. Estamos próximos de terminar a conquista de nós mesmos, assim como estamos quase terminando a conquista da natureza. Felizmente, nossa entrada no mundo do interser não precisa mais se opor ao que a ciência nos diz sobre a natureza da realidade. Podemos começar a abraçar novos paradigmas científicos que afirmam que o universo é inteligente, intencional e inteiro. Esses novos paradigmas despertam a ira da velha guarda justamente por afirmar esse entendimento. É por isso que são chamados de "não científicos" ou "pseudocientíficos". Não porque recorram a evidências inferiores ou raciocínios incoerentes, mas porque violam as profundas e inquestionáveis premissas que a palavra "científico" tem traduzido.[1]

Vamos cair na real. Se tudo possui consciência, então aquilo que acreditávamos ser possível, prático e realista é muito limitante. Estamos à beira de uma descoberta que representará uma mudança de era, estamos entrando em contato com a mente da natureza. O que podemos conseguir quando estivermos em harmonia com ela? Quero dizer "cair na real" como o oposto de seu significado usual, que seria ignorar o imensurável e subjetivo em favor do que pode ser quantificado e controlado. Essa mentalidade tem colocado vastas capacidades humanas fora do nosso alcance: as tecnologias do encontro, da convivência, que incluem muito do que chamamos hoje de "alternativo" ou "holístico". Todas elas se baseiam, de uma maneira ou de outra, no princípio da interexistência.

A contradição entre pequenos atos pessoais de compaixão e iniciativas para salvar o meio ambiente é apenas um espantalho, um recurso retórico contraproducente, construído pelo cínico para expressar a ferida de sua impotência. Na verdade, o hábito de agir a partir do amor irá, de forma natural, aplicar-se a todos os nossos relacionamentos, ampliando-se junto com nossa compreensão. Atos de cura ecológica ou social, desde que sejam para valer, e não secretamente concebidos para gerar uma identidade ou provar o valor próprio, são tão sem sentido quanto os pequenos atos pessoais. Eles são

---

1. Essas premissas também determinam o que é publicável e o que não é; o que passará pela avaliação dos pares de forma fácil e o que será submetido a um escrutínio hostil; quais pesquisas receberão financiamento e quais não. Essas são algumas das razões pelas quais certos fenômenos reais permanecem "sem comprovação científica".

sem sentido porque são uma gota no oceano. O que uma pessoa pode fazer? Como já disse, o desespero é inevitável na velha história. A alternativa – um universo inteligente e interligado – empodera esses atos, mas o ativista paga um preço: a alternativa empodera do mesmo modo os atos de pequena escala que não se encaixam, de maneira alguma, em seu paradigma de salvação do mundo. Ela faz com que sua campanha de sensibilização contra a mudança climática seja nem mais nem menos importante do que a tarefa de limpar a comadre dos doentes terminais. Mas, outra vez: você de fato gostaria de viver em algum outro mundo que não este universo inteligente e interligado?

* *

Há pouco tempo, um amigo me perguntou: "Se é verdade que vivemos em um tempo único na história do planeta, em que todos os grandes seres se reuniram para o momento crucial do nascimento da humanidade, então por que não vemos os grandes avatares e operadores de milagres do passado distante?" Minha resposta foi que eles estão aqui, mas estão trabalhando nos bastidores. Um deles pode ser uma enfermeira, um lixeiro, um professor de jardim de infância. Eles não fazem nada grande ou público, nada que, aos nossos olhos, pareça gerar os milagres necessários para salvar o mundo.

Nossos olhos nos enganam. Essas pessoas impedem que o tecido do mundo se despedace. Elas estão guardando o lugar para o resto de nós entrar. Fazer coisas grandes e públicas é importante, exigindo todos os nossos dons de coragem e inteligência. Mas essas ações não requerem, nem de perto, a fé e o pé no chão do interser necessárias às ações invisíveis e humildes de pessoas como os professores de jardim de infância.

Assim, quaisquer que sejam seus motivos para escolher fazer grandes ou pequenas coisas, não inclua entre eles a crença na urgência e no medo, que diz que apenas as grandes coisas públicas têm alguma possibilidade de influenciar as massas e salvar o mundo.

Como descreverei mais adiante, parte da revolução da qual estamos participando é uma revolução no nosso modo de fazer escolhas.

Para fazer o possível, a maneira antiga funciona bem. Quando temos um mapa que mostra o caminho de A até B, podemos simplesmente seguir as instruções. Agora não é mais esse tempo. Os resultados calculáveis já não são suficientes. Precisamos de milagres. Tivemos um vislumbre do nosso destino, destino que a esperança anuncia, mas não temos ideia de como chegar lá. Estamos percorrendo um caminho invisível sem mapa, e não conseguimos ver aonde cada curva vai nos levar.

Eu gostaria de poder dizer que a nova história fornece um mapa, mas isso não acontece. Ela pode, no entanto, remover a névoa desorientadora de hábitos e crenças – resquícios dos velhos paradigmas que obscurecem o nosso sistema de orientação interna. Os princípios do Interser não oferecem, por si mesmos, uma fórmula para tomadas de decisão. Mesmo que você aceite que "Eu e o mundo somos um", você não será capaz de distinguir o que é mais benéfico para todos os seres sencientes: se ficar em casa e reduzir suas emissões de carbono, ou ir de carro para o comício protestar contra o fraturamento hidráulico. Tentar fazer esse cálculo é coisa da velha história, que procura quantificar tudo, somar os efeitos de qualquer ação e fazer escolhas de acordo com os resultados. Essa forma de fazer escolhas é útil apenas em certas circunstâncias específicas – em particular aquelas onde causa e efeito são mais ou menos lineares; é conveniente para muitos problemas de engenharia e decisões financeiras. É a mentalidade do atuário, pesando riscos e retornos. A nova história é uma mudança muito maior do que a simples reavaliação de riscos e busca de novos retornos. Ela não vai ajudá-lo a fazer escolhas a partir da mente calculista. Mas oferecerá um contexto lógico, dentro do qual nossas escolhas baseadas no coração fazem muito mais sentido.

INGENUIDADE

Eu amo aqueles que anseiam pelo impossível.
– Goethe

Estamos entrando em um território desconhecido, onde vislumbramos um belo destino mas não sabemos como chegar lá. Segundo o que sabemos sobre causalidade, ele é inacessível. Certas coisas precisam acontecer e nós não sabemos como fazê-las acontecer. Mas se nós não "fazemos" acontecer, e acontece assim mesmo, então como é que aconteceu? É óbvio, como um presente, uma dádiva. Você já deve ter notado que as pessoas muito generosas atraem mais presentes. Portanto, se estamos oferecendo nossas vidas a serviço, experimentaremos mais desses eventos fortuitos. Eles são a chave para uma potência criativa que vai além da velha concepção de causalidade.

Nos dias de hoje, qualquer coisa à qual valha a pena dedicar uma vida exige alguns desses milagres, isto é, algumas dessas coisas que não podemos *fazer* acontecer mas que surgem como presentes. Portanto, se você seguir a orientação de seu coração em direção a qualquer um desses objetivos que valham a pena, suas escolhas parecerão, para muitos (e às vezes para você mesmo), um pouco loucas.

Nossa situação é a seguinte: enxergamos a meta, mas não sabemos como chegar lá. Isso é verdade para qualquer coisa genuinamente nova. De qualquer forma, lançar-se nesse esforço é sempre um ato de coragem, ao mesmo tempo arrogante e humilde: arrogante porque a nossa confiança é injustificada; humilde porque nos colocamos à mercê do desconhecido. Limitados pelo que sabemos fazer, só realizaremos o que já temos realizado. Olhe para o nosso planeta. O que temos realizado não é suficiente.

Neste livro, estou convocando um tipo de ingenuidade, que por ironia é uma das principais críticas ao meu trabalho. Talvez eu deva abraçar esse rótulo e demandar ainda mais dele. Ser ingênuo é confiar na bondade dos outros quando há poucas evidências dessa bondade, ou confiar que algo pode acontecer quando você não sabe como isso seria possível. Claro, a ingenuidade é uma maldição quando ela obscurece ações práticas. Mas estou falando de uma situação em que as ações práticas são insuficientes. E é exato nesse ponto que o planeta está agora. E onde muitas pessoas se encontram também, ao perceberem que já não querem mais as coisas que sabem como conseguir.

De modo paradoxal, o caminho para alcançar o impossível é composto de muitos passos práticos, cada um deles possível. Assim, muitos passos pragmáticos, que sabemos como realizar, vão conduzir a algo que não podíamos prever. Sabemos como caminhar; só não temos o mapa. Portanto, não estou sugerindo que abandonemos o que é prático, factível. Mas aquilo que é prático não é suficiente, a menos que o coloquemos a serviço do que não é prático.

Do mesmo modo, não podemos abandonar as ferramentas, tanto materiais como cognitivas, que caracterizam a Era da Separação. Não abandonaremos a razão em favor do sentimento; as telecomunicações em favor do abraço; a linguagem simbólica em favor da canção, ou o dinheiro em favor da dádiva. Em cada um desses casos, porém, o primeiro conceito excedeu seu próprio domínio e usurpou o segundo. A nova história inclui a antiga. Buscar a eliminação do antigo é, em si, um pensamento que pertence à velha história.

Deixem-me partilhar algumas histórias que ilustram o poder da ingenuidade. Polly Higgins é advogada e autora de *Eradicating*

Ecocide [Erradicando o ecocídio]. Nos últimos anos ela tem trabalhado para estabelecer os "direitos da natureza" e tornar o ecocídio o quinto crime contra a paz a ser reconhecido pelas Nações Unidas. Ela me contou que logo no início dessa missão percebeu que os canais normais para tentar alterar o Estatuto de Roma da ONU eram irremediavelmente lentos e complicados. Então, ela decidiu entrar em contato direto com um funcionário de alto escalão que imaginava ter ideias favoráveis às dela. Vamos chamá-lo de Sr. E. No entanto, centenas de ativistas e organizações também desejam fazer avançar suas próprias ideias dentro da ONU. Como ultrapassar todos os degraus intermediários e conversar diretamente com ele?

Por acaso, Polly estava na Alemanha pouco antes de um grande encontro de cúpula sobre o clima que aconteceria em Copenhague, do qual o Sr. E. iria participar. Ele viajaria num trem especial, junto com outros funcionários, jornalistas e representantes de ONGs especialmente convidadas. "Se eu pudesse entrar naquele trem", Polly pensou, "teria uma chance de falar com ele". Mas ela não encontrou nenhuma maneira de conseguir um convite. Talvez pudesse entrar despercebida no trem. Impossível. Destacamentos de polícia o cercaram para protegê-lo contra ativistas que procuravam fazer o mesmo. Então, Polly pegou outro trem, esperando, quem sabe, encontrar o Sr. E. em Copenhague.

Seu itinerário envolvia uma troca de composição em Hamburgo. Ao desembarcar, ela perguntou a um funcionário onde era o embarque para Copenhague. Ele apontou para o trem especial da ONU. "Não, esse não é o meu trem", disse ela, sabendo que não seria autorizada a embarcar.

O funcionário a ignorou. "Sim, sim, é esse *a* trem", disse ele, com forte sotaque alemão. Ela protestou mais algumas vezes sem sucesso ("Sim, sim, vem *com eu*"). Ele pegou a mala dela e a levou para o trem. Escoltada por esse funcionário da ferrovia e vestida com sua roupa de advogada, não foi solicitada a mostrar qualquer convite. Logo estava acomodada em um dos vagões. Mandou uma mensagem de texto a uma amiga de uma ONG que fora convidada para aquela viagem: "Estou a bordo! Cabine número dois". Sua amiga respondeu à mensagem, convidando-a a ir até sua cabine, onde ela estava sentada em frente a um cavalheiro muito interessante. "Eu estava falando com ele sobre você. Há um lugar vazio aqui ao lado dele."

Você já sabe quem ele era: o Sr. E.

Esse foi apenas um de uma longa lista de eventos sincrônicos que colocou Polly diante do Parlamento da União Europeia, em Haia, e de numerosos outros organismos de grande relevância que deram enorme visibilidade à Lei do Ecocídio. É um exemplo perfeito de como colocar o prático a serviço do impraticável.

Qualquer um teria dito a Polly que era ingenuidade acreditar que ela conseguiria colocar sua ideia na agenda da ONU, quando tantas outras organizações com muito mais recursos e conexões não conseguem. Qualquer um lhe diria que era ingenuidade esperar ter uma conversa pessoal com o Sr. E., quando tantos outros ativistas são mantidos a uma centena de metros de distância atrás das linhas de proteção da polícia. As coincidências que ela vivenciou não são algo que se possa planejar com antecedência. Muitas vezes elas vêm como interrupções de um plano apenas para ser o começo de outro. Isso não quer dizer que não devamos planejar da melhor forma possível, nem utilizar todos os meios práticos à nossa disposição. Só não precisamos estar limitados pelo que conseguimos planejar. Não devemos limitar nossas ambições pelo que sabemos como conseguir.

Diane Wilson operava um barco de pesca de camarões na costa do Golfo do Texas.[1] Em 1989, ela descobriu que a Formosa Plastics, uma companhia multibilionária, estava planejando construir nas proximidades um enorme complexo de fabricação de policloreto de vinila

---

[1]. Ela conta sua história no livro *An Unreasonable Woman* [Uma mulher insensata] (Chelsea Green Publishing, 2006).

(PVC). Determinada a impedir esse projeto por acreditar que poluiria o Golfo, Wilson lançou, muito ingenuamente, uma campanha contra ele. E essa senhora de pouca instrução, mãe de cinco filhos, atraiu contra si o governo local, a câmara de comércio, o poder legislativo, o governador, o Departamento Estadual de Proteção Ambiental e a Agência de Proteção Ambiental dos EUA. Como poderia vencer? O que ela tinha, que a permitiu vencer esses poderosos interesses, quando a maioria de nós parece incapaz de fazer diferença na política mais trivial?

Certamente, parte da explicação é que Diane Wilson é uma mulher extraordinariamente corajosa e obstinada, que estava disposta a fazer qualquer coisa para realizar seu objetivo: fazer greve de fome, por exemplo, ou acorrentar-se a uma cerca da empresa. Com o tempo, ela também inspirou inúmeras outras pessoas a se juntarem à sua causa, algumas delas grandes conhecedoras do funcionamento do sistema. Delatores vieram procurá-la, talvez encorajados por sua humildade pessoal. Mas ela não tinha planejamento: "Eu nunca planejei nada: eu só tinha intenção, e estava disposta a me colocar em risco". E também não fez qualquer tipo de manipulação financeira ou emocional para atrair o apoio dessas pessoas. Ela não os pagava. Não usava força financeira para enfrentar forças financeiras. Essas pessoas, assim como ela, não tinham nada a ganhar, nem mesmo os benefícios sociais de serem percebidas como heróis, pelo contrário: qualquer aliado de sua causa estava sujeito ao ridículo.

Além desses presentes em forma de apoio, que podem ser inesperados em nosso entendimento convencional do mundo, Diane Wilson também foi ajudada por pelo menos uma coincidência fortuita, pois um funcionário da Agência de Proteção Ambiental ligou para ela, confundindo-a com outra Diane, e divulgou informações-chave que a levaram a um grande progresso. Claro, é fácil descartar isso como mera coincidência, mas será que também não podemos ver esse fato como o afloramento de outro tipo de causa e efeito, diferente da causalidade à base da força a que estamos acostumados?

Anos atrás, quando eu morava em Taiwan, fiz amizade com alguns jovens americanos, que me falaram de sua intenção de criar um festival de música alternativa durante três dias, ao ar livre, na ponta sul da ilha. Aos vinte e poucos anos, é comum fazermos grandes planos tomando cerveja, que esquecemos no dia seguinte. A diferença, nesse caso, é que o evento, com efeito, aconteceu, apesar de os membros da banda não terem dinheiro, falarem um chinês rudimentar e só estarem no país havia alguns meses. "Vamos contratar ônibus para transportar todos para o Sul. Vamos alugar tendas. Quem sabe, vamos negociar algo com a polícia local." E então o trabalho duro começou – junto com as dádivas. Por alguma razão, todos acreditavam que o que esses caras diziam aconteceria. E todos nós colaboramos de modo voluntário.

Ninguém recebeu qualquer dinheiro nesse empreendimento. Em todos os níveis, ele foi feito no espírito da dádiva. Mas, além do apoio das pessoas, que a generosidade dos organizadores atraía, houve, como no caso de Diane Wilson, várias coincidências incomuns que vieram como dádivas para o empreendimento. Os organizadores precisavam de um caminhão para transportar equipamentos; certo dia, um aluno do curso de inglês, sem saber dessa necessidade, perguntou aparentemente do nada: "Vocês não estão precisando de um caminhão, estão?" E deu-lhes um caminhão. Esse tipo de coisa aconteceu repetidas vezes. Uma espécie de magia parecia envolver o evento. A polícia local não causou problema – eu me lembro de ter visto um policial entre os dançarinos –, porque, por algum motivo, eles consideraram o evento como algo fora de suas classificações habituais (ameaça à lei e à ordem, oportunidade para extorquir propinas etc.)

Será que você, leitor, já foi parte de algo assim, onde tudo parece fluir, onde você se encontra sempre no lugar certo, no momento certo, para encontrar justo a pessoa certa? Onde tudo que era necessário aparecia, por vezes, no último minuto, de maneira completamente inesperada? Onde um poder de fora, invisível, parecia estar coordenando tudo e todos?

Como e por que isso acontece? Se pudéssemos de alguma forma dominar a tecnologia de estar no lugar certo no momento certo, se pudéssemos aprender a trilhar o fluxo da sincronicidade, então poderíamos acessar um poder maior do que qualquer outro que o mundo da força possa exercer.

Realidade

Como podemos fazer isso? Esse mundo de milagres, das coisas que não podemos fazer acontecer, é o mundo da dádiva. Para viver nele, devemos deixar de lado as velhas formas de controle, apego e contenção. Devemos aprender a ver o mundo através dos olhos da dádiva. Hoje, a maioria de nós vive ao mesmo tempo nos dois mundos: o velho e o novo; portanto, nossa experiência de milagres é aleatória. Eles parecem violar as leis do universo físico ou social, o que é de se esperar, já que essas leis são formuladas a partir da percepção do eu separado.

Apesar de minha defesa da ingenuidade, quero chamar atenção para o fato de que neste mundo também existe a busca de fantasias impossíveis, além das ilusões que nos distraem do trabalho a fazer. Como podemos saber se estamos a serviço de uma possibilidade real ou se estamos nos iludindo, perseguindo uma miragem em vez de uma visão? Não defendo uma confiança crédula em qualquer fantasia reconfortante.

Vários ensinamentos da Nova Era sobre "criação da realidade" nos dizem que, para "manifestar" alguma coisa neste mundo, devemos alinhar nossos pensamentos e crenças com essa coisa e ela aparecerá. Utilizei aspas sarcásticas aqui, mas alguns desses ensinamentos são de fato muito sofisticados. É possível pensar em várias situações em que as crenças de fato criam a realidade. Por uma razão: nossas crenças e histórias contêm dentro delas os papéis que precisamos desempenhar para realizar qualquer coisa no mundo. Sem a crença, por exemplo, de que é possível andar de monociclo, é improvável que alguém se dedique a essa atividade durante todas as semanas que são necessárias para aprendê-la. Sem a crença de que um festival de música possa acontecer, ninguém vai realizar as tarefas necessárias para que aconteça. Uma pessoa só tenta quando acredita que pode fazer algo. Quando nossas crenças mudam, o mesmo acontece com nossas motivações e percepções: fazemos coisas novas e descobrimos novas oportunidades.

Para além desses meios comuns para transformar crenças em realidade, percebi que há também algo mais misterioso em ação. Uma espécie de mágica realmente acontece quando alguém sofre uma profunda mudança de visão de mundo. Os meios comuns que descrevi são talvez exemplos de um princípio mais geral. O problema com os ensinamentos da Nova Era sobre a criação da realidade ou sobre a Lei da Atração não está tanto em sua metafísica, mas em sua aplicação.

Vejo duas dificuldades principais. Primeiro, alterar as crenças de alguém não é tão fácil quanto gostaríamos de supor. Usualmente, não podemos mudar uma crença por meio de um ato de vontade, pois um estado de crença é um estado de ser.[1] A crença não é algo volátil, como um vapor no cérebro. Se você tentou, como eu, mudar suas "crenças limitantes" através de declarações e coisas do tipo, talvez tenha notado que, mesmo repetindo para si mesmo: "Eu agora experimento completa abundância financeira", ou "Todos os dias e de todos os modos, minha vida fica cada vez melhor", uma parte de você continua pensando: "Sim, tudo bem. Vou acreditar nisso quando os resultados aparecerem". Mas se eles não vierem de fato, você talvez descarte todo

---

1. Às vezes, pessoas relatam a experiência de terem conseguido alterar uma crença por um ato de vontade. Isso não significa que elas aplicaram uma força de vontade superior para banir a dúvida ou a negatividade, mas sim que a crença já estava pronta para mudar. Quando o estado de ser correspondente a uma determinada crença já cumpriu o seu curso, um pequeno empurrão pode ser o bastante para que ela mude.

o programa de criação da realidade como uma bobagem da Nova Era. Mas, nesse caso, você não teria de fato provado nem refutado o princípio básico. Porque você estava cultivando uma crença falsa, ou, na melhor das hipóteses, uma crença ambígua. Parte de você pode ter acreditado, mas você de fato a sentiu como verdadeira ou possível?

Isto leva a um segundo problema: não cabe a nós decidir o que é verdadeiro ou possível. Alguns ensinamentos nos pedem para começar o processo criando uma visão, mas isto é um equívoco. A maneira correta de se começar é recebendo uma visão. Eu a chamo "a visão daquilo que quer nascer". Como não fomos nós que a inventamos, sentimos que ela tem existência própria. Ainda poderemos ser assaltados por dúvidas mas, por baixo delas, haverá um conhecimento que surge do fato de ter visto algo. As dúvidas vêm das feridas que mencionei antes: a traição repetida do nosso idealismo, a opressão do nosso espírito, os efeitos dos horrores implacáveis da sociedade industrial. Pensamos: "E se eu estiver sendo apenas um tolo? E se eu não merecer uma bênção? E se a própria humanidade não merecer isso? E se já perdemos essa oportunidade? E se alguma coisa além do meu controle acontecer para arruinar essa ideia?"

Na verdade, quanto mais bonita for a visão (seja para si mesmo ou para o mundo), mais dolorosas serão as dúvidas. O brilho do que quer nascer ilumina as sombras, trazendo-as para a luz da consciência, onde podem ser curadas. Sugiro que nos tornemos sensíveis e saibamos distinguir entre essas dúvidas e o conhecimento sóbrio e secreto de que você está se enganando.

O primeiro passo para gerar mudanças é, portanto, receber uma visão que você sente ser verdadeira. A segunda etapa é curar as feridas e as dúvidas que essa visão ilumina. Sem fazer isso, estaremos em conflito, encenando de forma simultânea a nova história e a antiga, que acompanha as feridas. O terceiro passo é se colocar a serviço daquilo que quer nascer. Esse processo não é linear. Em geral, a visão se torna mais nítida à medida que curamos as dúvidas que a obscurecem, o que, por sua vez, permite que nos coloquemos ainda mais profundamente a seu serviço. Por sua vez, o serviço mais profundo traz novas dimensões da visão, junto com feridas ainda mais profundas. O caminho do serviço é, assim, um caminho de autorrealização.

Quando estamos a serviço de algo que é real e falamos disso, nossas palavras têm poder. Os outros conseguem sentir sua realidade também. É por isso que algumas pessoas têm a capacidade, aparentemente mágica, de levar as coisas à existência. Quando dizem que tal e tal coisa vai acontecer, todo mundo acredita, mesmo que sua ocorrência dependa de que todos acreditem que vá mesmo acontecer.

Estar por inteiro a serviço de algo que se experimentou ser real é a essência da liderança em uma era não hierárquica. O líder é o portador de uma história, alguém que já experimentou a realidade dessa história tão profundamente a ponto de poder sustentar a crença nela em nome de outros. Hoje muitos líderes são fracos porque não acreditam de verdade no que professam. Como poderiam inspirar alguém a acreditar? Já que eles mesmos não acreditam, logo capitulam diante da menor pressão, contentando-se com meias medidas. Se você defende a eliminação de todas as armas nucleares mas na verdade não acredita que isso possa acontecer, acabará se contentando com um acordo de suspensão parcial dos testes. Se você quer a suspensão total do desflorestamento mas não acredita ser possível, vai se contentar com uma mera redução na velocidade do processo.

Quanto mais profundo for o nosso serviço àquilo que deseja nascer, mais ele conseguirá organizar os encontros de sincronicidade e eventos fortuitos que nos permitirão realizar aquilo que está além de nossa compreensão de causa e efeito. Podemos dizer que a "tecnologia" principal da Era do Encontro é o serviço. Nós oferecemos nosso tempo, energia, habilidades e vidas como presentes, alicerçados na confiança, e deixando de lado o hábito de cuidar de nós mesmos em primeiro lugar. Só então podemos nos alinhar por completo com a nossa visão. A partir desse alinhamento, nasce uma força enorme. Nossos eus expandidos são muito mais poderosos e destemidos do que cada indivíduo discreto[2] e isolado, que, separado do mundo, só pode transformá-lo pela força e, assim, olha com desconfiança e deslumbramento para as incríveis coincidências que surgem à medida que esse ser isolado se solta e mergulha no serviço. É claro, já que não sabemos como "fazer" acontecer essas coisas, elas acontecem como dádivas, confirmando o princípio universal do dom, segundo o qual dar e receber sempre entram em equilíbrio no final.

Todo esse processo de cocriar a mudança não começa com fé, mas com honestidade. Devemos, primeiro, ter um vislumbre de algo que reconhecemos como real. Um tipo de honestidade é reconhecer nossas ilusões e enxergar o que está bem na nossa frente. Isto pode ser doloroso. Pode ser humilhante admitir que: "Eu realmente não acreditava que nosso trabalho era possível; o tempo todo tenho estado aqui para poder pertencer ao grupo, para parecer virtuoso diante de mim mesmo e os demais e apenas para evitar o desespero".

Mas há outra aplicação da honestidade que é ainda mais corajosa: acreditar em uma visão verdadeira que contradiz a visão comum do que é possível ou do que vale a pena. É preciso mais coragem para acreditar no que sabemos que é verdadeiro do que para rejeitar o que sabemos que é falso. Para o visionário, esse conhecimento é, no início, um saber solitário, cercado por um amontoado de dúvidas, tanto dentro como fora. Confiar em um momento de clareza e levá-lo adiante, traduzi-lo em crença e agir a partir dele, em meio a tantas vozes que o consideram insano ou impossível – essas não são tarefas triviais.

---

2. Discreto, aqui, refere-se àquilo que constitui uma entidade em separado. [N. do T.]

Espírito

Existe um outro mundo, mas está dentro deste.
– W. B. Yeats

Um leitor cínico poderia supor que eu vá apresentar a "espiritualidade" como uma fuga do universo desalentador e sombrio da História da Separação. Não vou, porque, infelizmente, a espiritualidade típica como nós a concebemos é, ela própria, uma componente-chave da separação. Ela admite que o materialismo desolador oferecido pela ciência é essencialmente correto: que o sagrado, o propósito e a senciência não podem ser inerentes à matéria, não podem ser encontrados entre os genéricos blocos subatômicos de construção do mundo material. Pelo contrário, segundo a espiritualidade, essas coisas residem em um outro reino, que é imaterial: o reino do espírito.

Com essa premissa, o objetivo da espiritualidade torna-se transcender o reino material e ascender ao espiritual. Uma espécie de antimaterialismo permeia ensinamentos como "Você não é o seu corpo", bem como as expectativas de "elevar suas vibrações". Dado que o nosso colapso ambiental vem também do antimaterialismo (a desvalorização e dessacralização do mundo material), talvez seja conveniente reconsiderar esses ensinamentos. O que há de tão especial em vibrações "elevadas"? Um fagote é menos bonito do que uma flauta? Uma rocha é menos sagrada do que uma nuvem? A Terra é menos sagrada do que o Céu? O superior é melhor do que o inferior? O alto é melhor do que o baixo? O abstrato é melhor do que o concreto?

A razão é melhor do que o sentimento? O puro é melhor do que o sujo? O homem é melhor do que a mulher?

(E só para chutar o pau da barraca disso tudo, eu poderia acrescentar: o não dualismo é melhor do que o dualismo? Até mesmo ao criticar a ideia de que uma coisa é melhor do que outra, ainda estamos empregando o conceito "melhor do que", assim validando-o de maneira implícita.)

Não é por acaso que a separação entre espírito e matéria, a mudança da morada dos deuses para um reino celestial, e o aparecimento do patriarcado foram todos acontecimentos mais ou menos simultâneos. Todos surgiram com as primeiras civilizações que praticaram a agricultura em grande escala, junto com as classes sociais, a divisão do trabalho e a necessidade de exercer controle sobre as forças naturais. Foi então que a conquista da natureza, que tinha começado antes, com a domesticação de plantas e animais, se tornou uma virtude explícita, e os deuses se tornaram os senhores da natureza, em vez de sua personificação. As sociedades de construtores, por necessitarem de padronização para seus exércitos e projetos de construção, desenvolveram sistemas abstratos de medida para a contabilidade e distribuição de recursos, e naturalmente olhavam para o céu (e seus movimentos ordenados e previsíveis) como a sede da divindade. Refletindo isso, as classes sociais mais elevadas – sacerdotes, nobres e reis – tinham cada vez menos a ver com o solo e com as confusas relações humanas, e eram mantidos isolados em templos e palácios, e, quando precisavam, saíam em liteiras que não tocavam o chão. Ao mesmo tempo, nasceram os conceitos de bem e mal. Qualquer coisa que violasse a imposição progressiva do controle sobre a natureza e sobre o comportamento humano era mau: inundações, ervas daninhas, lobos, gafanhotos etc., bem como desejos carnais, rebeldia e indolência. A autodisciplina – necessária para elevar-se acima dos desejos do mundo material – tornou-se uma virtude espiritual fundamental.

Ao condensar um capítulo de 80 páginas do meu livro *The Ascent of Humanity* [A ascensão da humanidade] em uma sinopse de um parágrafo, espero não ter reduzido uma argumentação complexa a um monte de clichês. A questão aqui é que a nossa concepção de espiritualidade tem raízes muito profundas e compartilha essas raízes comuns com todo o resto da nossa civilização – até mesmo com a ciência, o que já seria bastante revelador. Então, não é surpresa que, com nossas instituições dominantes entrando em colapso, também nossa espiritualidade precise passar por uma transição. Isso já está em curso no tocante à essência esotérica da religião dominante. Há tanto tempo enterrada, ela está emergindo na consciência de massa.

Uma energia enorme tem sido empregada para tentar provar a existência de um reino imaterial. Para dar um exemplo recente: o relato de Eben Alexander afirma que sua experiência de quase morte – descrita no best-seller *Proof of Heaven* [Prova do paraíso] – deve ter acontecido independente de seu cérebro, que estava em coma profundo. E foi isso, segundo o livro, que a tornou tão significativa. Os críticos logo se reuniram para refutar suas conclusões, argumentando que não há maneira de provar a ausência de pelo menos alguma função cortical que, juntamente com subsequentes falsas memórias e confabulações, oferecem uma explicação materialista, baseada no cérebro. Mas eu acho que os críticos e o próprio autor ignoram o verdadeiro significado do livro. Ele aponta não para uma fonte extramaterial de consciência, mas para a nossa própria compreensão superficial da matéria em si, que é dotada de propriedades consideradas impossíveis de existir na visão clássica da física, química e biologia. A "espiritualidade" da experiência de Alexander reside no que ela foi, e não no que ela prova.

Por que estamos tão desesperados para escapar do mundo material? Ele é mesmo tão desolador? Ou será que *nós* o transformamos em algo deprimente: obscurecemos seu vibrante mistério através de antolhos ideológicos, cortamos suas conexões infinitas através de categorizações, suprimimos sua ordem espontânea pavimentando a terra, reduzimos sua variedade infinita com nossas commodities, quebramos sua eternidade pela marcação do tempo, e negamos sua abundância através do sistema monetário? Se assim for, estamos no caminho errado ao apelarmos para um reino espiritual imaterial que nos salve da prisão da materialidade.

Os ativistas estão certos ao desconfiar de tais tentativas. Se o sagrado pode ser encontrado fora do material, então por que se preocupar com o material? Se os interesses da alma se opõem aos interesses do corpo, então por que procurar melhorar o mundo do corpo, o social e o material? Nesse caso, a espiritualidade se torna o que a religião era para Marx: o ópio do povo, uma distração dos problemas materiais e muito reais que nosso planeta enfrenta.

Por outro lado, seria muita arrogância desqualificar milhares de anos de ensinamentos sagrados como fantasias inúteis de sonhadores, e os últimos cem anos de espiritualidade como delírios de pessoas que simplesmente não conseguiram lidar com a verdade amarga de um universo mecânico, sem propósito. Esses conhecimentos estão tentando remediar uma lacuna flagrante na visão científica do mundo, que até pouco tempo não abria lugar para dimensões inteiras da experiência humana. Fenômenos que não se encaixavam na ortodoxia científica eram declarados inexistentes. Para aquele que aceita a ciência como uma descrição mais ou menos completa do mundo natural, a única maneira de considerar esses fenômenos era atribuir a eles uma explicação sobrenatural.

Dito de outra forma: se concordamos que o universo da ciência não tem inteligência inerente, então qualquer inteligência que exista deve vir de fora do universo material. A teoria do "Design Inteligente" exemplifica esse tipo de pensamento. A complexa ordem que a vida exibe não poderia surgir de modo espontâneo a partir de matérias mortas e forças cegas. Portanto, ela deve ter sido projetada por um organismo externo (Deus). Mas se aceitarmos a inteligência e o movimento em direção à ordem, beleza e organização como propriedades inerentes à matéria, nenhum organismo externo é necessário.

Pode parecer que estou oferecendo uma defesa do materialismo científico convencional. Muito pelo contrário. Em vez de tomar o caminho da religião e dizer que a inteligência que vemos tem uma origem sobrenatural, a ciência tenta negar essa inteligência por completo, explicá-la como uma espécie de ilusão, um subproduto acidental dessas forças cegas, e não algo inerente. Assim, a ciência, como instituição, é hostil a qualquer paradigma que sugira existir na matéria uma inteligência inerente ou um propósito.

Ao investigar várias teorias científicas heterodoxas e as tecnologias que delas derivam, tenho me perguntado por que algumas delas provocam uma extrema hostilidade por parte da ordem estabelecida. Em todas elas encontrei algo em comum: todas pressupõem que o universo, como propus antes, é inteligente do início ao fim. Considere, por exemplo, a memória da água. A água pura não é mais um mero amontoado de moléculas, como se pensava antes. Quaisquer duas "amostras" de água são únicas, são individuais; carregam, como nós, o registro de todas as suas influências passadas, e são capazes de transmitir essas influências a tudo o que tocam. Ou considere a teoria da mutação adaptativa – que afirma que a mutação genética não é aleatória, mas se realiza de preferência em direção às mudanças que o organismo ou o ambiente precisam. Esse tipo de intencionalidade é uma heresia para a ortodoxia científica. Qualquer teoria que sugira que o universo tem uma inteligência ou finalidade em si mesmo ameaça tirar a humanidade de sua posição privilegiada de senhor da natureza. Nossa inteligência torna-se, em vez disso, parte de uma inteligência maior que procuramos compreender e com a qual iremos cooperar.

A hostilidade da ciência em relação a qualquer coisa que sugira uma inteligência ou ordem inerente à matéria está mudando na atualidade. Nas fronteiras da ciência novos paradigmas estão sendo desenvolvidos e eles trazem de volta para a matéria propriedades antes relegadas ao espírito. Outra maneira de ver isso é perceber espírito e matéria se reunindo.

Um aspecto dessa união é a junção de ativismo com espiritualidade. Em um workshop, uma jovem ativista do movimento *Occupy* descreveu como seu pai, um marxista tradicional, ficou horrorizado quando ela demonstrou interesse na "consciência" e em buscar um caminho espiritual. Por tradição, para a esquerda, qualquer coisa que passe perto da espiritualidade é um luxo da classe privilegiada, uma distração do trabalho real a ser feito, ou uma fantasia que obscurece a análise adequada do problema.

Eu posso entender de onde isso vem. Há muito tempo, ativistas engajados têm ridicularizado os chamados buscadores espirituais. "Levante-se de sua almofada de meditação e faça alguma coisa! Há sofrimento ao seu redor. Você tem mãos, cérebro, recursos. Faça algo sobre o sofrimento!" Se a casa estiver pegando fogo, será que adianta você apenas se sentar e meditar, visualizando frescas cachoeiras para apagar o incêndio através do poder da manifestação? Bem, a casa figurativa está queimando em torno de nós neste mesmo instante. Os desertos estão se espalhando, os recifes de coral estão morrendo e os últimos indígenas estão sendo exterminados. E aí está você, no meio de tudo isso, contemplando o som cósmico OM. Desse ponto de vista, a espiritualidade é uma espécie de escapismo.

Diante dessa poderosa crítica, as pessoas espirituais oferecem uma resposta igualmente poderosa. "Sem um trabalho profundo sobre si mesmo, como você evitará recriar a opressão internalizada em você nas coisas que você faz?" Por isso, muitas vezes, vemos os mesmos abusos de poder, as mesmas disfunções organizacionais entre os ativistas de mudança social, como vemos nas instituições que eles procuram transformar. Se esses ativistas forem vitoriosos, por que deveríamos esperar uma sociedade diferente criada por eles? A menos que façamos um trabalho de transformação em nós mesmos, permaneceremos produtos da mesma civilização que procuramos transformar.

Precisamos mudar nossos hábitos de pensamento, de crença e de ação, e também mudar nossos sistemas. Cada dimensão reforça a outra: nossos hábitos e crenças formam a infraestrutura psíquica do nosso sistema, que, por sua vez, também induz em nós crenças e hábitos. É por isso que tanto ativistas políticos quanto mestres espirituais estão igualmente enganados. Os primeiros quando dizem: "É uma fuga fútil e autoindulgente concentrar-se na mudança de crenças sobre a escassez, quando a compulsão sistêmica em direção à escassez real, de vida ou morte, continua oprimindo bilhões, independente de suas crenças e escolhas de estilo de vida". Os segundos quando afirmam: "Basta trabalhar sobre si mesmo e o mundo vai mudar ao seu redor. Não fuja da questão real e pessoal, projetando o problema sobre a sociedade, o sistema político, as corporações etc."

Os dois lados estão destinados a se tornar aliados e, na verdade, nenhum terá sucesso sem o outro. Quanto mais pessoas viverem na gratidão, generosidade e confiança e deixarem para trás muitos dos pensamentos baseados no medo, mais o clima sociopolítico estará receptivo para uma reforma radical, que incorpore os valores do interser. E quanto mais os nossos sistemas mudarem para incorporar esses valores, mais fácil será para as pessoas fazerem sua transição pessoal. Hoje, o nosso ambiente econômico grita para nós: "Escassez!"; o ambiente político grita: "Nós contra eles!"; o ambiente médico grita: "Tenha medo!" Em conjunto, eles nos mantêm isolados e assustados demais para mudar.

No nível intermediário também, o da família, da comunidade e do local, os ambientes social e físico reforçam a separação. Viver em famílias nucleares em caixas isoladas, comprar as coisas necessárias à vida de anônimos desconhecidos, não depender em absoluto da terra ao redor para o nosso sustento... Tudo isso insinua separação em nossas percepções básicas do mundo. É por isso que podemos dizer que qualquer esforço para alterar essas condições é um trabalho espiritual.

Da mesma maneira, qualquer esforço para mudar as percepções básicas das pessoas sobre o mundo é um trabalho político. Que tipo de pessoa se refugia em subúrbios longínquos? Que tipo de pessoa trabalha em empregos que não satisfazem qualquer desejo, a não ser o de segurança? Que tipo de pessoa fica passiva enquanto sua nação promove uma guerra injusta após a outra? A resposta é: pessoas que têm medo, pessoas alienadas, pessoas feridas. É por isso que o trabalho espiritual é político, se ele espalha amor, conexão, perdão, aceitação e cura.

Isso não significa que toda pessoa "deva" cuidar de todos os níveis. Cada um de nós tem dons únicos que nos atraem para um trabalho no qual esses dons serão mais adequados. Embora uma pessoa saudável e equilibrada geralmente participe do mundo em vários níveis – sendo indivíduo; amigo; integrante de uma família; de uma comunidade ou um local; habitante de uma biorregião; cidadão de uma nação; integrante da tribo de toda a vida na Terra, e até mesmo cidadão cósmico –, é também verdade que passamos por fases: de foco interno ou externo, de ação ou tranquilidade, de expressão ou retiro.

Quando não tivermos mais uma distinção rígida entre o eu e o outro, então reconheceremos que o mundo é um espelho do próprio eu. Para trabalhar sobre si mesmo, é necessário trabalhar no mundo; e para trabalhar com eficácia no mundo, é necessário trabalhar sobre si mesmo. Claro, sempre houve praticantes espirituais politicamente engajados, e ativistas políticos profundamente espirituais, mas agora a atração entre as duas esferas está se tornando incontrolável. Mais e mais ativistas sociais e ambientais estão rejeitando as crenças tradicionais de um modo mais pessoal. É provável que o apoiador do movimento *Occupy* irá praticar meditação, ser a favor da criação parental com apego e do uso da medicina alternativa. Os hippies e os radicais dos anos 1960 estão convergindo.

ORTODOXIA

No fundo, esta é a única coragem que se exige de nós: enfrentar as coisas mais estranhas, mais singulares, mais inexplicáveis que encontrarmos. A vida tem sofrido danos infinitos devido a esse tipo de covardia da humanidade. As experiências chamadas "visões" e todo o chamado "mundo dos espíritos", a morte, todas essas coisas tão próximas de nós têm sido, devido a contra-ataques diários, tão excluídas da vida que os sentidos com os quais poderíamos tê-las entendido estão atrofiados.
– Rilke

A convergência entre espiritualidade e ativismo reflete um encontro mais amplo entre espírito e matéria, em que compreendemos as duas esferas como uma só. Isso difere da alegação da ciência, que diz ter refutado qualquer fenômeno que possamos chamar de espiritual. Mais do que uma redução do espírito à matéria, essa convergência é uma elevação da matéria à condição de espírito.

Esse encontro ainda está incompleto. Existem hoje muitos ativistas políticos que ficarão horrorizados diante da referência neste livro a fenômenos que rotulam como "não comprovados pela ciência", ou princípios de causalidade que consideram como não científicos. Eles não percebem que a ortodoxia científica é farinha do mesmo saco e serve aos mesmos propósitos do resto das instituições dominantes. Ela contribui para a manutenção da História da

Separação tanto quanto o fazem a economia, a política ou a religião organizada.[1]

Do mesmo modo, os leitores que estudaram sobre tecnologias e paradigmas científicos alternativos talvez estejam impacientes com meu ceticismo em relação à ideia de que eles salvarão a humanidade. Embora eu tenha experiência de primeira mão com várias tecnologias que a ciência convencional chama de impossíveis, não as promoverei neste livro. Novamente, o motivo é este: se elas são a nossa salvação, por que não nos salvaram ainda? Muitas são conhecidas e suprimidas há décadas. Li os livros que dizem que essa supressão é consciente e sistemática. No meu entender ela é, ao contrário, inconsciente e *sistêmica*.[2] Através de mil mecanismos nós as suprimimos porque elas não se encaixam na nossa mitologia e identidade. Poderíamos dizer que não estamos prontos para elas. Não estivemos prontos para tecnologias distribuídas ao invés de centralizadas, que tiram o controle da mão dos especialistas e o delegam às pessoas; que requerem a visão da interconexão entre todas as coisas. Um sintoma de nossa falta de prontidão é que os inventores correm para patentear cada novo equipamento milagroso, tentando reter algo da nova história dentro das estruturas da antiga. Talvez essas tecnologias da abundância – de energia, saúde, tempo e vida – deixarão de ser marginais para serem dominantes apenas quando nós, de forma coletiva, dermos o exemplo da abundância através da generosidade, serviço, entrega e confiança.

---

1. Devo mencionar aqui que, assim como a religião organizada abriga um cerne esotérico que não ensina a separação, também devemos fazer uma distinção entre a ciência como instituição e o método científico em si. Embora seja possível argumentar que o próprio método científico está carregado de pressupostos não comprovados (por exemplo a objetividade: que uma hipótese sobre a realidade não altera aquela realidade; e que em princípio é possível a repetição dos experimentos porque as variáveis de tempo, lugar e experimentador são independentes da hipótese a ser provada), em última análise ele traduz um tipo de humildade, uma disposição para mudar ou ampliar crenças em resposta a informações que chegam de fora de nosso eu consciente.

2. Veja meu artigo: "Synchronicity, Myth, and the New World Order" [Sincronicidade, mito e a nova ordem mundial] para mais reflexões sobre a dinâmica de conspirações inconscientes.

Estamos à beira de uma metamorfose em grande escala. Jamais abraçaremos as tecnologias do interser a partir da mentalidade da separação. Essas tecnologias não são uma fórmula mágica, embora eu acredite que no final elas de fato farão parte de nosso restabelecimento. Mas primeiro é preciso uma mudança na nossa percepção, na nossa visão de mundo. Na atual situação as tecnologias do interser são importantes não pelo que elas podem fazer, mas porque elas abrem uma brecha na bolha de realidade na qual temos vivido, mostrando que nem nós nem o mundo somos o que pensávamos ser. Seu significado é o mesmo de qualquer fenômeno que derruba paradigmas.

Hoje, ao examinar a negação generalizada da ciência climática em meu país, é fácil acreditar que o problema está nas atitudes pouco científicas. Se ao menos escutássemos os cientistas! Infelizmente, a mesma exortação é utilizada no contexto da engenharia genética de alimentos, energia nuclear, e outras tecnologias questionáveis que hesito em mencionar temendo ser maculado pela mesma etiqueta de "anticientífico". Embora os dois exemplos acima não desfrutem, nem de perto, da unanimidade que tem a mudança climática antropogênica, ativistas como Michael Specter não duvidam em rotular seus oponentes como anticientíficos. Ainda mais anticientíficas seriam consideradas minhas crenças na medicina holística, qigong, agricultura biodinâmica, memória hídrica, química nuclear biológica, círculos nas plantações, fenômenos parapsicológicos, máquinas eletromagnéticas que produzem mais energia do que gastam (*over-unity devices*), a solução do problema do lixo nuclear e... Papai Noel. Pronto, deixei escapar!

Eu incentivo as pessoas a explorarem esses fenômenos "não científicos" devido ao poder que têm de "furar" a velha história. Vocês verão que esses fenômenos provocam uma combinação de estímulo e desprezo. Eles aliviam o peso da Separação e validam nossas percepções infantis de maravilhas, mistérios e possibilidades ainda por descobrir. Ao mesmo tempo, disparam o medo de que essas percepções sejam ilusões; daí o escárnio do cínico que discutimos em capítulos precedentes.

Não se preocupe – meu otimismo não se baseia na esperança de que alguma tecnologia milagrosa nos salvará. Se a tecnologia fosse nos salvar, já teria feito isso. Há muito temos as tecnologias para viver de modo abundante e sustentável sobre o planeta, mas as temos utilizado para outros fins. Poderíamos viver num paraíso terrestre usando tecnologias sobre as quais não há controvérsias: conservação; reciclagem; design verde; energia solar; permacultura; tratamento biológico para água de reuso; bicicletas; projetos voltados para a reparabilidade, durabilidade e reuso; e assim por diante.[3]

São tecnologias que já existem e que na sua maioria estão disponíveis há décadas ou séculos. Não precisamos qualquer tecnologia nova e milagrosa. Contudo, precisamos outro tipo de milagre para redimir as promessas das tecnologias que já existem: um milagre social e político. É isso que precisamos para reverter o desflorestamento; para cortar a emissão de gases de efeito estufa; para sanar as bacias hidrográficas e remover todos os impedimentos legais, sociais e econômicos à mudança. Sem dúvida, precisaríamos um novo sistema monetário, e portanto uma radical reestruturação do poder e privilégios econômicos. Seria necessária uma mudança global do militarismo e de todos os sistemas de crença por trás disso. Precisaríamos de milhões de pessoas que migrassem para o campo e praticassem a agricultura de pequena escala, alta produtividade e trabalho intensivo. Isso é tecnologicamente factível? Certamente. Politicamente realista? Dificilmente.

---

3. De propósito deixei de fora a energia eólica pois tenho sérias preocupações ambientais quanto à sua implementação na forma em que é feita atualmente, embora haja projetos pouco ortodoxos em menor escala que prometem. Em última instância, a solução não é produzir mais energia para sustentar a sociedade atual, mas mudar a sociedade para que, entre outras coisas, usemos menos energia. De todo modo, a maior parte da utilização da energia atual não produz bem-estar.

Seja como for, não há como negar que estamos diante de uma tarefa que não sabemos como realizar. Qualquer proposta realista em termos políticos, hoje em dia se mostra irrelevante diante da gravidade da crise que enfrentamos. Nisso repousa o significado das tecnologias heterodoxas e não ortodoxas que mencionei acima. A visão de mundo que elimina essas coisas da dimensão das possibilidades também nos separa daquelas ações que são necessárias para mudar o mundo. Em ambos os casos estamos diante de algo que não pode acontecer sem violar nossa História do Mundo.

Embora a ciência, na forma como a conhecemos, seja fundamental para o programa de domínio da natureza que perdura há milênios, embora sua abordagem de acúmulo de conhecimento seja o próprio modelo de como tornar a natureza algo distinto de nós e o mundo um objeto, as pessoas orientadas pela ciência muitas vezes são ambientalistas fervorosos, defensores dos direitos civis, da igualdade para os gays e outras posturas compassivas. Isso é exemplo de um princípio geral: nossa entrada para a Nova História não é homogênea. Em uma área da vida ou do pensamento talvez tenhamos transcendido todos os vestígios de separação, enquanto em outra continuamos totalmente cegos. Isso sempre me espanta. Uma pessoa pode ter profunda compreensão, tanto interna como externamente, das manifestações culturais como racismo, preconceitos de gênero, de classe e colonialismo, sem ter ideia de que entre elas está a medicina ocidental e, em certa medida, a própria ciência. Costumo ir a um congresso tradicional sobre nutrição onde as pessoas compreendem bem a degradação do nosso sistema alimentar, como ele destrói o campo, a saúde, a comunidade; mas não sabem que o sistema escolar faz a mesma coisa. Citando estudos que ligam dieta a resultados em provas, eles dizem: "Se as crianças tivessem uma alimentação melhor, poderíamos melhorar o desempenho acadêmico", presumindo que prestar atenção à aula e tirar nota alta nas provas são sinais de uma criança saudável. Mas quando nos damos conta de que o sistema escolar é um agente condicionador que instila na criança obediência à autoridade, passividade e tolerância ao tédio para obter recompensas externas, começamos a questionar o desempenho escolar como medida de bem-estar. Talvez uma criança saudável seja aquela que resiste à educação acadêmica e à padronização, e não aquela que se dá bem nesse esquema. Frequento também um congresso sobre educação, onde as pessoas compreendem isto, mas (a julgar pelo tipo de alimento que consomem e a saúde dos participantes) não têm grande ligação com seu corpo ou consciência de que o sistema alimentar está tão degradado quanto o sistema educacional. E em quase todos os lugares onde vou para discutir agricultura ou educação, sexualidade ou política, não importando quão radical seja o público, quando a coisa aperta na área da saúde, eles recorrem a um médico convencional.

Por muito tempo os ativistas nessas áreas (e em muitas outras) vêm operando dentro de suas próprias casamatas, como se estivessem combatendo uma única anomalia num sistema fundamentalmente são, apesar de ter alguns problemas. Não era óbvio que alguém que estivesse trabalhando, digamos, pela reforma do sistema prisional, estaria também cuidando de uma outra faceta da mesma causa do agricultor orgânico. Felizmente isso está mudando. Uma radicalização que se infiltra aos poucos está começando a tomar conta à medida que as pessoas percebem a interconexão de todos os sistemas e instituições, e a cumplicidade deles na sustentação das narrativas dominantes. O sistema prisional, tal como o conhecemos, depende do mesmo tipo de crenças que também estão na base dos nossos sistemas alimentar, educacional e de saúde. Todos eles dependem das mesmas mentalidades políticas, dos mesmos mecanismos econômicos, e do mesmo tipo de relacionamento interpessoal.

Também se originam de (e contribuem para) a mesma psicologia ou, poderíamos dizer, o mesmo estado de ser. Por isso a radicalização que se infiltra aos poucos acabará chegando também ao domínio da espiritualidade – outra vez, por espiritualidade não quero dizer algo do outro mundo, mas algo que lida com as perguntas fundamentais: "quem sou?", "qual o propósito da vida?", e assim por diante.

Cada vez mais pessoas estão entrando de forma multidimensional na nova história. Estão construindo alianças entre áreas de ativismo até então desconectadas, e adentrando esferas de pesquisa que eram antes território exclusivo dos buscadores espirituais. Estão também tentando aplicar suas descobertas dentro de suas organizações e relacionamentos. Nenhuma parte da vida é irrelevante para a transformação do mundo.

Neste capítulo deve ter surgido algo que provocou uma fisgada em quase todo mundo. Quando as coisas desmoronam, procuramos uma fortaleza, um costume familiar no qual possamos nos apoiar como repositório de bondade e verdade. Na nossa era não existe esse lugar seguro: nem ciência, nem educação, nem medicina, nem o mundo acadêmico. Mesmo a nossa espiritualidade, da maneira como tem sido apresentada, está contaminada de modo insidioso com as formas de pensamento da Separação.

É natural reagir de forma defensiva ao desmantelamento do mundo, e agarrar-se ainda mais a tudo isso. Se você reage de modo emocional diante de minhas denúncias de uma de suas vacas sagradas, isso significa que algo mais que uma mera opinião foi ameaçado. Talvez você discorde de mim quanto à eficácia da acupuntura ou a autenticidade dos círculos nas plantações. Será apenas uma discordância intelectual, ou você ficou um pouco zangado? Que julgamentos tingidos de emoção acompanharam a discordância? Eu sou um tonto enganado? Desconheço os princípios básicos da ciência? Deixei de examinar as provas em contrário que estragariam meus sonhos e desejos? Minhas crenças são absurdas, uma vergonha, desprezíveis? Você justifica seu desprezo com argumentos do tipo "esse sujeito dá aos outros falsas esperanças e os distrai das soluções que podem efetivamente funcionar"? Se é assim, é *de fato* por isso que você está bravo, ou é por outro motivo? Descobri que quando eu reajo de maneira emocional a uma ideia que contradiz minhas crenças, em geral é porque ela ameaça minha história do mundo ou minha história do ser, criando uma espécie de desconforto existencial. Sinto uma sensação de violação.

Nada disso significa que, se você reage emocionalmente a minhas afirmações pouco convencionais, está provado que você está errado e eu certo. Significa apenas que sua rejeição não se deve a evidências ou à lógica. Evidências e lógica são ferramentas que usamos para justificar e dar corpo a nossas crenças, mas estamos nos enganando ao pensar que elas são a fonte de nossas crenças. Voltarei a essa ideia, pois ela é fundamental para compreender o processo de mudança de crenças e é evidente que, para que o nosso mundo tenha uma chance de sobrevida, muitas crenças terão que mudar.

NOVIDADE

Façamos uma pausa para refletir sobre a novidade da nova história. Afinal de contas, um dos marcos da velha história é a glorificação da mudança, da novidade, do constante descartar do velho em troca de algo novo e melhor, a última maravilha tecnológica da saga infinita do progresso que desvaloriza velhos relacionamentos, conhecimentos e tradições. A fixação com o novo pode também se tornar um escapismo que vê os problemas atuais como desimportantes, já que os deixaremos para trás quando entrarmos no mundo "novo". Alguns vêm na tecnologia a nossa salvação, esperando que outras novidades nos resgatarão das consequências desastrosas e imprevistas da novidade anterior. Por exemplo, acredita-se que a nanotecnologia reverterá os efeitos climáticos da tecnologia de combustíveis fósseis. Não há nada de novo nessa ambição. Portanto, gostaria de evitar essa preocupação explicando que a nova história só é nova no contexto daquilo que é corriqueiro na sociedade moderna "civilizada".

Muitos leitores perceberão que a História do Interser faz eco com a visão de mundo de várias tribos indígenas e com a sabedoria das antigas tradições em todo o mundo. Nenhum dos princípios explicitados aqui é novo. Mas não gosto de usar a "sabedoria dos povos indígenas" para legitimar minhas crenças. Em primeiro lugar porque isso implicaria que existe uma uniformidade entre os vários sistemas de crença indígena, que tornaria trivial sua diversidade. Em segundo lugar, porque vários elementos da espiritualidade indígena foram recortados do contexto original e utilizados como ferramenta de vendas para todo tipo de produtos e ideias questionáveis. Em terceiro, porque fazer uma distinção muito clara entre civilizado e indígena é algo que obscurece nossa humanidade comum, e perpetua um tipo de racismo invertido que de modo superficial valoriza aqueles rotulados como indígenas, mas em última instância os diminui.

Além disso, mesmo entre as civilizações ocidentais, nenhum dos ensinamentos do interser é novo. Eles são como um gene recessivo da nossa cultura, nunca dominantes, em geral dormentes, ocasionalmente chegando a uma expressão gloriosa embora parcial durante as várias eras douradas da humanidade. Esses ensinamentos contrastam sempre com o mundo em que estamos acostumados a viver, com a Separação corporificada pelo dinheiro, a escola, a religião, a política e o resto da vida moderna.

O interesse generalizado na espiritualidade nativa pode ser criticado como a forma mais rematada de assassinato cultural, em que as histórias, rituais e crenças sagradas de uma cultura são cooptados e desvalorizados. Mas esse interesse também brota da atitude de reconhecer que os indígenas guardam importantes conhecimentos que foram perdidos, conhecimentos que nós do Ocidente estamos enfim prontos para escutar no momento em que nossos próprios ritos, mitos e instituições desmoronam.

É famosa a citação de Einstein que disse que não podemos resolver nossos problemas com o mesmo tipo de raciocínio que os criou. Ótimo. Mas como pensar em um outro patamar? Como distinguir o que é realmente novo daquilo que pensamos que é novo, mas na verdade é o mesmo vinho em odres novos? Sem a infusão de modos de ser e conhecer que são externos à nossa história, continuaremos perdidos nela para sempre, remanejando os mesmos antigos componentes. Felizmente, na nossa jornada de Separação trouxemos de contrabando três sementes de Encontro, três condutores para o influxo de sabedoria vinda do passado e do futuro. Bem, talvez haja mais que três! Mas é assim que eu conto a história:

AS TRÊS SEMENTES

Há muito tempo atrás, a tribo dos humanos embarcou numa longa jornada chamada Separação. Não era um erro, como poderiam pensar alguns que contemplam suas barbaridades contra o planeta, nem era uma queda, nem expressão de algum mal inato apenas da espécie humana. Era uma jornada com um propósito: vivenciar o extremo da Separação, desenvolver os dons que surgem como reação a ela, e integrar tudo isso numa nova Era do Encontro.

Nós humanos sabíamos desde o início que havia perigos nessa jornada: poderíamos nos perder na Separação e nunca mais voltar. Poderíamos nos tornar tão alienados da natureza que destruiríamos o próprio fundamento da vida; tão separados uns dos outros que nossos pobres egos, nus e aterrorizados, ficariam incapazes de se reintegrar com a comunidade de toda a existência. Em outras palavras, previmos a crise que vivemos hoje.

É por isso que há milhares de anos plantamos três sementes que poderiam brotar quando a jornada de Separação chegasse ao seu auge. Três sementes, três comunicações do passado para o futuro, três formas de preservar e transmitir a verdade do mundo, do ser e de como ser humano.

Imagine que você estava vivo há trinta mil anos e tinha uma visão de tudo que aconteceria: linguagem simbólica, nomes e rótulos do mundo; a agricultura, a domesticação do que é selvagem, a subjugação de outras espécies e da terra; as máquinas, a dominação das forças naturais; o esquecimento de quão belo e perfeito é o mundo; a atomização da sociedade; um mundo onde os humanos têm medo de beber das fontes e rios, onde vivem entre estranhos e não conhecem seu vizinho, onde matam gente do outro lado do planeta apertando uma tecla, onde os mares ficam pretos e o ar queima seus pulmões, onde estão tão alquebrados que não ousam se lembrar que não deveria ser assim. Imagine que você sabia que tudo isso aconteceria. Como você ajudaria as pessoas trinta mil anos antes?

Como enviar informação, conhecimento e ajuda que ultrapassasse esse hiato temporal? Talvez isso tenha acontecido de fato. Foi quando inventamos as três sementes.

A primeira semente foi a linhagem das tradições de sabedoria: linhas de transmissão que remontam a milhares de anos e que preservaram e protegeram conhecimentos essenciais. Em todas as partes do mundo, várias tradições de sabedoria foram sendo transmitidas em segredo de mestre para discípulo. Guardiães da sabedoria, sufis, mestres zen, cabalistas, magos taoistas, místicos cristãos, swamis hindus, e muitos outros, escondidos nas várias religiões, preservaram o conhecimento em segurança até que chegasse o tempo em que o mundo estivesse pronto para reclamá-lo. Esse tempo é agora e eles cumpriram bem sua missão. Muitos líderes espirituais, mesmo o Dalai Lama, estão dizendo que o tempo dos segredos acabou. Divulgado antes da hora, o conhecimento foi cooptado, vilipendiado ou, em geral, ignorado. Antes de termos percorrido o território da Separação, quando ainda desejávamos ampliar nossa conquista da natureza, quando a história da ascensão humana ainda não estava completa, não estávamos prontos a ouvir falar de união, conexão, interdependência, interser. Pensávamos que a solução era ter mais controle, mais tecnologia, mais lógica, uma sociedade mais bem construída pela ética racional, mais controle sobre a matéria, a natureza e a essência humana. Mas agora os antigos paradigmas estão caindo, e a consciência humana chegou a um grau de receptividade que permite que essa semente se espalhe sobre a terra. Ela foi lançada e cresce dentro de nós em larga escala.

A segunda semente são as histórias sagradas: mitos, lendas, contos de fada, folclore e os temas perenes que reaparecem sob vários disfarces ao longo da história. Sempre estiveram conosco, de tal modo que, não importando o quão perdidos estivemos no Labirinto da Separação, sempre estivemos ligados a esse cordão umbilical, embora tênue e embaraçado, que nos liga à verdade. As histórias nutrem a pequena fagulha de memória interna que conhece nossa origem e destino. Os antigos, sabendo que a verdade seria cooptada e distorcida se apresentada de maneira explicita, trataram de traduzi-la em histórias. Quando escutamos ou lemos uma dessas histórias, mesmo sem decodificar seu simbolismo, somos afetados no nível inconsciente. Mitos e contos de fada representam uma tecnologia psíquica muito poderosa. Cada geração de contadores de história, sem intenção consciente, transmite a sabedoria disfarçada que aprendeu, de modo inconsciente, a partir das histórias.

Sem contradizer os paradigmas da separação e ascensão, os mitos e histórias trouxeram de contrabando uma compreensão muito diferente da realidade. Sob o disfarce de "é só uma história", elas transmitem verdades emocionais, poéticas e espirituais que contradizem a lógica linear, o reducionismo, o determinismo e a objetividade. Não estou falando de contos moralistas. A maioria destes carrega pouca verdade. Para transmitir a segunda semente devemos nos submeter a essas histórias, não usá-las para nossos próprios propósitos moralistas. Elas foram criadas por seres muito mais sábios do que os seres modernos. Se você contar ou transmitir histórias, tenha muito respeito com sua forma original e não as altere a não ser que sinta uma inspiração poética. Preste atenção aos contos infantis. Qual delas passa a sensação de uma história verdadeira? A maioria dos contos infantis modernos não passa essa impressão. Reconhece-se uma história verdadeira quando suas imagens ficam na mente. Ela se imprime na psique. Você tem a sensação de que algo mais foi transmitido além da trama, algo invisível. Em geral essas histórias carregam um rico simbolismo, desconhecido até mesmo para seus autores. A comparação de dois livros infantis do século 20 exemplifica minha tese: compare *Berenstain Bears [A família Urso]* com *How the Grinch Stole Christmas! [Como o Grinch roubou o Natal]*. Apenas esta última tem um poder de estabilização psíquica, revelando o espírito de uma história verdadeira, rica em simbolismo arquetípico.

A terceira semente foram as tribos indígenas, os povos que em algum momento optaram por sair da jornada da Separação. Imagine que no início da jornada o Conselho da Humanidade se reuniu, e certos membros se fizeram voluntários para viver em lugares remotos e abrir mão da separação, recusando-se a entrar num relacionamento adversarial e controlador com a natureza, portanto, recusando-se a entrar no processo que leva ao desenvolvimento da alta tecnologia. Significava também que quando eles fossem descobertos pelos humanos que tinham ido fundo na Separação, enfrentariam os mais atrozes sofrimentos. Era inevitável.

Hoje em dia, essas pessoas da terceira semente já cumpriram sua missão. E sua missão era apenas a de sobreviver o suficiente para servir de exemplo vivo de como ser humano. Cada tribo foi portadora de um pedaço, ou vários pedaços desse conhecimento. Muitas delas nos mostram como olhar e se relacionar com a terra, os animais, as plantas. Outras nos mostram como trabalhar com os sonhos e o invisível. Algumas preservaram a maneira natural de criar os filhos, que hoje estão sendo divulgados em obras como *The Continuum Concept* [O conceito do contínuo]. Algumas nos mostram como se comunicar sem palavras – tribos como os hadza e os pirahã se comunicam sobretudo por canções. Algumas nos mostram como se libertar da mentalidade do tempo linear. Todas são exemplo do modo de ser que, de forma intuitiva reconhecemos e desejamos. Elas provocam memórias em nosso coração, e despertam nosso desejo de retornar.

* *

Conversando com o índio lakota Aloysius Weasel Bear (guardião da medicina ancestral sioux e tataraneto do chefe Touro Sentado), ele me contou que certa vez perguntou a seu avô: "Vovô, o homem branco está destruindo tudo, não devíamos impedi-los?" Seu avô respondeu: "Não é necessário. Nós resistiremos. Eles serão derrotados pela própria esperteza". Com essa resposta, o avô reconheceu duas coisas:

(1) que a Separação carrega as sementes de sua própria derrocada, e (2) que o papel dos povos indígenas é ser o que são. Não acredito que esta seja uma atitude de indiferença no sentido de deixar o homem branco à sua própria sorte no deserto. É uma atitude de compaixão e ajuda, que compreende a tremenda importância de simplesmente *ser quem eles são*. Eles mantêm vivo algo que o planeta e a comunidade de todos os seres precisa.

Do mesmo modo, a fascinação da cultura por todas as coisas indígenas não é apenas a última forma de imperialismo cultural e espoliação. É verdade que o último estágio da dominação cultural seria transformar os costumes nativos em uma marca, uma imagem de marketing. E por certo há alguns da minha cultura que, cindidos da comunidade e de sua verdadeira identidade, adotam pseudoidentidades nativas e se orgulham de suas conexões com a cultura e espiritualidade dos povos nativos. Mas na raiz disso vemos que as Primeiras Nações sobreviventes têm algo importante a nos ensinar. Somos atraídos pelo seu dom, pela semente que eles cuidaram até os dias de hoje. Para receber essa semente não é necessário participar de seus rituais, adotar um nome de animal, ou ter um ancestral nativo, mas apenas de maneira humilde enxergar aquilo que eles preservaram, para que a memória desperte. Até bem pouco tempo não conseguíamos enxergar estas coisas, ofuscados por um complexo de superioridade cultural, pela arrogância e o aparente sucesso em dominar o universo. Agora, quando as crises ecológica e social convergem revelando a falência de nossos costumes, temos olhos para ver os costumes de outros.

Urgência

O caminho é calmo e amplo,
Não é fácil, não é difícil.
Mas mentes pequenas se perdem.
Correndo, elas ficam para trás.
– Seng Can

Há um ou dois anos, um jovem me questionou numa conferência na Flórida. Eu descrevia minha visão de que o paradigma da urgência, dos esforços heroicos e da luta talvez seja em si parte do problema; que esse paradigma surge do mesmo espaço de escassez e dominação do qual vem a conquista da natureza; que partilhando da mesma origem talvez criemos cegamente mais do mesmo. Sugeri que em vez disso deveríamos tentar desacelerar, talvez até não fazer nada de vez em quando. Ao invés de exigir de nós mesmos um alto padrão de ascetismo revolucionário, poderíamos abordar a vida num espírito tranquilo e brincalhão. Talvez a partir desse espaço nossas energias criativas pudessem inventar algo verdadeiramente novo para a civilização.

O homem me disse algo no seguinte teor (embelezado aqui com palavras da minha própria autocrítica):

Como você pode propor que fiquemos parados por um minuto sequer? Estamos num momento crucial para agir. Você não sabe que nesse mesmo instante, enquanto estamos aqui sentados confortavelmente nos E.U.A., agentes estão sequestrando pessoas que levam para serem torturadas? Você não sabe que enquanto falamos gigantescas fazendas industrias estão matando animais e jogando seus resíduos nos rios? É confortável para você ficar discursando sobre mudar a nossa história cultural, mas tem crianças morrendo de fome lá fora. O que você vai dizer quando uma delas te perguntar o que você estava fazendo no sábado de tarde quando os paramilitares mataram a família dela? Como você pode viver consigo mesmo se não tiver dedicado cada minuto de vida para criar justiça na Terra? Não há tempo a perder. Não temos tempo para folgar. Para sentar e falar, assistir filmes, nos divertir. Se três bandidos estivessem ali no gramado estuprando e torturando meninas, não ficaríamos sentados aqui na boa conversando sobre as coisas, não estaríamos fazendo seminários que advogam o lúdico e não criaríamos postos de "escuta compassiva". Nós sairíamos lá fora para acabar com aquilo. É isso que está acontecendo agora mesmo, só que não tão na nossa vista, e porque é invisível você age como se não estivesse acontecendo. Sinto muito, mas acho que essa sua conversa não passa de hipocrisia de alto nível. Seu estilo de vida é cúmplice em tudo com a pilhagem atual do planeta, e você imagina que suas palavras de alguma forma o redimem da culpa. Pare de fingir. Tire a bunda da cadeira e faça algo a respeito.

Gostaria de comparar essa visão com a de um ancião nativo dogon a quem minha amiga Cynthia Jurs perguntou sobre a questão da urgência. Cynthia estava no Mali para fazer um ritual pela paz e cura ecológica. Ela o questionou sobre as ameaças ao planeta – desflorestamento, mudança climática etc. – bem como as ameaças que forças intrusas impunham à sua tribo e modo de vida. "Você não sente a urgência de fazer algo a respeito?", perguntou ela. O homem conhecia perfeitamente as ameaças e sabia que algo está desequilibrado no mundo, mas respondeu: "Você não compreendeu. Urgência é algo que já temos".

Amigos, quem é mais sábio, esse ancião dogon "primitivo", ou o rapaz da Flórida? Seria esse um caso em que o homem civilizado – com seus relógios, calendários, e raciocínio linear baseado na escassez – está com a razão?

Será que precisamos educar os dogon? Ou será que a chave para nossa redenção não pode ser encontrada entre os modos de ser que nós, os civilizados, desempenhamos com fluência? Será que temos algo vital a aprender com os povos indígenas? Será que o único caminho para fora dessa confusão é, como disse Martín Prechtel, redescobrir nossa própria alma indígena?

Se uma criança estivesse sendo violentada no quarto ao lado, é verdade, eu não estaria escrevendo tais palavras neste momento. Eu estaria agindo corporalmente e saberia bem o que fazer. Mas transportar isso para as nossas circunstâncias macroscópicas atuais seria uma analogia falsa, porque em escala global *nós não sabemos o que fazer*.

Se minha casa está pegando fogo, não vou ficar sentando em frente ao computador. O mundo está em chamas! E por que estou aqui sentado em frente ao computador? Porque não tenho um extintor de incêndio para o mundo, e não existe um corpo de bombeiros global que eu possa chamar.

Se meu irmão está morrendo de fome, eu lhe dou comida. Milhões de irmãos e irmãs globais estão morrendo de fome, mas eu não tenho comida suficiente para dar a todos. E mesmo que tivesse, já estudei as questões econômicas por trás da ajuda humanitária e sei como ela às vezes provoca dependência, fomenta o nepotismo e dá espaço aos senhores da guerra, destruindo a produção local de alimentos – e, então, a solução fica menos nítida. Um marxista diria que aliviar a fome através da doação de alimento apenas obscurece a verdadeira origem do problema e perpetua a injustiça subjacente.

Quando sabemos a verdadeira causa de um problema e como resolvê-lo, então tudo que aquele rapaz me disse é válido. Esse é o momento de agir e talvez agir com urgência. Mas quando não compreendemos ainda a verdadeira causa, ou quando não sabemos o que fazer, então seria contraproducente agir de maneira precipitada. As palavras do jovem talvez se apliquem a ele próprio: a aparência de atividade frenética acalma a consciência, criando a ilusão de que somos parte da solução – mas será que essas ações ajudam em algo? Imagine alguém brandindo um extintor de incêndio diante de um prédio em chamas – talvez nesse momento palavras e "inações" sejam a melhor ação; talvez seja hora de chamar pessoas para ajudar. E se não sabemos que tipo de fogo estamos enfrentando? Eletricidade, gordura, madeira? E se há incêndios em toda parte, alguns mais adiantados que outros? E se houver crianças em algumas das casas? E se três quartos dos habitantes não acreditam que a casa está em chamas? E se extinguir o fogo for impossível e seria mais útil projetar casas melhores para o futuro?

E pode ser até que nossa urgente correria para resolver um problema atrás do outro esteja atiçando o fogo. Talvez o aquecimento global seja uma febre sintomática da nossa correria.

Afinal, qual é a causa do aquecimento global? Temos as causas proximais: o uso de combustíveis fósseis e a devastação das florestas e biodiversidade que mantêm a homeostase climática. E qual a causa disso? É tudo em nome da eficiência; eficiência do trabalho (realizando mais serviço por unidade de trabalho), eficiência econômica (maximizando o retorno a curto prazo do capital). E a eficiência é apenas um sinônimo de fazer as coisas mais rápido.

É tentador pensar que existe a correria boa (para salvar o planeta) e a correria ruim (usar máquinas para fazer as coisas com menos trabalho); mas talvez o problema seja a mentalidade por trás dos dois tipos de correria. Essa mentalidade é um dos hábitos da separação, o próximo tema deste livro.

Há um tempo de agir e um tempo de esperar, ouvir e observar. Assim a compreensão e a clareza crescem. Dessa compreensão a ação emerge poderosa, cheia de propósito e firme.

Mas espere um pouco. O marxista entende que a fome é consequência do capitalismo, entretanto, a ação a tomar não é tão óbvia. Como se "derruba o capitalismo"? Mesmo para o não marxista ficou muito claro que o sistema financeiro está profundamente implicado com a fome e, aliás, com todos os males do mundo. Então que "ações" são necessárias para mudar o sistema monetário? Além disso, como descrevi em *Sacred Economics* [Economia sagrada], o próprio sistema monetário repousa sobre um fundamento mais profundo: os mitos gêmeos da Separação e da Ascensão. Como mudar a mitologia que define uma civilização?

Gostaria de propor que o motivo pelo qual nossas ações têm tido um fracasso tão flagrante em tirar o mundo da rota de colisão atual é que, em termos gerais, essas ações não estão fundamentadas numa compreensão real do problema.

Eu não estaria escrevendo este livro se a Lei das Espécies Ameaçadas de Extinção, a Lei do Ar Limpo, a Lei da Água Limpa, criadas no início dos anos 1970, tivessem sido seguidas por medidas legislativas ainda mais duras nos Estados Unidos e em todo o mundo. Eu não estaria escrevendo se nossa consciência quanto ao racismo e a desigualdade social que despertou nos anos 1960 tivesse transformado nosso sistema econômico. Eu não estaria escrevendo se a observação científica do aquecimento global nos anos 1980 tivesse levado a uma diminuição do consumo de combustíveis fósseis (ao invés de seu crescimento incessante). A ruína do planeta e das pessoas não parou nem se desacelerou. Nenhuma das estratégias e táticas que utilizamos funcionou. O extintor não apagou o incêndio, e nossos gritos no alto do telhado não atraíram o corpo de bombeiros.

É natural tentar soluções conhecidas diante de um problema novo. Só quando elas fracassam é que acordamos para a ideia de que o novo problema é de natureza diversa do que supúnhamos. Seja como for, muitos de nós estão chegando àquele estado de não saber mais o que fazer.

Talvez eu tenha simplificado muito as coisas. Não é que estejamos gastando metade de nossas vidas num estado de impotência sem saída até que despertamos para a plena compreensão, propósito e criatividade. Ao contrário, passamos por fases em que acreditamos naquilo que estamos fazendo, a vida parece fazer sentido, e temos esperança e expectativa de que nosso esforço produza frutos. E eles são frutíferos, por um tempo. Mas à medida que crescemos nesse espaço, começamos a questionar nossos pressupostos. Nossas ferramentas não funcionam tão bem como antes, paramos de acreditar nas nossas metas e na possibilidade de atingi-las. Vamos chegando a um ponto de repouso, uma fase vazia. Imersos num sistema que não nos permite descansar, que condena a preguiça e nos empurra em direção ao atarefamento incessante pela pressão econômica, é difícil aceitar essa fase. Dizemos a nós mesmos que devemos sempre estar ocupados. Estamos perdendo tempo!

Nada do que falei deve ser compreendido como rejeição da ação ou convite à passividade. O esforço e a urgência têm seu papel neste mundo. O que descrevi é parecido com um parto. Pelo que vi do nascimento dos meus filhos, quando chega a hora de fazer força, a vontade de fazer força é irresistível. Essa é a essência da urgência. Entre as contrações a mãe descansa. Imagine dizer à parturiente: "Não, continue! Precisa se esforçar. E se a vontade não vier novamente? *Você não pode fazer força só quando tem vontade!*"

"Você não pode fazer só o que tem vontade." "Você não pode fazer tudo que tem vontade." "Você precisa aprender a ter autocontrole." "Você só quer satisfazer seus próprios desejos." "Você não liga pra nada além de seu próprio prazer." Você consegue detectar o julgamento dessas admoestações? Consegue sentir como elas reproduzem a mentalidade de dominação que arruína nossa civilização? A bondade vem pela conquista. A saúde vem pela subjugação das bactérias. A agricultura se aprimora pela eliminação das pragas. A sociedade será mais segura quando vencermos a guerra contra o crime. Hoje, durante minha caminhada, uns estudantes me abordaram perguntando se eu queria me juntar à "luta" contra o câncer pediátrico. Há tantas batalhas, cruzadas, campanhas, tantos chamados para derrotar o inimigo pela força! Não admira que adotemos a mesma estratégia em relação a nós mesmos. Vemos assim que a devastação interna da psique ocidental combina de maneira exata com a devastação externa que foi infligida ao planeta. Você não gostaria de participar de uma revolução diferente?

Escassez

A coisa mais difícil de todas é encontrar um gato preto num quarto escuro, especialmente se não houver gato.
– Confúcio

O velho mundo vai se desmantelando à nossa volta; nós, desgostosos, nos apartamos dele, mas ainda assim continuamos portando seus condicionamentos. Fomos colonizados de uma ponta a outra pela velha História do Mundo. Nascemos dentro de sua lógica, fomos aculturados por sua visão de mundo e imbuídos de seus hábitos. E ela está tão impregnada em nós que se torna, na prática, invisível. Como sugere o comentário do ancião dogon, sequer questionamos as coisas que estão na raiz da crise e, indefesos, continuamos replicando-as em tudo que fazemos.

As tradições de sabedoria, as visões de mundo indígenas, as histórias sagradas nos ajudam a enxergar melhor parte dessa bagagem que carregamos da Era da Separação, como o ancião dogon que questionou o pressuposto de escassez de tempo com o qual operamos. Ao nos afinarmos mais com uma nova maneira de ver o mundo, aumenta nosso desejo de nos livrar dos hábitos pesados do passado. Eles não apenas destoam daquilo que somos e estamos nos tornando, mas nós reconhecemos que, presos àqueles hábitos, é impossível não criarmos um mundo à sua imagem. Perder o hábito da separação é, portanto, mais do que uma questão de autodesenvolvimento, é também algo crucial para a eficácia da nossa atuação como ativistas, curadores e agentes de mudança.

Como descreverei, não é fácil mudar esses hábitos de ver, pensar e fazer. Em primeiro lugar, eles precisam se tornar visíveis. Em segundo, precisamos tentar mudar esses hábitos de uma forma que não seja parte desses mesmos hábitos – sendo que muitas das nossas estratégias nascem dos paradigmas da conquista, do julgamento e da força. Em terceiro, é preciso lidar com um ambiente que reforça os velhos hábitos, não apenas por meios econômicos e sociais, mas por uma incansável barricada de mensagens sutis que têm por pressuposto as coisas que estamos tentando mudar.

A discussão sobre a redução da dívida versus o estímulo fiscal tem como pressuposto que o crescimento econômico é um bem inquestionável. O debate sobre a reforma das leis de imigração tem como pressuposto as convenções de fronteiras e documentos de identidade. As estatísticas sobre a pobreza no terceiro mundo têm como pressuposto que o dinheiro é uma boa medida da riqueza. A escolha das notícias que sairão na televisão faz presumir que essas são as coisas mais importantes e relevantes que estão acontecendo. Placas em trens e metrô dizendo "Freio de emergência. O uso inadequado será punido" sugerem que são as penalidades que mantêm a ordem pública, assim como câmaras de segurança onipresentes sugerem que as pessoas precisam ser vigiadas. Acima de tudo, a normalidade das rotinas sociais nos diz que esse modo de vida é normal.

Para muitas pessoas o mais poderoso reforço dos hábitos de separação é o dinheiro. Em geral, as ações inspiradas pelo amor não contribuem para nossos interesses econômicos. Pelo contrário, o dinheiro em geral parece impedir tais ações. Será prudente? Será prático? Será que temos o suficiente para isso? Para outras pessoas o reforço são ensinamentos religiosos, ou pressão social, ou o medo da família e amigos. "Isso não vai fazer o bem a ninguém." "Isso não é seguro." "Isso é estranho."

É provável que você já tenha vivenciado o poder que a velha história tem de te atrair de volta. Pode ser que você já tenha tido uma experiência transcendental de unidade, fluxo, conexão, compaixão ou de um milagre, e visto com total clareza que daqui por diante quer viver de modo diferente. Talvez tenha sido aquele tipo de experiência que as pessoas descrevem como espiritual, ou pode ter sido algo mundano como perceber com clareza o impacto sobre o planeta do estilo de vida com alta emissão de carbono. Pode ter sido um livro ou seminário inspirador, um treinamento em comunicação não violenta, um curso sobre filosofia do yoga. Nos dias e semanas seguintes, você vive sem esforço segundo a experiência da sua revelação. Talvez você veja todos à sua volta como emanações do divino. Mas depois de algum tempo aquilo que era evidente e sem esforço começa a exigir algum empenho para lembrar da experiência, para reviver aquilo. É preciso disciplina quando antes não era necessário. Você começa a precisar de uma prática para ver o divino em tudo, ao passo que antes era óbvio e sem esforço. Ou talvez você volte a usar mais o carro, ou aceitar meias medidas. A vida volta ao normal.

Isso acontece porque em geral as pessoas não conseguem sustentar uma história nova sozinhas. É preciso uma comunidade para sustentar uma história, razão pela qual as pessoas procuram fundar comunidades dedicadas a ideias espirituais, abrigadas da influência corrosiva da História do Mundo dominante. Em certa medida podemos fazer o mesmo cercando-nos de pessoas que vivem valores semelhantes.

Nenhuma pressão social ou econômica externa, por mais forte que seja, poderia nos manter na velha história se ela não operasse com base em algo interno. Mais do que qualquer coisa externa, são nossos hábitos que nos puxam de volta para a velha história depois de termos visto o lampejo de uma nova. Esses hábitos estão enraizados de maneira tão profunda que raramente tomamos consciência deles. Quando os percebemos, em geral concluímos que são a natureza humana. A maioria se encaixa em uma de três categorias: os hábitos da escassez, os hábitos do julgamento, e os hábitos de luta.

Os capítulos seguintes vão elucidar alguns desses hábitos, seu estado de ser cultural e pessoal originários, e os novos hábitos do interser que podem suplantá-los.

Você perceberá que muitos dos hábitos de separação são familiares. Existem abundantes instruções contrárias a eles nos ensinamentos das principais religiões, bem como na moralidade popular. Isso porque tanto a religião como a cultura carregam sementes de Encontro. Mas é muito difícil viver esses ensinamentos porque não combinam com os mitos dominantes e as estruturas da civilização. Por isso se tornam regras: proibições, prescrições etc. e, portanto, agentes de um hábito básico da Separação, que é a conquista do ser. É impossível evitar isso. Imersos numa história que nos define como indivíduos separados, discretos, num mundo de outros, cercados por instituições, como o dinheiro, que encenam e reforçam a história, ensinamentos como a Regra de Ouro parecem de fato correr contra a corrente do comportamento humano natural. Para o ser separado, o egoísmo parece ser o antagonista do serviço.

Não admira que ao tentar conciliar as regras com o mundo em que temos vivido as autoridades religiosas tenham dividido o universo em dois domínios: o terreno e o celeste, o material e o espiritual. Sim, eles admitem, o mundo material é pecaminoso e nossos corpos, sendo do mundo, são também pecaminosos. Mas há algo mais, um outro mundo com regras diferentes. Para viver segundo essas regras é preciso resistir aos hábitos do mundo material e da carne.

Por favor observem se vocês têm uma tendência a aplicar o programa de autodomínio dos hábitos da Separação que irei descrever. Mas tenham em mente que existe um outro caminho.

* *

A escassez é um dos traços fundamentais da vida moderna. Em todo o mundo uma em cada cinco crianças passa fome. Fazemos guerras por causa da escassez de recursos como o petróleo. Provocamos a escassez de peixes do oceano e de água na Terra. No mundo inteiro as pessoas e governos estão fazendo restrições, economizando, por causa da escassez de dinheiro. Poucos negariam que vivemos uma era de recursos escassos; muitos diriam que é perigoso imaginar o contrário.

Por outro lado, não é difícil perceber que a maior parte dessa escassez é artificial. Veja o caso da escassez de alimentos. Enormes quantidades, chegando a 50% segundo algumas estimativas, são desperdiçadas nos países desenvolvidos. Imensas áreas de terra estão dedicadas à produção de etanol, e áreas ainda maiores estão ocupadas pela espécie mais cultivada na América: grama de jardim. Enquanto isso, a terra dedicada à produção de alimento em geral é cultivada através de métodos dependentes de máquinas e com uso intensivo de produtos químicos, que na verdade são menos produtivos (por hectare e não por unidade de trabalho) do que a agricultura orgânica de trabalho intensivo ou a permacultura.[1]

Da mesma maneira, a escassez de recursos naturais é também um artefato de nosso sistema. Não apenas nossos métodos de produção desperdiçam recursos, mas boa parte do que é produzido contribui muito pouco para o bem-estar humano. Tecnologias de conservação, reciclagem e renovação se perdem sem serem desenvolvidas. Sem grande sacrifício, poderíamos viver em um mundo de abundância.

Talvez a artificialidade da escassez apareça de forma mais óbvia no caso do dinheiro. Como mostra o exemplo do alimento, a maior parte da carência material deste mundo não é devida à falta de algo tangível, mas à falta de dinheiro. Por ironia, o dinheiro é justo a coisa que podemos produzir em quantidades ilimitadas, ele não passa de bits em computadores. No entanto, nós o criamos de tal modo que o torna inerentemente escasso, o que leva à concentração da riqueza, que significa superabundância para uns e escassez para os demais.

---

1. Veja o Capítulo 2 de *Sacred Economics* [Economia sagrada] e meu artigo "Permaculture and the Myth of Scarcity" ["Permacultura e o mito da escassez"] para uma discussão completa com referências.

Nem a riqueza nos põe a salvo da percepção de escassez. Uma pesquisa de 2011 sobre os super ricos, realizada pelo Center on Wealth and Philantropy do Boston College, estudou as atitudes diante da riqueza entre famílias com patrimônio de 25 milhões de dólares ou mais (algumas muito mais – a média era de 78 milhões). De forma surpreendente, ao responder se elas sentiam segurança financeira, a maioria disse que não. Quanto seria necessário para chegar à segurança financeira? Valores em média 25% superiores ao seu patrimônio na época, responderam elas.

Se alguém que tem 78 milhões em patrimônio tem a sensação de escassez, obviamente essa sensação tem raízes mais profundas do que a desigualdade econômica. As raízes não se encontram em outro lugar senão na nossa História do Mundo. A escassez começa na nossa ontologia, nossa concepção de nós mesmos, e na nossa cosmologia. Partindo daí ela se infiltra nas nossas instituições e sistemas sociais e na nossa experiência de vida. Estamos tão imersos na cultura da escassez que a confundimos com a realidade.

A maneira mais onipresente e desgastante de escassez é a falta de tempo. Como exemplifica o homem dogon, os povos "primitivos" não sentem falta de tempo. Eles não veem seus dias, horas ou minutos como contados. "O mundo deles é atemporal", diz Helena Norberg-Hodge ao descrever a região rural de Ladakh. Li relatos sobre beduínos que se contentam em não fazer nada e ver as areias do tempo passar; pirahã absortos em observar atentos um barco aparecer no horizonte e desaparecer horas mais tarde; nativos felizes em literalmente sentar e ver a grama crescer. É uma espécie de riqueza praticamente desconhecida para nós.

A escassez de tempo está embutida na História da Ciência que procura medir todas as coisas, e assim torna tudo finito. Ela limita nossa existência às fronteiras de uma única linha do tempo biográfica, a duração finita de um ser separado.

A escassez de tempo também deriva da escassez de dinheiro. Num mundo competitivo, a cada instante você poderia fazer mais para ficar na frente. Em qualquer dado momento você tem que escolher se vai usar seu tempo de modo produtivo. Num mundo de escassez material nunca podemos nos dar "o luxo" de descansar à vontade. Isso é mais do que uma mera crença ou percepção: o dinheiro na forma como existe hoje não é – como alegam alguns – "somente energia"; em todo caso não é uma energia neutra. Está sempre em falta. Quando o dinheiro é criado através de dívidas com juros, como é o nosso caso, então sempre e necessariamente haverá mais dívida do que dinheiro. Nosso sistema reflete nossas percepções coletivas.

"Mais para você significa menos para mim" é o axioma descritivo da Separação. Verdadeiro numa economia monetária competitiva, ele é falso nas culturas da dádiva precedentes, nas quais, devido à partilha generalizada, mais para você significava mais para mim. O condicionamento da escassez se estende para além do âmbito econômico manifestando-se como inveja, ciúme, a mentalidade de "tirar vantagem de tudo", competição social etc.

Por sua vez, a escassez de dinheiro deriva da escassez de amor, intimidade e ligação. O axioma fundamental da economia diz isso: os seres humanos são motivados a maximizar o interesse próprio de maneira racional. Este axioma é uma afirmação de separação e, me arrisco a dizer, de solidão. Todo mundo lá fora é um maximizador de vantagens para si mesmo. Você está sozinho. Por que isso parece tão verdadeiro, ao menos para os economistas? De onde vem a percepção e vivência da solidão? Em parte vem da própria economia monetária, que nos cerca de commodities padronizadas e impessoais, divorciadas de sua matriz original de relacionamentos, e substitui comunidades de pessoas que fazem coisas para si mesmas e para os outros por serviços profissionais pagos. Como descrevi em *Sacred Economics* [Economia sagrada], a comunidade é tecida a partir de dádivas. As dádivas em várias formas criam laços, porque uma dádiva produz gratidão: o desejo de dar algo em retribuição, ou de dar para outros. Uma transação monetária, ao contrário, acaba na hora em que o produto e o dinheiro trocam de mãos. Cada um vai para o seu lado.

A escassez de amor, intimidade e ligação é também inerente à nossa cosmologia, que vê o universo como composto de blocos construtivos genéricos que são apenas coisas, despidas de senciência, propósito ou inteligência. É também resultado do patriarcado e consequente possessividade e ciúme. Se há uma coisa que deveria ser abundante no mundo humano, esta coisa seria o amor e a intimidade, sexual ou de outro tipo. Há tantos de nós! Nesse caso, mais do que em qualquer outro, fica clara a artificialidade da escassez. Poderíamos viver no paraíso.

Às vezes conduzo uma atividade nas minhas oficinas que consiste em olhar por um longo tempo nos olhos de outra pessoa. Depois do desconforto inicial os minutos vão passando e a maioria das pessoas sente uma intimidade inexplicavelmente doce, uma ligação que penetra as poses e máscaras superficiais que caracterizam as interações diárias. Essas máscaras são muito mais frágeis do que gostaríamos de imaginar – não sobrevivem a mais de meio minuto de um olhar recíproco e verdadeiro, e provavelmente é por isso que se considera grosseiro olhar de modo fixo para outra pessoa por mais de dois segundos. Em geral esse é o máximo de intimidade que nos permitimos. É o máximo de riqueza com a qual conseguimos lidar no momento atual. Às vezes, depois da atividade, digo ao grupo: "Vocês podem imaginar – todo esse bem-estar está disponível o tempo todo, em menos de sessenta segundos, no entanto, passamos anos e anos sem isso. Vivenciando isso todos os dias, será que as pessoas teriam vontade de fazer compras? Beber? Apostar? Matar?"

O quão próximo está o mundo mais bonito que nossos corações sabem ser possível? Mais perto do que se imagina.

Além das necessidades básicas de sobrevivência, que necessidade é mais importante para um ser humano do que ser tocado, abraçado, cuidado, visto, ouvido e amado? Que coisas consumimos para tentar compensar pela não satisfação dessas necessidades? Quanto dinheiro, poder e controle sobre outras pessoas é suficiente para satisfazer a necessidade de ligação? O quanto é suficiente? Como mostra a pesquisa do Boston College mencionada acima, nada é suficiente. Lembre-se disso da próxima vez que pensar que a ganância é a culpada pelos sofrimentos de Gaia.

Eu poderia mencionar muitos outros tipos de escassez tão normais à nossa sociedade que nem são notados. Escassez de atenção. Escassez de brincadeira. Escassez de escuta. Escassez de escuridão e silêncio. Escassez de beleza. Vivo numa casa de cem anos de idade. Que diferença entre os objetos e construções que nos cercam – regulares e fabricados sem imperfeições – e os radiadores velhos da minha casa, rangendo e fumegando a noite toda, com seus canos curvos de ferro, válvulas e conectores irregulares, feitos com um pouco mais de cuidado do que seria necessário, e que parecem ter uma espécie de vida. Passo pelos centros de compras e pelas grandes lojas que parecem caixas de sapato; os estacionamentos e concessionárias; prédios de escritórios e projetos habitacionais, cada prédio um modelo de eficiência em termos de custo-benefício, e me admiro: "Depois de cinco mil anos de desenvolvimento arquitetônico, acabamos *assim?*" Ali se vê a expressão física da ideologia da ciência: só o mensurável é real – os metros quadrados, a produtividade por unidade laboral – às custas de tudo que é qualitativo, isto é, o sagrado, a intimidade, o amor, a beleza, o lúdico.

Quanto de feiura é necessário para suprir a falta do belo? Quantos filmes de aventura é preciso para compensar pela falta de aventura? Quantos filmes de super-heróis é preciso assistir para compensar pela expressão atrofiada de nossa grandeza? Quanta pornografia precisamos para suprir a necessidade de intimidade? Quanto entretenimento para substituir a falta de brincadeira? É preciso uma quantidade infinita. Isso é boa notícia para o crescimento econômico, mas má notícia para o planeta. Por sorte, nosso planeta não permitirá muito mais abuso, nem nosso tecido social já dilacerado. Estamos quase no fim da era da escassez artificial, se conseguirmos abrir mão dos hábitos que nos mantêm nela.

Da nossa imersão na escassez surgem os hábitos da escassez. Da escassez de tempo nasce o hábito de andar apressado. Da escassez de dinheiro vem o hábito da ganância. Da escassez de atenção vem o hábito de se exibir. Da escassez de trabalho significativo vem o hábito da preguiça. Da escassez de aceitação incondicional vem o hábito da manipulação. Esses são apenas exemplos – há tantas respostas a essas carências como há indivíduos.

Ação

Todos esses sabores de escassez partilham uma raiz comum, um tipo de escassez existencial para a qual não consigo encontrar um nome. É uma escassez de ser, é sentir que "eu não sou o suficiente" ou "não temos vida suficiente". Nascida da alienação de nossos seres estendidos que interexistem com o resto do universo, ela não nos dá descanso. É consequência de nossa separação, nosso estado de abandono num universo morto e sem sentido de forças e matéria, um universo no qual nunca nos sentimos em casa, um universo no qual nunca somos abraçados por uma inteligência maior que a nossa, nunca partes de um propósito que vai se desdobrando. Ainda mais do que a escassez de tempo ou dinheiro, trata-se desse desconforto existencial que leva a vontade a querer consumir e controlar.

O hábito primário que nasce disso é o hábito de sempre fazer algo. O aqui e agora nunca é suficiente. Talvez alguém proteste dizendo que a maioria das pessoas no mundo ocidental passa um tempo enorme não fazendo nada de produtivo: assistindo televisão e jogando jogos de computador – mas estes são fazeres deslocados, e não inação.

Não estou dizendo que a ação é algo ruim. Mas digo que há um tempo para agir e um tempo para não agir; e que quando somos escravos do hábito de agir não conseguimos distinguir entre os dois. Como mencionei antes, o tempo de agir é quando você sabe o que fazer. Quando você não sabe o que deve ser feito, e age de qualquer jeito, é provável que esteja agindo por hábito.

Melhor não nos prendermos à palavra "ação" – é óbvio que a distinção entre ação e não ação não se sustenta diante de uma análise cuidadosa. Talvez um exemplo possa explicar melhor o que quero dizer. Recentemente participei de um encontro de dia inteiro com cerca de 30 ativistas para tratar do tema do localismo.[1] Todos nós tínhamos falado num congresso. O dia começou com uma conversa que, depois de algumas horas, começou a tocar em questões profundas sobre como criar transformações. Mas alguns estavam desconfortáveis com a percepção de estar "só falando" (ou será que o desconforto veio das questões mais profundas que tínhamos tocado?), então nos dividimos em grupos de trabalho com tarefas específicas para poder "fazer algo". Parte de nossa consciência de grupo acreditava que se não produzíssemos um plano de ação, uma declaração, ou algo tangível, teria sido tempo perdido. No final, tivemos a impressão de que a tarde é que foi desperdiçada, e a manhã produtiva – apesar do fato de nada ter sido "feito". Talvez o problema foi termos nos apressado demais para "fazer" algo, antes que o grupo como um todo estivesse maduro. Agimos movidos pelo hábito da urgência. De novo, friso que isto não quer dizer que nunca devemos planejar, organizar grupos de trabalho, delegar tarefas, ou nos envolvermos em pensamento linear, passo a passo. Mas precisamos adquirir a sensibilidade de saber qual o tempo certo para fazer essas coisas.

Somos como um homem perdido num labirinto. Ele corre de modo frenético, chegando toda hora ao mesmo beco sem saída, sempre voltando ao ponto de partida. Por fim, ele faz uma pausa para descansar, respirar, pensar. Então, de súbito, entende a lógica do labirinto. Agora é hora de começar a andar novamente. Imagine se em vez disso ele disser: "Não, não posso parar para descansar. Somente mexendo os pés chegarei a algum lugar, então não posso parar de

---

1. Termo que designa filosofias políticas que priorizam o local. Em geral o localismo apoia a produção local para consumo local, governo local, promoção da história, da cultura e da identidade locais e soluções locais para problemas locais. [N. do T.]

mexer os pés". Temos a tendência a desvalorizar os períodos de pausa, vazio, silêncio e integração.

Como se sai de um labirinto? Sim, é útil andar por ali e explorar, mas em algum momento é preciso parar e refletir. Minhas andanças revelam um padrão? Eu me lembro de como me perdi da primeira vez? Para que serve esse labirinto? Talvez a primeira etapa, de correria frenética em pânico, ou de atividade cada vez mais inútil, seja necessária, mas nesse momento muitos de nós estão prontos para tentar um outro caminho.

Hoje a situação na Terra é grave demais para agirmos por hábito – reencenar vez após vez os mesmos tipos de solução que nos trouxeram à conjuntura extrema na qual nos encontramos. De onde vem a sabedoria para agir de maneira inteiramente nova? Ela vem de lugar algum, do vácuo, da inação. Ao perceber isso, compreendemos que a solução sempre esteve bem na nossa frente. Ela nunca está longe mas, ao mesmo tempo, ela está num universo diferente – uma História do Mundo diferente. Um provérbio chinês descreve bem: "Tão longe como o horizonte e bem em frente ao seu rosto". Você pode correr naquela direção a vida toda, cada vez mais rápido e nunca chegar perto. Só quando para é que percebe que já estava lá. Esta é a descrição exata da nossa situação no presente. Todas as soluções para a crise global estão bem na nossa frente, mas estão invisíveis para a nossa visão coletiva, como se existissem num outro universo.

Quando estamos presos em uma história, conseguimos fazer apenas as coisas que aquela história reconhece. Muitas vezes temos consciência de estar presos (a velha história vai chegando ao fim), mas não temos acesso a uma alternativa (ainda não começamos a habitar uma nova história). Líderes de organizações ambientalistas e sociais sentem-se confinados a poucos recursos: eventos para levantar fundos, campanhas de associados, notícias na imprensa e propostas ou informações governamentais. Surge a ameaça de um novo desastre. O que fazer? Enviar outro apelo à imprensa? Em todos os níveis, nossas soluções vão ficando cada vez menos eficazes, mas nossa história não abre outras alternativas.

O mesmo pode ser dito da reação das autoridades monetárias face às crises financeiras, e dos governos em geral. Na maior parte das cidades, o sistema político está congelado e debate as questões de forma cada vez menos relevante, em que as verdadeiras soluções sequer aparecem na mesa de negociação. Nos E.U.A., em meio às escaramuças parlamentares sobre contingentes e cronograma de retirada de tropas do Afeganistão, e outras coisas do gênero, nunca se ouve o chamado a retirar todas as bases militares no mundo inteiro e desmantelar o exército por completo. Isso não chega a ser parte da discussão.[2] É evidente que, para que esta alternativa entre em discussão, seria preciso rejeitar mitos profundamente arraigados sobre o modo como o mundo funciona, as causas da guerra e do terrorismo, as verdadeiras metas da política de relações exteriores dos Estados Unidos, e assim por diante, chegando até os nossos conceitos do bem e do mal. Antes de questionar esses mitos, um chamado a desmantelar o exército pareceria ridiculamente ingênuo.

Da mesma maneira, no universo do diálogo legislativo sobre políticas agrícolas, será que temos visto a ideia de uma transição em larga escala para a permacultura, envolvendo a utilização dos grandes gramados, a repovoação das áreas rurais, compostagem de dejetos humanos e os benefícios terapêuticos de uma religação com a terra? Isto poderia sequestrar o carbono de volta para a terra, acabar com a eutrofização dos cursos d'água, reabastecer os aquíferos e reverter a desertificação. Ofereceria trabalho abundante para milhões de pessoas à procura de emprego, reduziria de forma drástica o consumo de combustíveis fósseis – e produziria mais comida em menos área, permitindo assim a restauração dos ecossistemas silvestres.

---

2. Exceto, é claro, nos movimentos que não fazem parte da mentalidade dominante. Até onde eu tenho conhecimento, não é uma das opções que está sendo discutida pelo governo.

• Ação

Dá trabalho documentar essas afirmações. A maioria das autoridades afirma categoricamente que "O único modo de alimentar sete bilhões de pessoas é através de aportes massivos de combustíveis fósseis". Para refutar essa alegação é preciso desconstruir seus pressupostos básicos sobre agricultura e nutrição. Quantos levam em consideração (para mencionar apenas um exemplo dentre centenas deles) lavouras como a da noz-dos-maias (*Brosinum alicastrum*), que nos trópicos produz por hectare oito vezes mais calorias do que o milho, com qualidades nutricionais superiores e de fácil estocagem? Ela pode ser colhida em grande quantidade com um mínimo de trabalho; sem necessidade de pesticidas, é plantada uma vez só, resiste à seca, oferece ração para bodes e vacas, e pode oferecer sombra para outros cultivos como hortas, aquacultura etc. Essa árvore tem sido derrubada em toda a América Central para dar lugar ao plantio do milho.[3]

É claro que uma transição para plantações como a noz-dos-maias, e centenas de outras espécies alimentícias pouco utilizadas, não pode acontecer sem as mudanças econômicas e culturais que precisam acompanhá-la. A globalização das culturas alimentares; as imagens midiáticas que perpetuam uma dieta industrial; a narrativa cultural que apresenta o trabalho agrícola como subserviente; o sistema financeiro que empurra os fazendeiros na direção da produção de monoculturas; leis que aceitam as práticas agrícolas atuais como padrão, e os interesses pecuniários das indústrias de sementes e

---

3. Escolhi um exemplo que conflita apenas de leve com os paradigmas atuais. Poderia também discutir as técnicas de Schauberger para a utilização da água, preparações homeopáticas para o solo; os métodos utilizados em Findhorn, ou o trabalho de Machaelle Small Wright sobre os devas da natureza. Mas nesse caso, aqueles leitores que estão preparados para aceitar a noz-dos-maias, mas não a inteligência da água ou os devas da natureza, podem começar a duvidar de todo o restante do que digo aqui – é a culpa por associação. Mas espere um pouco, será que acredito mesmo nessas coisas? Brincadeiras a parte, a verdade é que gostaria de acreditar, mas ainda preciso de ajuda para, de maneira efetiva, habitar essas histórias. Além disso, quando tentei suplicar aos devas da natureza, uma marmota comeu todos os vegetais da minha horta.

pesticidas – tudo contribui para a situação agrária vigente. A própria ideia de uma plantação uniforme, crescendo sobre um substrato controlado. se inspira no paradigma científico de um substrato material genérico de elementos uniformes sobre o qual podemos impor uma ordem e um projeto.

Ou seja, são muitas camadas de histórias que precisam mudar. Por isso digo que nossa revolução precisa ir até o fundo, até chegar à compreensão básica que temos de nossa existência e do mundo. Não sobreviveremos como espécie lançando mão de mais da mesma coisa: espécies melhores de milho, pesticidas melhores, mais controle no nível genético e molecular. É preciso entrar numa história fundamentalmente diferente. Por isso é que o ativista, de maneira inevitável, terá que trabalhar na dimensão da história. O ativista descobrirá que além de tratar das necessidades prementes, será preciso cuidar da história, pois mesmo as ações mais práticas e manuais estão contando uma história. Elas nascem de uma nova História do Mundo e contribuem para seu surgimento.

Inação

Os problemas da nossa vida e do mundo (sejam de relacionamento ou de fome mundial) nascem de fraqueza energética e desconexão, da nossa incapacidade de sentir a nós mesmos, o outro, a terra, e o modo como a vida procura se mover e evoluir através de nós. A questão não é se devemos ou não agir e "fazer algo", mas o que nos incita a agir.
– Dan Emmons

Para poder entrar numa nova história, a maior parte das pessoas – e provavelmente também boa parte das sociedades – precisa antes navegar pelo estreito que leva para fora da velha história. Entre a velha e a nova há um espaço vazio. Esse é o tempo em que as lições e ensinamentos da velha história serão integrados. Apenas quando esse trabalho for feito é que a velha história estará de fato completa. E então vem o nada, o vazio prenhe do qual toda existência nasce. Retornando à essência, readquirimos a habilidade de agir a partir da essência. Retornando ao espaço entre as histórias, podemos escolher com liberdade e não por hábito.

Um bom tempo para fazer nada é aquele em que nos sentimos empacados. Fiquei fazendo nada bastante tempo ao escrever este livro. Por vários dias eu tentei escrever a conclusão, ficava revirando minha mente, produzindo reedições lamentáveis das versões preliminares. Quanto mais eu fazia, pior ficava. Então, por fim desisti desse esforço e fiquei ali sentado no sofá com o bebê amarrado ao meu peito, mentalmente viajando pelo livro que tinha escrito, mas sem qualquer intenção de descobrir o que escrever. Foi desse espaço aberto que a conclusão surgiu, de forma espontânea.

Não tema o espaço vazio. Ele é a fonte à qual precisamos retornar se queremos estar livres das histórias e hábitos que nos aprisionam.

Se estivermos empacados e escolhermos não visitar o espaço vazio, no final acabaremos nele de qualquer maneira. Você deve estar familiarizado com esse processo no âmbito pessoal. O velho mundo vai caindo aos pedaços, mas o novo não emergiu ainda. Tudo que antes parecia permanente e verdadeiro acaba se revelando uma espécie de alucinação. Você não sabe o que pensar, o que fazer; você não sabe mais o significado de nada. A trajetória de vida que você tinha planejado parece absurda, e você não consegue imaginar outra. Tudo é incerto. Sua perspectiva de tempo encolhe de anos para este mês, esta semana, hoje, talvez até o momento presente. Sem as miragens de ordem que antes pareciam te proteger e filtrar a realidade, você se sente nu e vulnerável – mas também sente uma espécie de liberdade. Possibilidades que sequer existiam na velha história surgem na sua frente, mesmo que você não tenha ideia de como chegar lá. Na nossa cultura o desafio é permitir-se estar nesse lugar, é confiar que a nova história surgirá quando o tempo intermediário terminar, e que você a reconhecerá. Nossa cultura quer que avancemos, que façamos algo. Com muita relutância somos libertados pela velha história que estamos deixando para trás, que em geral é parte da História das Pessoas que partilhamos com os outros por consenso. Por isso, por favor, se você está no espaço sagrado entre as histórias, permita-se ficar ali. É assustador perder as antigas estruturas de segurança, mas você descobrirá que mesmo perdendo coisas que seria impensável perder, você ficará bem. Há uma espécie de graça que nos protege no espaço entre as histórias. Não significa que você não vá perder seu casamento, seu dinheiro, seu emprego, ou sua saúde. Na verdade, é bem provável que você perca uma dessas coisas. Mas você descobrirá que tendo perdido isso, você ainda fica bem. Você se sentirá num contato mais íntimo com algo muito mais precioso, algo que os incêndios não conseguem queimar e os ladrões não podem roubar, algo que ninguém pode tomar de você e que não se perde. Pode ser que às vezes o percamos de vista, mas está sempre ali esperando por nós. É o lugar de descanso ao qual retornamos quando a velha história se desmantela. Saindo de suas neblinas, podemos agora receber uma visão verdadeira do próximo mundo, a próxima fase da vida. Do casamento entre essa visão e seu vazio, nasce um grande poder.

Escrevi que "Possibilidades que sequer existiam na velha história surgem na sua frente, mesmo que você não tenha ideia de como chegar lá". Essa é uma ótima descrição da condição à qual estamos chegando de maneira coletiva. Aqueles de nós que de vários modos deixaram a velha História das Pessoas são os órgãos dos sentidos do corpo coletivo da humanidade. Quando a civilização como um todo adentrar o espaço entre as histórias, estará pronta para receber essas visões, essas tecnologias e formas sociais do interser.

Mas a civilização ainda não chegou lá. No momento presente a maior parte das pessoas acredita tacitamente que as antigas soluções vão funcionar. Um novo presidente será eleito, uma nova invenção anunciada, uma melhora na economia noticiada – e a esperança renasce. Talvez as coisas voltem ao normal. Talvez a ascensão da humanidade seja retomada. Hoje ainda é possível imaginar, sem um esforço muito extenuante, ou negação, ou fingimento, que estamos apenas passando por um mau pedaço. Podemos nos sair bem se descobrirmos novas reservas de petróleo; construirmos mais infraestrutura para impulsionar o crescimento econômico; resolvermos o quebra-cabeça molecular da autoimunidade; ativarmos mais drones para nos proteger do terrorismo e do crime; fizermos reengenharia genética de plantas para produzir safras maiores e colocarmos corante branco no cimento para que ele reflita os raios solares e desacelere o aquecimento global.

Dado que todos esses esforços devem produzir consequências imprevistas ainda piores do que os problemas que pretendem resolver, não é difícil ver a sabedoria da inação. Como descreverei mais adiante, isso não significa que o ativista deva se concentrar em obstruir. A inação surge de modo natural do colapso da história que motivou os velhos fazeres, chamando-nos a fazer o que pudermos para acelerar a derrocada dessa história.

Meu irmão, cuja clareza mental é relativamente intocada, já que é raro que leia qualquer coisa escrita depois de 1900, descreveu para mim sua visão de como a mudança afinal se manifestará. Um bando de burocratas e líderes estará sentado por aí pensando o que fazer sobre a nova crise financeira. Todas as estratégias normais, políticas do banco central, injeções de liquidez, corte na taxa de juros, flexibilização quantitativa etc. estarão sobre a mesa, mas os líderes não conseguirão lidar com isso. "Dane-se", dirão eles, "vamos pescar em vez de tratar desse problema".

Em algum momento, simplesmente teremos que parar. Parar. Sem ter ideia do que fazer. Como descrevi com os exemplos do desarmamento e permacultura, estamos perdidos num cenário infernal e temos um mapa que nos faz andar em círculos, sem nunca indicar a saída. Para sair, teremos que deixar o mapa de lado e olhar em volta.

Quando sua velha história chegou ao fim, ou chegar ao fim, será que você se vê contaminado com a doença do "dane-se"? A procrastinação, a preguiça, as tentativas sem muita vontade, fazer as coisas só por fazer – tudo isso indica que a velha história não o motiva mais. Aquilo que antes tinha sentido agora não tem mais. Você está começando a se retirar daquele mundo. A sociedade faz o melhor que pode para convencer você a ficar, e quando você é impedido de se retirar, isto se chama depressão. Meios motivacionais e químicos cada vez mais potentes estão sendo utilizados para manter o nosso foco naquilo que não queremos mais focalizar, a nos manter motivados a fazer coisas de que não mais gostamos. Se o medo da pobreza não funcionar, então talvez a medicação psiquiátrica dê conta do recado. Qualquer coisa vale para manter você participando dos negócios como sempre.

A depressão que inviabiliza nossa participação vigorosa na vida, da forma como nos é oferecida, tem também uma expressão coletiva. Na falta de um forte sentido de propósito ou destino, nossa sociedade vai se arrastando, fazendo as coisas sem vontade e só por fazer. A "depressão" se manifesta no sentido econômico, quando o instrumento de nossa vontade coletiva – o dinheiro – estagna. Não há mais suficiente para fazer coisas grandiosas. Como a insulina no diabético resistente à insulina, as autoridades monetárias injetam mais e mais dinheiro com cada vez menos efeito. O que em outros tempos teria provocado um grande crescimento econômico agora mal consegue evitar que a economia chegue à estagnação. De fato, a paralisia econômica pode ser o modo como essa "parada" se faz visível. Mas pode ser também qualquer coisa que nos faz desistir da nossa história e suas corporificações de uma vez por todas.

A inação não é uma sugestão universal; é específica para um tempo em que uma história está terminando e estamos entrando no espaço entre as histórias. Me baseio aqui no princípio taoista de *wu-wei*. Às vezes traduzido como "inação", uma versão melhor seria "não fabricação" ou "não forçado". Significa libertar-se do fazer reativo: agir quando for tempo de agir, não agir quando não for tempo de agir. Dessa forma, a ação fica alinhada com o movimento natural das coisas a serviço daquilo que quer nascer.

Tiro inspiração de um belo verso do *Tao Te Ching*. Esse verso é extremamente denso, com significados múltiplos e várias camadas de significado, e não encontrei uma tradução que ressalte aquilo que me inspira nele. Portanto, a que segue é a minha própria tradução. Trata-se da segunda metade do verso 16 – se você comparar às traduções disponíveis, ficará surpreso de como diferem.

Todas as coisas retornam às suas raízes.
Retornando às raízes, há imobilidade.
Na imobilidade, o verdadeiro propósito retorna.
Isso é o que é real.
Conhecendo o real, há claridade.
Não conhecendo a realidade, ações tolas trazem desastres.
Conhecendo o real vem o que é amplo,
Do que é amplo surge a imparcialidade,
Da imparcialidade surge a soberania,
Da soberania surge o que é natural.
O que vem naturalmente é o Tao
Do Tao surge o que é duradouro,
Que persiste para além do nosso ser.

Atenção

Aquilo que mais exige atenção é aquela parte de nós que evitamos sentir. Depois de cuidar dela, nos transformamos, e o mundo muda conosco.
– Dan Emmons

Gostaria de dar um exemplo tirado do meu próprio monólogo interno para ilustrar a inação como princípio ativo. Certa manhã deixei meu carro no posto de inspeção estadual e, em vez de pedir à minha esposa Stella (que estava no quinto mês de gravidez) para me buscar, voltei andando cerca de quatro quilômetros até chegar em casa. Quero deixar claro que não foi sacrifício algum – adoro andar, estava calçando sapatos confortáveis e o tempo estava frio mas ensolarado. Mas à medida que eu caminhava, comecei a pensar: "Puxa, está demorando um bocado. Como será que eu posso tirar vantagem disso. Já sei, quando chegar em casa vou fazer um pouco de teatro de estar mais cansado e com fome do que de fato estou, para que Stella pense que sofri agruras por causa dela. Então ela vai me tratar muito melhor".

Isso me pareceu um pouco óbvio, então me saí com uma ideia melhor. "Posso fazer cara de valente e dizer que não estou cansado nem com fome, mas de um modo sutil sinalizar que estou. Então ganharei crédito não apenas por ter feito o sacrifício por ela, mas também por, de forma corajosa, tentar deixar isso em segredo".

Ao reconhecer esses dois planos como hábitos de separação (escassez de amor, necessidade de manipulação e controle, exercer força psicológica contra uma "outra" pessoa, que de outra maneira só cuidaria de si mesma), decidi não implementá-los. Foi quando surgiu o plano C. Eu manteria meu cansaço em segredo de verdade. Eu suportaria em silêncio e não me deixaria levar por maquinações pueris. Espere um pouco. Isso não é bom; eu estaria fazendo papel de mártir, o que continua sendo um hábito de separação porque valoriza o esforço e me separa tanto de Stella como da gratidão. Vamos ao plano D: eu agiria como alguém que já superou tudo isso, e então conseguiria aprovar o meu próprio comportamento – será que eu passaria a olhar para os outros com certo desprezo porque eles continuam fazendo essas coisas? Não! Com tolerância e sem julgamentos eu permitiria aos outros seguirem suas próprias jornadas.

Infelizmente, logo percebi que isso também vem da Separação. Por que quero tanto provar que eu sou bom, satisfazer certo padrão de virtude? Isso também nasce da escassez. No Encontro o amor e a aceitação de si são naturais, um estado padrão. Mesmo um autojulgamento positivo continua sendo julgamento: é uma aprovação condicional.

Isso me levou ao plano E. Eu utilizaria essa oportunidade para fazer um inventário realista dos meus hábitos de separação e superá-los. Eu seria então alguém que trabalha a sério para o autodesenvolvimento, alguém que não tem espaço para autopiedade, autoelogio, julgamentos, ou qualquer outra frivolidade que impeça o importante trabalho diante de mim. Ops, lá vou eu de novo, construindo uma bonita autoimagem que eu possa aprovar. Continua sendo Separação.

Talvez como último recurso, eu poderia sentir vergonha de mim mesmo por ter pensado em todos esses planos, e portanto ganharia absolvição porque ao menos sinto nojo de mim mesmo. Na verdade não cheguei a pensar em implementar esse, mas você pode tentar se quiser.

Segundo me disseram, tais sequências de percepções são comuns entre praticantes da meditação, que ao perceberem tudo isso se espantam de quão ardiloso é o ego tentando conseguir algo para si. Ora, tive uma ideia. Tendo superado a tendência de lutar com o ego ou sentir desgosto diante dele, podemos ao menos balançar a cabeça, confusos e abatidos, como que humilhados diante da enorme tarefa que se apresenta, diante da qual não temos pretensões. Isso seria maduro, não?

Todos esses planos passaram pela minha cabeça em cerca de quinze segundos. Terminei não implementando nenhum deles. (Bem, talvez um pouco do Plano A – pergunte à Stella.) Não porque eu tenha chegado ao Plano F, de não implementar nenhum deles. Apenas não adotei nenhum deles. Na verdade não fiz uma escolha na acepção normal do termo.

Um dos hábitos mais sutis da velha história é a tentativa, orientada por metas, de buscar autodesenvolvimento através da execução de um plano. Podemos de forma inconsciente aplicar essa técnica mesmo ao mirar o alvo de deixar os hábitos da velha história, mas se o fizermos, continuaremos a encená-los num nível sutil. Ao ler meu relato acima, vejo que minha descrição sugere que abandonei cada um dos planos porque eles representavam um hábito de separação, mas isso é enganador. Não é que eu passe os dias vigilante, avaliando minhas motivações para ter certeza de que descartarei os hábitos de separação. Ao contrário, eu observo sua associação com a Separação – o que me ajuda a esclarecer como eu percebo cada escolha e de onde ela vem.

Então escolho com base nisso? Não! Seria quase exato dizer que faço minhas escolhas baseado no que sinto que é melhor. Mas não é bem assim. Isso faz parecer que estou advogando um princípio sobre como fazer escolhas: escolha o que você sente que é melhor. Propus tal princípio em livros anteriores porque ele quebra o hábito de autorrejeição ao abraçar o prazer como aliado. No entanto, presume-se que o modo de escolher ainda é o de pesar duas alternativas de maneira consciente, avaliar qual passa o melhor sentimento e então, por um ato de vontade, escolher aquela.

E se estivermos nos enganando ao pensar que estamos fazendo escolhas segundo um princípio ou outro? E se as escolhas na verdade estão vindo de outro lugar e todas as razões que citamos para a escolha são, de fato, racionalizações? De fato, há muitas pesquisas de psicologia social que demonstram exatamente isto. Motivos inconscientes de conformação social, autoimagem, coerência com sistemas de crença, validação de normas e visões de mundo grupais etc., de forma comprovada geram uma influência muito maior do que boa parte das pessoas suspeita.[1]

Esses achados científicos combinam com certos ensinamentos espirituais sobre o "automatismo humano" que afirmam que a maioria do que nos parecem escolhas (não necessariamente todas) não são de fato escolhas, mas resultado automático de escolhas feitas tempos atrás. Isso não significa que devemos deixar de tentar mudar a nós mesmos e o mundo – como veremos, é o contrário – mas sugere, sim, uma abordagem muito diferente ao fazê-lo.

Então, o que fazer? E se você tem hábitos de separação, como eu, e quer mudá-los? Muitos seminários de empoderamento pessoal terminam com algum tipo de declaração sobre o novo você e uma afirmação de responsabilidade pessoal por essa escolha. Mas com o tempo as pessoas descobrem que os velhos hábitos são muito mais fortes do que pareciam no momento da declaração. Você pode dizer que "escolho agora que sempre atenderei meus filhos com paciência amorosa" ou "eu sou uma pessoa que, de maneira determinada, não julga". Talvez você participe de um grupo de trabalho em que todos se

---

1. Para alguns exemplos, veja Jon Hanson e David Yosifon, "The situation: An Introduction to the Situational Character, Critical Realism, Power Economics, and Deep Capture" [A situação: uma introdução ao caráter situacional, realismo crítico, economia do poder e Deep Capture], *University of Pennsylvania Law Review* 152 (2003 - 2004): 129. (*Deep Capture* é um site na internet que se originou num grupo de jornalistas investigativos dispostos a ir fundo em questões que em geral ficam fora das mídias por força de subornos e contribuições espúrias a jornais e revistas de grande circulação. [N. do T.])

declaram "mutuamente responsáveis"; e quando você se vir fazendo aquelas coisas que abjurou, ou vivendo pelos antigos padrões, você sinta profunda vergonha própria ou alheia, e tome a decisão renovada de ser fiel à palavra dada. E o faz, por algum tempo, e se sente bem a respeito de si mesmo. Não é muito diferente de alguém fazendo regime. Força de vontade e todas as técnicas do arsenal motivacional só funcionam temporariamente, a não ser que algo fundamental mude. Quando esse elemento fundamental mudou, talvez o sucesso seja atribuído à força de vontade ou a nós mesmos, mas isso é uma ilusão. Estamos acostumados a dar o crédito à força. Isso é o que a palavra força de vontade traduz: uma espécie de força psicológica utilizada para vencer um inimigo: você mesmo.

Antes de responder à minha pergunta "Então, o que fazer?", gostaria de explicar por que considero essa pergunta tão importante. Dei acima um exemplo bem mesquinho: se eu tivesse o hábito de pôr em prática o plano A, o pior resultado seria que Charles Eisenstein teria um relacionamento um tanto infantil com sua esposa. Você provavelmente conhece vários casais em que a mulher é um pouco mamãezona demais. Não é preciso citar nomes. Não é exatamente sexy, mas também não é o fim do mundo. Mas imagine o que significa para um curador, um ativista, ou qualquer um com grandes ideais estar, de modo inconsciente, sujeito a motivações egoicas mesquinhas como aquelas que descrevi. Seu ativismo abrigaria uma agenda secreta. Sua energia estaria trabalhando por objetivos antagônicos.

A quem servimos? Será que servimos verdadeiramente ao mundo mais bonito que nossos corações sabem ser possível? Ou será essa apenas uma bandeira sob a qual perseguimos nossas próprias agendas pessoais de busca de aprovação, criação de identidade, autoaprovação, vaidade, autojustificação? Quantas das discussões políticas on-line são um grande jogo de "Veja, eu estou certo e eles estão errados! Como podem dizer isso? Que burrice! Eles não são horríveis? Eu não sou ótimo?" Se nossas energias estão divididas, a maioria delas tendendo para objetivos egoístas, então são essas metas que iremos atingir enquanto quase nada mais muda.

Gostaria que você relesse o último parágrafo, e veja se consegue fazê-lo a partir de uma história que não gera qualquer vergonha, indignação ou condenação. Soa como se eu tivesse preparado uma horrível acusação por usar palavras como busca de aprovação, vaidade, autojustificação. Então vamos reconhecer de onde vem a necessidade dessas coisas. São as respostas de uma pessoa ferida, separada das conexões íntimas que formam uma identidade robusta, uma pessoa condicionada pela aceitação ou rejeição condicional desde uma tenra idade, levada a adotar uma autorrejeição profunda que o faz eternamente faminto de aprovação. Todos os hábitos de separação são sintomas, e somente causas secundárias de nossa condição atual.

Há um segundo motivo pelo qual aquela é uma pergunta importante: o que é verdade no âmbito individual é também verdade no coletivo. Nossa civilização está empacada em padrões que somos impotentes para alterar. Basta observar os pronunciamentos contundentes da ECO-92 no Rio para perceber isto. Organizações e nações de modo rotineiro adotam políticas que apenas uma pequena parte de seus membros apoia – ou às vezes no caso das organizações, políticas que *ninguém* apoia. Como isso é possível? Por certo, parte da explicação tem relação com os interesses das elites que detêm o poder financeiro e político nas mãos, mas devemos lembrar que, em última análise, esse poder vem de acordos sociais e não dos superpoderes dos governantes. Além disso, coisas como aquecimento global ou o risco de uma guerra termonuclear também não são do interesse das elites. Portanto, voltamos para o âmbito do autoengano. A pergunta que estou fazendo é: "Como poderá o corpo político, a espécie humana como um todo, mudar seus hábitos destrutivos?" Portanto, investigo essa questão no nível pessoal, porque ela pode ter uma influência metafórica, ou mais que metafórica, sobre o coletivo – como seria de se esperar num universo onde o ser e o outro, macrocosmo e microcosmo, parte e todo espelham um ao outro.

O motivo pelo qual (nessa ocasião em especial – você não acha que eu confessaria agora todas as vezes que eu agi como o rei egocêntrico de um drama, acha?) não agi segundo os hábitos de separação depois da caminhada não é que eu tentei ou escolhi não fazê-lo. É por causa da atenção que dei aos próprios hábitos e aos sentimentos por trás deles. Dar atenção ao hábito enfraquece a compulsão. Dar atenção à condição subjacente ao hábito rouba dele sua motivação. O sentimento subjacente a todos os meus pequenos planos era uma espécie de solidão suave e desamparada. Dei atenção a essas coisas sem sequer ter a intenção de deixar de agir a partir delas. Confiei no poder da atenção e que ela cumpriria sua função. Talvez o resultado seria adotar o Plano A no final das contas. Não me preocupei com isso.

O que teria acontecido se eu, ao invés disso, tivesse notado meu plano secreto de tirar vantagem da minha caminhada, e depois resolvido impedir a mim mesmo de fazer isso a qualquer custo? O que teria acontecido se eu tivesse me ameaçado com punições (culpa, vergonha, autopunição, abuso verbal por parte da minha voz interna dizendo: "O que está errado com você?") e me motivado com recompensas (autoaprovação, dizendo a mim mesmo que sou maduro, melhor do que o Tio Zé etc)? Veja o que teria acontecido. Eu teria desistido do Plano A ou B nas suas formas óbvias, mas os teria executado de qualquer modo, mas de uma maneira que desse à minha mente consciente motivos plausíveis para negar a intenção. Pois se meu objetivo é apenas passar pela apreciação de meu próprio juiz interno, então esse juiz e outras partes de mim conspirarão para produzir o veredito de inocência. Não preciso explicar a capacidade dos humanos para o autoengano. Se o que queremos é autoaprovação, então conseguiremos a autoaprovação, mesmo que seja à custa do que há de mais belo.

Alarmante, não? Minha intenção aqui não é convencê-lo a mudar pelo medo. Talvez eu fizesse isso se pudesse, mas esse não é o tipo de mudança que podemos fazer por medo. Talvez eu conseguisse, pelo medo, fazê-lo tentar, mas o resultado seria o mesmo que o do meu esquema de ameaça e recompensa descrito acima. Não, esse é o tipo de mudança que acontece quando chega o tempo certo.

Os hábitos de separação não apenas sucumbem através da atenção; quando seu tempo é chegado, eles também procuram a atenção que precisam para ir embora. Uma das formas pelas quais procuram atenção é criando situações, que podem ser bem humilhantes, onde serão notados. Outra maneira é quando os outros os espelham: as coisas que vemos em outros e que provocam nosso julgamento com frequência estão dentro de nós. O espelhamento pode não ser direto, por exemplo: a ansiedade constante de alguém com coisas triviais pode espelhar minha própria falta de atenção a algo importante. Portanto, descobri que em geral há algo em mim que chama a atenção através da pessoa, que é meu gatilho. Um outro modo como um hábito escondido se revela é através de ensinamentos espirituais ou, em especial, histórias, que também nos mostram um espelho onde podemos ver nosso ser.

Espero que as histórias e listas de hábitos de separação levem alguns dos leitores a uma curiosa consciência de quaisquer que sejam os hábitos que residem neles. Por favor não tentem cortá-los pela força. Se você tentar, é provável que não funcionará; irá apenas se enganar. De fato, é um hábito de separação reagir com vergonha, própria ou alheia, e o desejo de virar a página quando notamos um hábito de separação. Não estamos numa busca para nos tornarmos pessoas cada vez melhores. "Ser bom" é parte da velha história. Reflete a busca internalizada de aprovação que tem origem na maternagem, pedagogia e religião atuais. A busca por ser bom é parte da guerra contra o ser, e a guerra contra a natureza que ele reflete.

Eis um outro paradoxo: Nos tornamos pessoas melhores apenas quando desistimos da empreitada para nos tornarmos pessoas melhores. Esse empenho chega apenas na aparência daquilo que procura. Ninguém é tão capaz de fazer mal quanto aquele que acha que está com a razão.[2] Uma pesquisa divertida apresentava aos participantes pacotes de comida orgânica ou comida reconfortante, como *brownies*. Aqueles que viam os alimentos orgânicos mostravam menos empatia e faziam julgamentos morais mais duros do que aqueles que eram apresentados à comida de conforto. Quando você é honesto consigo mesmo, e reconhece que quer o *brownie* tanto quanto a outra pessoa a seu lado, de forma natural será menos duro nos julgamentos. Estudos como esse em geral são interpretados de modo a servir como chamamento à humildade. Infelizmente, a humildade não é algo que se possa atingir com trabalho duro ou força de vontade. Se fosse possível, então poderíamos também levar o crédito por nossa própria humildade. Desconfie daqueles que tentam ser humildes – em geral o resultado alcançado é uma falsificação que, no final, não engana a ninguém, nem a eles mesmos. Na verdade pode ser uma atitude bem mais humilde assumir com alegria a falta de modéstia.

Se você notar o hábito de se sentir, em termos morais, superior aos outros, já sabe o que fazer: dê atenção a ele. Dê atenção a qualquer sentimento de vergonha ou frustração, *sem tentar cortar esses sentimentos*. Permita que a atenção que você dá aos seus hábitos e sentimentos subjacentes seja tão gentil quanto possível: amorosa, cheia de perdão e pacífica. Talvez você possa até agradecer a esse hábito por ter atuado por tanto tempo, sabendo que ele está em um estágio adiantado de sua vida e que logo passará.

---

2. Kendall J. Eskine, "Wholesome Foods and Wholesome Morals? Organic Foods Reduce Prosocial Behavior and Harshen Moral Judgments" [Alimentos saudáveis e moral saudável? Alimentos orgânicos reduzem o comportamento pró-social e endurecem os julgamentos morais], em *Social Psychological and Personality Science* (Março de 2013).

Mas pode ser que às vezes você vivencie a perda de um hábito de modo muito súbito e dramático. Há inclusive um tempo oportuno para declarações e força de vontade. Esse momento seria aquele em que surge um sentimento forte e indiscutível dentro de você: "Chega, é hora de acabar com isso!" Não se trata de um sentimento angustiado de desejar que aquilo acabe; é uma percepção clara e direta que chega com confiança e uma espécie de finalidade. Se você for abençoado com um sentimento assim, pode deixar de fumar, ou o hábito de se mostrar, ou o hábito de ter a palavra final, e nunca mais voltar a eles. Mas por favor não imagine que você tem uma fibra espiritual mais forte que a do seu vizinho. Retiro o que disse – vá em frente e imagine isso. Observe você mesmo imaginando isso. E atente para todas as outras maneiras pelas quais você faz lobby com seu juiz interno a fim de obter o veredito de "boa menina" ou "bom moço", pois esse é um dos hábitos de separação mais danosos.

Você talvez tenha notado que minha resposta à pergunta "O que fazemos a respeito?" é um pouco paradoxal. Quase tudo que colocamos na categoria do "fazer" é em si um hábito de separação, em geral de luta consigo mesmo, recorrendo a alguma forma de julgamento. Na verdade, a resposta é: "Você já está fazendo algo a respeito". Para a mente da separação, isso é difícil de entender. Parece que estou dizendo a você para não fazer nada. E existe um tempo para não fazer nada, mas, mais cedo ou mais tarde, da inação surge um impulso natural sustentado por uma energia plena e sem conflitos. Para alguns de vocês, espero, ler este livro deu início ou acelerou um processo que começou há muito tempo. Você verá que está fazendo coisas e não fazendo coisas que eram invisíveis para você antes, ou que pareciam além de suas forças.

Quando nas minhas palestras as pessoas me pedem para sugerir algo prático, algo para fazer, às vezes sinto como se elas estivessem me pedindo para insultá-las. Seria como um fumante que me perguntasse: "O que devo fazer com meu hábito de fumar, que está me matando?", esperando que eu respondesse "Pare de fumar. Você tem que se esforçar mais". Não estamos mais numa época em que as pessoas desconhecem o problema. Isso acontecia nos anos 1970. Naquela época, poucos sabiam sobre as ameaças ambientais. Também não estamos mais num tempo em que as pessoas desconhecem as soluções. Isso era nos anos 1980 ou 1990. Hoje as soluções são conhecidas, no entanto, em todos os níveis, do pessoal ao global, não as estamos implementando. E somos impotentes para implementá-las através dos meios costumeiros. Isso já ficou claro, certo?

Sente-se um pouco e pense: "Não preciso fazer nada. A mudança que busco já está acontecendo". Isso provoca em você a mesma sensação que em mim? Sentimentos de desprezo, uma espécie de onda de revolta, e um desejo secreto de algo bom demais para ser verdade? O desprezo e a revolta dizem: "Essa é uma receita para a complacência e, portanto, para o desastre. Se eu desistir de meus esforços, mesmo sabendo o quanto são ineficazes, então não há mais esperança". Eles também indicam o profundo desconforto que vem de uma visão de mundo que nos lança num universo sem propósito, desprovido de senciência. Nesse mundo da força, se você não *fizer* algo acontecer, nada acontecerá. Nunca se pode abrir mão do controle e confiar. Mas também persiste aquele desejo secreto, que quer fazer exatamente isto. Será que ficaremos bem? Ou será que a hostilidade do universo – que nossa ideologia nos ensinou e que nossa sociedade reiterou – explorará nossa vulnerabilidade?

Sim, é assustador não fazer, ou melhor, não impor o fazer. A maioria de nós cresce numa sociedade que nos treina desde o jardim da infância, ou até antes, a fazer coisas que não queremos realmente fazer, e a nos abstermos de coisas que queremos fazer. Isto se chama disciplina, um trabalho ético de autocontrole. Desde pelo menos a aurora da Revolução Industrial tem sido considerada uma virtude cardeal. Afinal, a maioria das tarefas da indústria não eram algo que um ser humano em sã consciência estaria disposto a fazer. Até hoje a maioria das tarefas que mantém a sociedade funcionando como nós a conhecemos são as mesmas. Seduzidos por recompensas futuras, castigados, encaramos a necessidade penosa do trabalho. Tudo isso seria talvez defensável se esse tipo de trabalho fosse necessário de verdade, se contribuísse para o bem-estar das pessoas e do planeta. Mas ao menos 90% do trabalho não contribui para o bem-estar social.[3] Parte de nossa revolução é o encontro de trabalho e lazer, trabalho e arte, trabalho e brincadeira, precisar e querer.

Nosso desconforto diante de ensinamentos como "Você não precisa fazer nada" vem, em parte, de nossa total doutrinação pela moral do trabalho, que sustenta que sem a disciplina do fazer, nada acontece. Sem a ameaça das notas das provas, sem o cheque no final do mês, e sem o hábito internalizado do trabalho que tais recursos criaram, as pessoas não continuariam fazendo o que fazem. Só os que trabalham porque amam o que fazem continuariam – apenas aqueles cujo trabalho lhes oferece um senso palpável de serviço, contribuição ou significado. Para nos prepararmos para um mundo assim, e para preparar um mundo assim, cultivemos o hábito correspondente: em qualquer forma que faça sentido, pratiquemos o impulso de trabalhar, e quando ele não está presente, que nos consolemos mutuamente para passar pelo pânico, a incerteza e a culpa que talvez apareçam.

Você talvez tenha observado o desconforto por trás de "Você não precisa fazer nada" como algo semelhante ao cinismo que desafia nossa crença de que um mundo mais bonito é possível; ou a crença de

---

3. Como argumentei em *Sacred Economics [Economia sagrada]*, sustentando como a produção local, de pares para pares, descentralizada e por meios ecológicos pode agregar o benefício de demandar um trabalho menos tedioso e mais significativo. Considere por exemplo a diferença entre o trabalho numa linha de montagem fazendo produtos descartáveis e o trabalho de consertar bens projetados para durar. Pense na diferença entre a monocultura industrial e a horta em pequena escala; entre ser camareira num hotel e possuir uma hospedaria ou alugar quartos da casa para pessoas de fora. É claro que algumas tarefas chatas ainda precisam ser feitas, mas elas assumem um caráter diferente quando não são uma necessidade econômica, oito horas por dia, cinco dias por semana, entra ano sai ano.

que mesmo os senhores da guerra e altos executivos têm um desejo de servir ao mundo; ou que nossas escolhas pessoais têm significado planetário. Tudo isso vem da mesma ferida da Separação. Você não é confiável. Eu não sou confiável. Eles não são confiáveis. O que eu sei em meu coração não pode ser confiável. Não há propósito, nenhuma inteireza em construção, nenhuma inteligência no universo fora de nós. Estamos sós num universo alienígena.

Deixarei esse tópico com um paradoxo. Você não precisa fazer nada – por quê? Não porque nada precise ser feito. Mas você não *tem* que fazer, porque você *vai* fazer. A inevitável compulsão de agir, de formas maiores e mais sábias do que você saberia serem possíveis, já foi posta em movimento. Estou incitando você a confiar nisso. Não é preciso criar mecanismos para se motivar, culpar, ou provocar a agir. Ações realizadas com base nisso serão menos poderosas do que aquelas que surgem de maneira espontânea. Confie que você saberá o que fazer e quando fazer.

Pelo fato de nossos hábitos de autocoação serem tão profundos e, com frequência, bem sutis, talvez ajude se houver um modo de distinguir qual a origem de nossas ações. Às vezes não fica claro para mim se fiz algo por desejo de servir, direto e sem maquinações; ou se o verdadeiro motivo foi o desejo de provar para mim mesmo ou para os outros que sou bom; confirmar minha pertença a um grupo; ou evitar autocensura ou a censura dos outros; ou cumprir meu dever como pessoa ética. Percebi, entretanto, que tenho muito mais prazer quando a motivação é o serviço. O desejo de dar é uma expressão primal da força vital, por isso as ações realizadas por dádiva nos dão a sensação de estarmos plenamente vivos. Esse é o sentimento que precisamos procurar.

Caso você pense que esse conselho só tem lugar num livro de autoajuda, permita-me partilhar a história da minha amiga Filipa Pimentel, líder do movimento Transition Town, que vem aplicando esse princípio no contexto do ativismo. Ela estava envolvida numa iniciativa do movimento numa das regiões mais estagnadas de Portugal, e a própria cidade onde estava se via atolada na estagnação econômica, com mais de 25% de desemprego. O grupo sofria grande pressão, estavam todos exaustos, sentindo que nada do que faziam era suficiente, desejando se voltar para dentro em face da enormidade atordoante da crise e das carências.

Certo dia, disse ela, tiveram que admitir que o grupo estava em colapso. Os principais líderes tiveram um longo diálogo e depois de muitas horas chegaram ao seguinte consenso:

- Eles cuidariam uns dos outros, amparando e protegendo, e se um deles não estivesse bem, os outros o ampararia;
- Suas iniciativas teriam que partir de uma intenção pura, da generosidade;
- Eles observariam de modo contínuo seu próprio desenvolvimento, apoiados pelo grupo e, o mais importante:
- Tudo que fizessem teria que brotar do prazer, desejo sincero, e epifanias. Decidiram não fazer sacrifícios, não priorizar a ação baseados no que alguém disse que é mais urgente.

Esse último princípio foi reação a uma situação na qual um dos membros da equipe central estava organizando uma atividade relacionada à troca de bens. Talvez fosse só uma gota no oceano dadas as imensas necessidades da cidade, mas ela estava se divertindo e realmente ampliando sua zona de conforto. Então, algumas pessoas da rede começaram a criticar o projeto. Era ineficiente. Tinha que ser uma feira de artigos de segunda mão, e não só de trocas, porque assim teria mais impacto. Em pouco tempo ela começou a se questionar: "Será que isso fará alguma diferença?", e ficou desanimada e paralisada. Durante a reunião eles perceberam, como me disse Filipa, que "Essa cidade precisa de muitas coisas, uma feira de trocas, uma feira de coisas de segunda mão, uma feira de produtores rurais – todas essas coisas precisam existir. Não podemos fazer tudo, mas isso não significa que não devamos fazer nada". Assim, agora eles escolhem segundo aquilo que os conecta, e o que lhes dá prazer. "Esse é o critério", ela me disse, "quando estamos diante de uma lista enorme de coisas – as mais necessárias – que podem ser feitas. Quando alguém dá sinais de estresse e cansaço ao organizar uma dada atividade, sempre perguntamos: Você se sente conectado ao que está fazendo? Você fica feliz ao fazer isso, ou sente que é um sacrifício? Se tiver a sensação de 'trabalho', pare!"

Fazendo apenas o que dá satisfação, somente o que os faz sentirem-se conectados, o que não tem a sensação de ser "trabalho"... será que isso significa que eles fazem menos do que quando estão movidos pela urgência e tentando ser mais eficientes? Não. Eles realizam mais. Conta Filipa: "O grupo está bem mais coeso, há liberdade na expressão de nossos sentimentos sem nos sentirmos na berlinda nem responsáveis pelas coisas negativas. Sinto que de certa maneira, com as pessoas perto de mim e comigo mesma, ficou mais fácil nos entregarmos ao que fazemos sem medo, com legítima alegria e com a sensação de pertencimento. De algum modo sinto que os outros em torno do grupo percebem isso e muitas situações se desbloqueiam – se o grupo não flui, as coisas tendem a ficar empacadas num determinado ponto. Desde a mudança, conseguimos fazer muito mais de uma forma bem mais positiva".

Você não gostaria de fazer muito mais, e de modo muito mais positivo? Você ousaria parar de fazer o que tem a sensação de "trabalho"? Quão mais eficaz você será quando "se entregar ao que faz com legítima alegria e uma sensação de pertencimento"?

Não é que haja algo de errado no trabalho. Trabalho e brincadeira, trabalho e lazer... é hora de questionar essas polaridades. Isso não significa indolência. Quando trabalhei na construção civil, o labor era por vezes muito extenuante, mas dificilmente era um suplício. Não tinha a sensação de lutar comigo mesmo ou de me obrigar.

Há um tempo de fazer grandes esforços, um tempo de forçar nossas capacidades até o limite. Afinal, essas capacidades nos foram dadas por alguma razão. Mas a luta não deve ser o estado normal da vida.

O mesmo se aplica à prática espiritual. Você talvez tenha notado que minha receita para se livrar dos hábitos de separação corresponde bem de perto aos ensinamentos budistas e práticas de atenção plena. Ah, finalmente, algo para fazer! Agora podemos todos embarcar num esforço heroico de atenção plena. Podemos admirar aqueles (em especial nós mesmos, que se não somos tão atentos quanto, digamos, Thich Nhat Hanh, ao menos somos mais atentos que a maioria, certo?) que são mais atentos, e olhar com desdém ou condescendência para os que são menos. É possível usar todo aquele aparato psicológico voltando-o para uma nova meta: atenção plena.

Espero que tendo lido até aqui você suspeite desse esquema. Será que também a atenção plena vem como dádiva, quando as circunstâncias nos avivam a atenção daquilo que tinha estado no umbral de nossa consciência? Convido você a ver a atenção plena como um dom e acalentá-la como tal. Aceite plenamente esse dom, aproveite. Talvez o caminho para a atenção plena não seja o de dominação feroz da vontade. Não se pode comandar o exercício da vontade – a volição também é um dom.

Luta

Quando é a hora certa de fazer a coisa certa? Ninguém tem uma fórmula para responder a essa pergunta, porque o ritmo das fases de ação e imobilidade tem uma inteligência própria. Se estivermos sintonizados, conseguiremos ouvir esse ritmo, e o órgão de percepção é o desejo, a faísca de animação ou o sentimento de fluxo, de ser a coisa certa, de alinhamento. É uma sensação de estar vivo. Escutar essa sensação e confiar nela é, de fato, uma profunda revolução.

Essa modalidade de profunda confiança em si ressalta o hábito comum de separação que é justo seu oposto: o hábito da luta. Na velha história, assim como a humanidade como um todo tem por destino conquistar e sobrepujar a natureza, também nós, como indivíduos, estamos encarregados de conquistar e sobrepujar o pequeno pedaço de natureza a que chamamos de corpo, incluindo o prazer, o desejo, e todas as limitações físicas. A virtude vem da autonegação, da força de vontade, da disciplina, do autossacrifício. Espelhando a guerra contra a natureza, essa guerra contra si mesmo só pode ter um resultado: você perde.

Um princípio corolário ao da luta contra si mesmo é a valorização de tudo que seja difícil e a desvalorização de tudo que vem com facilidade. Portanto, é também um hábito de escassez e de ingratidão. Imagine que você é praticante de meditação e alguém lhe pergunta: "O que você faz?" E você responde: "Bem, eu me sento numa almofada e presto atenção à minha respiração". E o outro diz: "Só isso? É tão fácil assim?" E você responde, ofendido: "Mas é muito difícil!" A dificuldade valida as coisas. Para fazer aquilo, você tem que superar algo de si mesmo, você tem que prevalecer em algum tipo de luta.

Sei que o paradigma da luta é algo que logo deixamos de lado quando praticamos a meditação a longo prazo. Manter o foco na respiração não é possível através do esforço, mas apenas através da permissão. De fato, é muito fácil; nosso hábito de dificultar as coisas é o que atrapalha. Mesmo assim, com frequência usamos a palavra "fácil" como um termo depreciativo, como na expressão "Ela escolheu a saída mais fácil".

A crença de que a bondade vem pelo sacrifício e o esforço remonta a milhares de anos – mas não mais do que isso. É a mentalidade que define a agricultura: somente se semeares, colherás. O camponês antigo tinha que superar as necessidades imediatas do corpo com vistas a uma recompensa remota no futuro. Assim como dá muito trabalho sobrepujar a natureza (por exemplo, limpando os campos, arrancando o mato etc.) também dá muito trabalho superar a natureza humana: o desejo, talvez de brincar, cantar, passear, criar, e procurar comida apenas quando se está com fome. A vida do agricultor às vezes exige vencer esses desejos.

Ao buscar as raízes profundas dessa nossa programação, temo estar exagerando um pouco. A transição da sociedade de caçadores/coletores para a sociedade agrária não foi uma ruptura súbita, quer de estilo de vida, quer do ponto de vista psicológico. Os coletores não podem prescindir de previsão; eles se mudam para uma região rica em alimentos ou vão caçar mesmo que não estejam com fome naquele exato momento. E os agricultores de pequena escala gozam de muito tempo de lazer, e seu trabalho não precisa ser tedioso ou exaustivo e movido pela ansiedade. A jardinagem, como muitos sabem, pode ser um prazer e uma alegria. Portanto, muito da origem da valorização da superação de si provavelmente veio mais tarde, com as primeiras civilizações de "construtores". Seu alto grau de divisão do trabalho, padronização de tarefas, hierarquia e outras formas de arregimentação requeriam as virtudes da disciplina, da obediência, do sacrifício e da moral do trabalho.

Essas civilizações desenvolveram a base conceitual e organizacional para a Revolução Industrial, que levou a novos patamares a divisão do trabalho, a padronização de processos, e consequentes degradação, exploração e tédio. Foi então também que os valores da máquina atingiram sua plena expressão. A sociedade precisava que milhões de pessoas fizessem coisas muito duras. Inventamos numerosos sistemas para nos obrigar a sacrificar o presente pelo futuro. A religião nos ensinou a renunciar e superar os desejos da carne em troca da recompensa celeste na outra vida. A escola nos ensinou a fazer isso nos condicionando a executar tarefas tediosas que não nos interessam em nome de uma recompensa externa futura. E, acima de tudo, o dinheiro nos ensinou ou, na maioria das vezes, nos obrigou a fazer isso, através dos institutos dos juros e da dívida. Os juros tentam o investidor a abrir mão da gratificação imediata (generosidade) em favor de mais dinheiro no futuro. A dívida *obriga* o devedor igualmente.

Essas estruturas sociais corporificam a luta contida nos nossos paradigmas científicos básicos. Não apenas a biologia darwiniana com a luta pela sobrevivência, mas também a física com sua eterna e fatídica luta contra a entropia encarnada pela Segunda Lei da Termodinâmica, nos retratam como moradores de um universo hostil no qual devemos sobrepujar as forças naturais e escavar um mundo de segurança, aplicando força para impor nosso projeto a uma confusão caótica e sem sentido.

É fácil ver como estão ligados os hábitos de escassez e luta. No âmbito econômico é a escassez que motiva e obriga ao sacrifício. Na dimensão psicológica a necessidade de validar a nós mesmos (paradoxalmente) através do autodomínio vem, em si, de outra forma de escassez: "Eu não sou bom o suficiente". Tanto escassez como luta estão implícitos no nosso conceito básico da existência. O ser separado jamais consegue ter o suficiente: nunca tem poder suficiente para manter distante toda ameaça das forças impiedosas e arbitrárias da natureza; nunca tem dinheiro suficiente para assegurar-se contra todos os possíveis infortúnios; nunca tem segurança suficiente para vencer a morte que, para o ser separado, significa total aniquilação. Ao mesmo tempo, ao lutar por dinheiro, poder e segurança à custa de outras pessoas, o ser separado é essencialmente mau; apenas pelo autodomínio e o autossacrifício é que ele pode agir a favor do interesse de outros seres. Em face dessa desolação, é fácil ver a sedução de uma dimensão espiritual fora deste mundo, um lugar onde o sacrifício perpétuo é redimido.

Neste mundo, o mundo da Separação, o sacrifício é de fato perpétuo. O devedor sabe disso. O investidor tira vantagem disso. O aluno aprende isso. Quando despertaremos dessa ilusão para desfrutar a vida?

O despertar será profundo, pois o hábito de luta está tão arraigado na trama da vida moderna que é difícil distingui-lo da própria realidade. Temos por fato inquestionável que se não tivermos algum grau de autodomínio nós mesmos – e a sociedade – sofreremos. De fato, parece que se não restringirmos nosso apetite por comida ficaremos com sobrepeso; se não dominarmos nossa propensão à preguiça, não conseguiremos fazer nada; se dermos liberdade aos nossos impulsos emocionais gritaremos com as pessoas; etc. O desejo não é confiável! E se o seu desejo for o de comer uma dúzia de sonhos recheados e polvilhados de açúcar? Ou passar dias bebendo e consumindo outras drogas? Dormir todo dia até a hora do almoço? Gritar, bater, estuprar e matar? Bem, talvez você seja melhor que os outros e não tenha o desejo de fazer essas coisas. Ou talvez você tenha mais autocontrole – mais do que os obesos, viciados, criminosos, pedófilos e assassinos.

Em um capítulo mais adiante lidaremos com o hábito do julgamento que, entre outras coisas, nos faz diferentes e superiores àqueles que são escravos de seus desejos. Agora quero enfrentar de modo direto a visão de que é o desejo não refreado que destrói nossas vidas e, na forma de consumismo e ganância, está destruindo o resto da vida sobre a Terra. Certamente, essa é a impressão que se tem. Mas é benéfico suspeitar dessa aparência, simplesmente porque ela combina à perfeição com a Guerra (internalizada) contra a Natureza e com a História do Controle. Haveria outra maneira de compreender essa visão sem invocar uma guerra contra o ser?

Certa vez, depois de uma palestra na Inglaterra, uma jovem me perguntou se eu voava pelo mundo dando um monte de palestras. "Sim", respondi.

E ela então me perguntou: "Como você justifica isso?"

"O que você quer dizer?"

E ela começou a me explicar sobre a pegada de carbono das viagens aéreas, e nesse ponto eu a interrompi: "Ah, eu não me justifico. Faço isso porque me faz sentir vivo, me dá prazer, eu gosto de fazer isso". E continuei dizendo que "Posso inventar uma justificativa se você deseja. Talvez eu pudesse dizer que acredito que o efeito final dos meus voos e palestras, por mudar a vida das pessoas, compensa o dióxido de carbono produzido pelas minhas viagens aéreas. Talvez algumas pessoas ouçam o que eu digo e escolham uma carreira de permacultura ao invés de direito tributário. Talvez tenham a coragem de viver uma vida que contribua para uma sociedade ecológica. Mas mesmo que isso seja verdade, estaria mentindo se dissesse que isso é uma justificativa. A verdadeira razão, a verdade, é que faço isso porque gosto".

A mulher ficou horrorizada. "Você é completamente imoral", disse. "Pela sua lógica você poderia fazer o que bem entendesse, só porque tem vontade. Isso justificaria comer carne animal, sacrificar a vida de um ser senciente só pelo prazer transitório de seu paladar. Pode justificar o assassinato, se 'isso é o que tem vontade de fazer'. Você não pode estar falando sério. Você não pode estar dizendo às pessoas para *fazer tudo que querem!*"

"Sim, é exatamente isso que estou fazendo", respondi. A conversa parou por aí, mas eu darei continuidade a ela agora. Ficará claro que "fazer o que queremos" rapidamente leva à compreensão de que não sabemos de fato o que queremos. E que o que nos foi dito sobre os objetos naturais do desejo é uma ficção.

Qual exatamente é o problema de fazer o que eu quiser, ou fazer o que me faz sentir bem? Por que o autodomínio é visto como uma virtude?

Se o que queremos é destrutivo para nós mesmos e para os outros, então de fato seria horrível incentivar as pessoas a fazerem o que querem. Se Calvino estava certo sobre a total depravação humana; se o progresso humano é de fato uma ascensão do estado de selvageria bestial; se a natureza é, no fundo, uma guerra de todos contra todos e a natureza humana vencerá esta guerra por quaisquer meios; se os seres humanos são implacáveis maximizadores do seu próprio interesse através racionalidade, então, sim, devemos dominar o desejo, conquistar a carne e transcender o prazer, subjugando a natureza biológica interna assim como conquistamos o outro, tornando-nos senhores cartesianos e possuidores de nós mesmos bem como do universo.

Essa é a velha história. Na nova história não mais estamos em guerra com a natureza e não mais procuramos dominar o ser. Nela descobrimos que o desejo tem sido tão destrutivo porque fomos enganados. As coisas que pensamos que queremos são em geral substitutos para o que realmente queremos, e os prazeres que buscamos são menores que a alegria da qual nos distraem. Do ponto de vista normal, decerto parece que só com disciplina podemos vencer as tentações que nos cercam: comer demais; drogas; videogames; surfar na internet sem pensar, e tudo o mais que consumimos. Essas coisas são inegavelmente destrutivas para nossa própria vida e mais além; portanto, seria de esperar que não podemos confiar no desejo de jeito nenhum. Mas quando percebemos que essas coisas não são o que de fato queremos, nosso objetivo não é mais suprimir o desejo mas identificar a verdadeira necessidade ou vontade, e supri-la. Essa não é uma tarefa fácil; é um profundo caminho de autorrealização.

O desejo surge de necessidades não atendidas. Esse é um preceito fundamental da autoconfiança. Uma das expressões da Guerra contra o Ser, que espelha a Guerra contra a Natureza e o programa de controle, é permitir a satisfação de nossas necessidades ao mesmo tempo limitando o atendimento "egoísta" de nossos desejos. Isso é parte da velha história. Leva não apenas à autorrejeição mas também à tendência de julgar os outros. *Eu* limito a satisfação de meus desejos, mas *eles* não. Como são egoístas! Eles deveriam exercitar o autocontrole. Deveriam praticar a disciplina. E se não o fizerem, se continuarem sendo pessoas egoístas comuns e não conseguirem, teremos que forçá-los a se comportarem de modo menos egoísta através de incentivos e regras, recompensas e punições. Teremos que impor um programa de controle.

Na nova história procuramos a necessidade que não foi satisfeita e que impulsiona o desejo. Essa é uma ferramenta poderosa de transformação, não apenas para o desenvolvimento pessoal mas também, como explicarei, para a mudança social. Quando tratamos diretamente da necessidade não atendida, ela deixa de impulsionar o desejo que se manifestou de forma destrutiva. Se a necessidade não for tratada, a caldeira que mantém o impulso do desejo continuará a fazer pressão. Adicção e gratificação de desejos superficiais são como uma válvula de escape. Quando as fechamos através da força de vontade, a pressão interna cresce e por fim explode, talvez na forma de um episódio de exagero alimentar ou abuso de substâncias. Ou, se a velha expressão do desejo não estiver mais disponível, aparecerá na forma de um novo comportamento aditivo. Isso explica o fenômeno comum da "transferência de adicção" entre pacientes de cirurgia bariátrica.

Impedidos de comer em excesso, eles começam a beber, jogar ou comprar de modo compulsivo.[1]

A inutilidade da Guerra contra o Ser espelha a futilidade da guerra em geral, que sempre deixa intocadas as causas profundas da situação causadora da guerra. A única exceção seria o caso de uma nação ou um líder que fossem francamente *maus*. Se não houver chance de redimi-los, então a única solução é a força. Da mesma maneira, se o seu mau comportamento vem de uma maldade inata, uma depravação fundamental inerente dentro de você, então seria verdade que a única solução seria suprimir essa maldade.

Tal lógica leva ao desespero pois o que acontecerá se você tentar suprimi-la e não conseguir? O que acontece se essa sua parte depravada for muito forte, mais forte do que qualquer força que você consiga aplicar para subjugá-la? O que acontece se essa parte de você dirige a sua vida? O que acontece quando pessoas aparentemente más dirigem o mundo? Como qualquer viciado pode lhe dizer, a força é insuficiente em face de uma força muito maior. O desespero da pessoa em dieta, que tenta vencer a força do desejo, é idêntico ao desespero do ativista que tenta sobrepujar a força dos poderes consumistas que regem o mundo. Todos lutamos com o mesmo demônio numa miríade de formas diferentes. Por sorte, nossa percepção acerca da origem da violência, da ganância etc., está equivocada, e portanto também a do seu remédio: a força.[2]

---

[1]. Esse fenômeno é controverso. Algumas autoridades dizem que não existe, enquanto outras o colocam numa porcentagem de 5% a 30%. Um cirurgião bariátrico que conheço pessoalmente, e que acompanha grupos no período pós-operatório, me disse que a porcentagem está mais perto de 90%.

[2]. Permita-me qualificar essa afirmação. A força, como todas as coisas, tem seu papel. Não estou sugerindo que um alcoólatra recuperado abandone seu compromisso disciplinado de não beber no dia de hoje. Jamais sugeriria que devemos deixar de usar a força para coibir um atirador enlouquecido, ou um massacre em andamento. Quando compreendemos que essas soluções não resolvem a raiz do problema, não seremos tentados a aplicá-las no lugar da verdadeira solução.

Dor

Então, quais são exatamente essas necessidades não satisfeitas, e como podemos descobri-las e atendê-las? De forma crônica e trágica, uma multiplicidade de necessidades humanas básicas não são atendidas na sociedade moderna. Entre elas está a necessidade de expressar os próprios dons e fazer um trabalho significativo, a necessidade de amar e ser amado, a necessidade de ser verdadeiramente visto e ouvido, e ver e ouvir outras pessoas, a necessidade de conexão com a natureza, a necessidade de brincar, explorar e se aventurar, a necessidade de intimidade emocional, a necessidade de servir a algo maior que a si mesmo, e, por vezes, a necessidade de fazer absolutamente nada e apenas ser.

Uma necessidade não atendida provoca dor, e uma necessidade satisfeita nos faz sentir bem. Aqui reside a conexão entre necessidade, prazer, dor e desejo. Quanto mais profunda a necessidade não atendida, maior a dor que sentimos, mais forte o desejo que gera, e maior o prazer ao preenchê-la. A dor e o prazer são os portais através dos quais descobrimos o que de fato queremos e de fato precisamos.

Uma coisa que descobrimos quando entramos no espaço entre as histórias é que não queremos o que pensávamos que queríamos, e não gostamos do que pensávamos que gostávamos. Olhamos para dentro de nós e perguntamos: O que eu realmente quero? Por que estou aqui? O que me faz sentir vivo? Nossas mais profundas necessidades não atendidas continuam, em sua maioria, invisíveis para nós.

E não foram atendidas por tanto tempo que nossos sistemas físicos e mentais se adaptaram para que a dor se tornasse subconsciente, difusa, latente. Às vezes isso dificulta a identificação da necessidade não atendida. Durante as transições da vida, as histórias que nos obscurecem se desagregam e o que estava faltando na vida torna-se mais claro. Começamos a nos perguntar: "O que está doendo?" e descobrimos respostas que nos orientam a satisfazer nossas verdadeiras necessidades de conexão, serviço, brincadeira, e assim por diante. Ao fazer isso, percebemos que nossa experiência de alegria e bem-estar se aprofunda. Passamos a preferir esse sentimento aos prazeres – que agora reconhecemos como meros substitutos para ele.

Na verdade, isso não é totalmente correto. Nossos vícios e prazeres superficiais não são apenas substitutos para outra coisa, são também vislumbres, promessas daquilo que substituem. Comprar dá a muitas pessoas uma experiência fugaz de abundância ou de conexão. O açúcar dá a muitas pessoas um sentimento de amor por si mesmas. A cocaína oferece um momento de se ver como capaz e poderoso. A heroína traz uma breve interrupção da dor que era sentida como onipresente. A telenovela produz o sentimento de pertencimento, que vem de se sentir entrelaçado por histórias de pessoas que vemos todos os dias.

Todas essas coisas são remédios paliativos que tornam um pouco mais fácil manter o estado de Separação, mas também contêm as sementes de sua ruína. Primeiro, porque eles semeiam descontentamento ao contrastar a experiência momentânea de bem-estar, conexão ou ânimo com o estado padrão de dor e embotamento solitário. Segundo, porque seus efeitos rasgam o tecido da vida, da riqueza e da saúde, acelerando o desenrolar da velha história. Ao longo do tempo, sua eficácia paliativa diminui enquanto os efeitos colaterais destrutivos crescem. A droga para de funcionar. Nós aumentamos a dose. E, muitas vezes, isso também não funciona.

Hoje em dia essa mesma dinâmica atinge a nossa civilização. Estamos constantemente aumentando a dose de tecnologia, de leis e regulamentos, de controles sociais, de intervenções médicas. No início, parecia que essas medidas traziam grandes melhorias, mas agora elas mal são suficientes para manter a normalidade e evitar a dor. As primeiras prescrições farmacêuticas melhoravam muito a saúde; agora mais de quatro bilhões de receitas são prescritas para os americanos a cada ano; novas pílulas sem fim são necessárias apenas para manter as pessoas funcionando. As primeiras máquinas aumentaram de forma ampla a produtividade e o lazer das pessoas que as utilizavam; hoje as pessoas compram um dispositivo de alta tecnologia após o outro e continuam se sentindo incapazes de acompanhar o ritmo acelerado da vida. Os primeiros fertilizantes químicos trouxeram um aumento significativo de produtividade às plantações. Agora as empresas agroquímicas mal conseguem lidar com o declínio da fertilidade do solo, a resistência aos pesticidas e outros problemas. Com o surgimento da ciência, reduziu-se a complexidade dos fenômenos a algumas poucas leis elegantes que nos trouxeram uma espantosa capacidade de prever e controlar a realidade. Hoje, encontramos mais complexidade e mais imprevisibilidade à medida que elaboramos infinitamente as leis que já foram simples em busca de uma inútil Teoria de Tudo. Enquanto isso, a calamidade ecológica, que cresce em espiral, revela que as nossas pretensões de controle são uma mentira.

Eu poderia trazer exemplos semelhantes no tocante a intervenções militares; burocracias de governo; mentiras e enganos para controlar adolescentes, e muitas outras situações em que uma solução rápida, à base de controle, traz resultados dramáticos a curto prazo. O garoto está trancado em seu quarto. O ditador é deposto. Vamos fazer alguma coisa para nos sentir melhor. Vamos beber alguma coisa.

Nos dois casos, pessoal e coletivo, a solução imediatista mascara uma doença subjacente. Em ambos os casos, quando a correção deixa de funcionar, a condição subjacente vem à tona, e não temos mais escolha senão enfrentá-la. Isso é o que está acontecendo com nossa sociedade hoje. Como escrevi acima, as histórias que nos obscurecem estão se desmantelando, está ficando mais claro aquilo que falta, e nós começamos a nos perguntar: o que está nos doendo tanto?

Ao descrever o trabalho de transformação pessoal, defendo que se dê total atenção à dor que surge com o colapso de um vício e da história que o molda. (O "vício" pode ser algo sutil, como a autoimagem, por exemplo, ou pensamentos sobre como somos éticos ou bem-sucedidos). Do mesmo modo que atender uma necessidade traz uma sensação agradável, não atendê-la provoca dor. Essa dor é a necessidade pedindo atenção. Quando todos os substitutos que procuravam atendê-la se esgotam, quando todos os paliativos param de funcionar, finalmente a dor que tinha ficado difusa e latente nos revela a necessidade.

O mesmo está acontecendo em uma dimensão coletiva. Qual é o equivalente a dar atenção a uma dor, em uma esfera social mais ampla? É a partilha de histórias sobre o que de fato está acontecendo em nosso planeta. Claro, sempre houve ativistas que compartilhavam essas histórias, tentando sensibilizar a sociedade para o custo humano da guerra e da nossa civilização, do comércio e do império. Mas as narrativas enganadoras do progresso e do crescimento eram muito fortes. Não tínhamos ouvidos para escutar aquelas histórias.

Isso está mudando agora. O sistema imunológico da velha história – todos os mecanismos que mantêm escondidas verdades inconvenientes – está se deteriorando. Cada dado contraditório que surge enfraquece essa história, permitindo a aparição de outros mais, gerando um processo de autorreforço.

Da mesma maneira que a atenção, por si só, tem um poder de cura mais forte do que qualquer ação provisória que possamos adotar, dizer a verdade sobre o que está acontecendo na Terra também tem a força de alterar o curso dos acontecimentos. Novamente, não é que nenhuma ação será tomada. É que, quando digerimos a informação, isso muda quem somos e, por conseguinte, aquilo que fazemos.

Nós somos capazes de continuar a devastação do planeta apenas sob a cobertura de um fingimento. Como é que nós, como sociedade, não tomamos nenhuma ação, quando os artefatos terríveis do nosso estilo de vida estão espalhados por todo lado à nossa volta? Como é que continuamos sendo conduzidos em direção a um abismo óbvio? É apenas porque nos tornamos cegos e insensatos. Debaixo de seus jogos de números, os bancos e os fundos de investimento estão extraindo riqueza das massas e do planeta. Atrás de cada demonstração de resultados, por trás de cada bônus executivo, há um rastro de destruição: minas a céu aberto; escravos da dívida; cortes de pensão; crianças famintas; vidas arruinadas e cidades destruídas. Todos nós participamos desse sistema, mas só podemos fazê-lo de bom grado na medida em que não o sentimos, não o vemos ou não o conhecemos. Para conduzir uma revolução do amor, devemos nos reconectar com a realidade do nosso sistema e de suas vítimas. Quando removemos as ideologias, as etiquetas e as racionalizações, enxergamos a verdade do que estamos fazendo, e a consciência desperta. Testemunhar, então, não é uma mera estratégia; é indispensável para uma revolução do amor. Se o amor é a expansão de si para incluir o outro, então qualquer coisa que revele nossas conexões tem o potencial de promover o amor. Você não pode amar o que não conhece.

Um dos papéis do promotor de mudanças é ser os olhos e ouvidos do mundo. Lembre-se do poder dos vídeos sobre a brutalidade policial durante o movimento *Occupy*, mostrando manifestantes passivamente sentados sendo atingidos por spray de pimenta no rosto. Do mesmo modo que quem viu essas cenas sentiu repugnância, sente o mesmo quem consegue ver, por trás do véu dos números, o que nosso sistema financeiro está fazendo com o mundo. Sendo antenas para a atenção coletiva, podemos rasgar esse véu. Mesmo que alguns dos agressores se escondam de forma ainda mais profunda na racionalização e negação, outros conseguirão mudar seu modo de sentir. Cada vez mais policiais se recusarão a atirar; mais autoridades aconselharão moderação; mais funcionários do poder deixarão seus empregos, darão o alarme, ou tentarão reformar suas instituições por dentro.

O que é o poder, afinal de contas? Cada uma das tremendas vantagens da elite dos poderosos – forças militares; sistemas de vigilância; tecnologia de controle de multidão; controle sobre a mídia, e quase todo o dinheiro no mundo – depende da existência de pessoas que obedecem ordens e executam o papel a elas atribuído. Essa obediência é uma questão de ideologia compartilhada, cultura institucional e legitimidade dos sistemas dentro dos quais desempenhamos papéis. A legitimidade é uma questão de percepção coletiva, e nós temos o poder de mudar a percepção das pessoas.

Prazer

Muito bem, se a atenção é a ferramenta para trabalhar com a dor em uma dimensão pessoal ou social, como trabalhar com o prazer? Prazer, lembre-se, é, entre outras coisas, a sensação que temos ao satisfazer uma necessidade. Quanto mais forte a necessidade, maior o prazer. Para seguir esse princípio, é preciso, em primeiro lugar, aceitar que as nossas necessidades são válidas e até mesmo bonitas. E não apenas as nossas necessidades, mas também nossos desejos, que advêm de necessidades não satisfeitas. Segure a respiração, e sua necessidade de oxigênio vai gerar o desejo de respirar. Fique muito tempo em um trabalho monótono, e sua necessidade de crescer irá gerar um desejo de libertar-se das limitações. A sociedade tenta limitar ou desviar essa vontade de se libertar, canalizando-a em direção a algo inconsequente como a embriaguez, videogames, ou *bungee jumping*; mas o que são esses prazeres se comparados à exuberante expansão da verdadeira liberdade?

Confiar no prazer é contestar normas e crenças tão profundas que já fazem parte da nossa própria linguagem. Já mencionei a equação de equivalência entre "difícil" e "bom", e entre "fácil" e "mau". O fato de palavras como "egoísta" e "hedonista" serem termos pejorativos conduz à mesma crença básica. Mas a lógica do interser nos diz que, entre as nossas maiores necessidades, estão as de intimidade, respeito, generosidade e serviço a algo maior que nós mesmos. Atender a essas necessidades é, portanto, também a fonte de nosso maior prazer.

O prazer e o desejo são sistemas de orientação natural que conduzem os organismos em direção a comida, calor, sexo e outras coisas que atendem às suas necessidades. Será que devemos imaginar que somos exceções na natureza? Podemos imaginar que superamos esse sistema natural de orientação e nos mudamos para um reino mais elevado em que o prazer não é mais um aliado, mas se tornou um inimigo? Não. Essa é uma forma de pensamento da Separação. O sistema de orientação do prazer opera em nós também. Ele não se limita às necessidades animais básicas de alimentação, sexo e abrigo. Em todas as suas formas, ele nos guia na direção do atendimento de nossas necessidades e desejos e, portanto, na direção do desenvolvimento do nosso potencial.

Confiar no prazer novamente, depois de todos esses séculos, é uma viagem que pode começar (para aqueles de nós que se encontram mais alienados dele) pela satisfação consciente e proposital de quaisquer prazeres triviais que estejam à disposição, para construir o hábito da autoconfiança. À medida que o músculo do discernimento se tornar mais forte, podemos usá-lo para escolher prazeres cada vez maiores, que correspondam à realização de desejos mais e mais profundos. É por uma boa razão que o hedonismo sempre teve uma atmosfera levemente subversiva. Escolher o prazer, mesmo o mais superficial, abraçar e comemorar essa escolha, é pôr em marcha um processo que destrói a História do Mundo. Afinal, os prazeres superficiais se tornam tediosos e insatisfatórios, e passamos para o tipo de prazer que chamamos de alegria.

Seguir esse caminho atinge o cerne do programa de controle, afronta as intuições de qualquer pessoa afetada por aquela história. Vêm à nossa mente aquelas imagens das consequências de uma busca desenfreada do prazer: estupro; abuso sexual; excessos de heroína e crack; carros esportivos e jatos privados... Para o sádico, há ainda o prazer de torturar e matar. Certamente, Charles, você não pode estar falando sério quando defende o princípio do prazer. Obviamente, ele deve ser temperado com moderação, equilíbrio e autocontrole.

Não tenho tanta certeza. Por um lado, devemos nos perguntar, quantas pessoas realmente seguiram o princípio do prazer? Quantas vezes alguém fez uma pausa antes de uma decisão e com honestidade refletiu: "O que de fato me faria sentir bem? Que atitude agora seria de verdade um presente para mim mesmo?" Eu estou defendendo uma dedicação ao prazer que é quase desconhecida para nós. Talvez prazer não seja bem a palavra certa para isso; talvez eu devesse usar a palavra alegria, exceto pelo fato de que quero enfatizar que prazer e alegria não são duas coisas separadas, a primeira atrapalhando a segunda, mas, em vez disso, estão em um *continuum*. Relembre um momento de verdadeira alegria ou conexão, talvez um momento à beira do leito de morte de um ente querido, ou aquele momento de perdão que derrete a inimizade de décadas. Estou me lembrando de quando encontrei uma corça na floresta, e nós ficamos de pé, a poucos metros de distância, olhando um para o outro. Estou pensando no meu filho de oito anos de idade, Philip, olhando longa e inocentemente para mim esta manhã, quando o deixei na escola, dizendo de repente: "Pai, eu te amo". Você já experimentou momentos como esses: a alegria da conexão, a dissolução da separação momentânea. Lembre-se de um, e compare-o com a sensação de devorar biscoitos, ver pornografia, ou explodir de raiva. Com base naquilo que faz você se sentir melhor, qual escolheria? Qual desses é o melhor presente para você?

Você consegue perceber que nossas noções de egoísmo e limites foram transformadas? Você pode ver a enormidade do crime que foi cometido contra nós quando fomos privados de nossa orientação para o Encontro?

O mundo mais bonito que meu coração sabe que é possível é um mundo com muito mais prazer: muito mais toque; mais namoro; mais abraços; mais olhares profundos nos olhos; mais tortilhas frescas e tomates recém-colhidos ainda quentes do sol; muito mais cantorias;

mais danças; muito mais eternidade; mais beleza no ambiente construído; mais pontos de vista originais; muito mais água fresca da nascente. Você já provou água verdadeira, brotando da terra depois de levar vinte anos percorrendo as entranhas da montanha?

Nenhum desses prazeres está muito longe. Nenhum deles requer novas invenções, nem a submissão de muitos a uns poucos. Mas nossa sociedade é destituída de todos eles. Aquilo que chamamos de riqueza é um véu para a nossa pobreza, um substituto para o que está faltando. Porque ela não pode atender à maioria das nossas verdadeiras necessidades, é um substituto viciante. Nenhuma quantidade pode jamais ser o bastante.

Muitos de nós já conhecem bem os prazeres superficiais que nos são oferecidos. Eles são sem graça para nós, ou mesmo revoltantes. Não precisamos sacrificar o prazer para rejeitá-los. Nós só precisamos sacrificar o hábito, profundamente arraigado, de escolher um prazer menor no lugar de um maior. De onde vem esse hábito? Essa é uma vertente essencial do mundo da Separação, porque a maioria das tarefas que temos que fazer para manter a máquina devoradora do mundo funcionando não é de modo algum agradável. Para continuar executando-as, temos de ser treinados para negar o prazer.

Foi com grande dificuldade que os trabalhadores do início da Revolução Industrial foram induzidos a trabalhar em fábricas. Os ritmos orgânicos da vida biológica tiveram que ser sacrificados em benefício da monotonia da máquina; os sons da natureza, das crianças, e a própria quietude tiveram que ser sacrificados em benefício do barulho da fábrica; a soberania do indivíduo sobre o seu tempo teve que ser sacrificada aos pés do controle do relógio. Todo o sistema de educação e moralidade, portanto, foi construído em torno da autonegação. Nós vivemos isto ainda hoje.

Desconfiemos de qualquer revolução que não envolva elementos de brincadeira, celebração, mistério e humor. Se sobretudo for uma luta árdua, é provável que não seja uma revolução. Isso não quer dizer que nunca haverá um tempo para a luta, mas estruturar o processo de transformação essencialmente em termos de luta o reduz a algo do velho mundo. Isso desvaloriza outras partes do processo: a gestação; a latência; a interiorização; a respiração; o vazio; a observação; a escuta; a nutrição; a reflexão; a exploração lúdica; o desconhecido. Não são essas as coisas que mais precisamos nesta Terra?

A recuperação da sensibilidade e do discernimento no prazer pode ser um processo longo, único para cada indivíduo, que segue de acordo com sua própria marcha e ritmo. *Não devemos* dominar, de modo heroico, todos os medos, desconsiderar o autocontrole, ignorar a cautela, e romper todos os limites. Esse tipo de transcendência cheira à velha história. O medo não é o inimigo número um, como alguns mestres espirituais gostariam de nos fazer pensar; não é o novo mal a se vencer no lugar dos antigos bichos-papões, como o pecado ou o ego. O medo limita o crescimento, é verdade, mas também delimita uma zona de segurança na qual o crescimento pode acontecer. Somente quando o crescimento está pressionando esses limites é hora de rompê-los. Então, o sentimento que nos dá o sinal é aquele medo que já se percebe como obsoleto, que impede uma nova etapa que você está pronto para assumir. Quando você o detectar, qualquer medo que sentir deve ter o sabor da excitação, não do pavor.

Podemos aplicar as mesmas ideias às nossas relações com outras pessoas que nos empenhamos em convidar para a nova história. Vendedores sabem o poder de invocar uma necessidade não atendida e associá-la com algum produto que surge para atendê-la. Seria muito mais poderoso identificar necessidades não satisfeitas e oferecer às pessoas algo que realmente as atenda. Podemos treinar para ver em outras pessoas as necessidades não satisfeitas e os dons não manifestados. E então podemos atender a essas necessidades ou criar oportunidades para que sejam atendidas. Aqui reside boa parte do que constitui a liderança em um mundo menos hierárquico: um líder é alguém que cria oportunidades para que outros possam oferecer os seus dons.

Outra maneira de ver a satisfação das necessidades dos outros é perceber que estamos servindo o prazer, alegria e felicidade dos outros. À medida que aprofundamos nossa compreensão do que sejam essas coisas, as necessidades que procuramos satisfazer também evoluem. Em geral, nossa capacidade de enxergar essas necessidades depende, claro, de tê-las encontrado dentro de nós mesmos – como seria de se esperar em um mundo do interser.

Eu espero que você consiga ver como essa filosofia difere do que nós costumamos chamar hedonismo (embora eu ache que o nosso desprezo pelo hedonismo é um sintoma da nossa autorrejeição). Não estou dizendo que você deva se permitir mais cigarros, bebidas e sexo casual. Estou dizendo: "Sinta-se livre para fazer essas coisas tanto quanto você realmente queira". Quando nós as fazemos com plena permissão e sem culpa, podemos descobrir que elas não são realmente o que queríamos, ou talvez que, com sua satisfação, o desejo evolui para alguma outra coisa.

Anos atrás, eu estava aconselhando (não profissionalmente) uma mulher que estava tentando abandonar a Ritalina, e também seu comportamento obsessivo com os homens em sua vida. Ela ligava e mandava mensagens a seu ex-namorado centenas de vezes por dia, de modo compulsivo. Ela começou a me ligar mais e mais vezes, perguntando: "Você não acha que eu sou louca, não é?"; "É possível mesmo que eu deixe este vício e tenha uma vida normal?"; "Eu estou te ligando demais? Talvez isso afaste você como aconteceu com todos os outros".

Eu disse a ela: "Eu confio que você vai me ligar quando isso realmente servir ao seu bem maior. Por favor, me ligue sempre que você realmente quiser". Depois disso, ela parou de me ligar tanto. Ao lhe dar permissão para me ligar quando quisesse, eu também estava – de forma subliminar – dando-lhe permissão para não ligar quando não quisesse verdadeiramente.

De maneira geral, o comportamento de busca de prazer destrutivo surge como uma explosão de desejo reprimido, e não como a expressão do desejo autêntico. O escândalo da pedofilia entre sacerdotes católicos nos mostra como o desejo sexual saudável encontra outra saída quando é negado. O mesmo se aplica em termos mais gerais. Quais são as consequências da supressão de nossos impulsos em direção à criatividade, serviço, intimidade, conexão e brincadeira? O que chamamos de hedonismo é um sintoma dessa supressão. Suprimir o sintoma irá apenas canalizar esse desejo-energia em direção a outro, ainda mais destrutivo, ou irá se expressar como câncer ou alguma outra doença. Em vez disso, podemos seguir o sintoma para chegar à sua causa. Após a comilança, a bebedeira, a satisfação de qualquer vício, pergunte seriamente a si mesmo: "Como é que eu me sinto agora?" Será que atendi a uma necessidade real, como uma refeição nutritiva atende, deixando uma sensação de saciedade e bem-estar? Ou resta uma fome? Uma ressaca? Uma ferida ainda pulsando sob o narcótico? Dê atenção a esse sentimento – não como um truque para abandonar o vício, mas como uma investigação sincera com a intenção de aumentar o nível de prazer em sua vida. O poder da atenção integra toda a experiência, para que o comportamento inclua entre suas associações internas os efeitos colaterais desagradáveis. Ele deixará de parecer superior a outros prazeres, e o desejo diminuirá. O poder da atenção é muito maior do que o do autocontrole.

Capítulos antes, você pode ter questionado a minha falta de justificativa um tanto leviana no tocante às minhas viagens aéreas. Não estou descartando a importância das informações sobre os efeitos da queima de combustível nas turbinas, ou de forma mais ampla, os efeitos do consumo em geral. É importante saber, por exemplo, que todos os dispositivos eletrônicos que compramos usam minerais raros, na maior parte extraídos, a um terrível custo ecológico e humano, de lugares como Congo, Brasil e Equador. Precisamos integrar a dor disso. Quando essa dor estiver integrada a nós, passaremos a fazer escolhas diferentes. E os resultados do "faça o que você quiser" mudarão naturalmente.

Quando expandimos nosso escopo de atenção, expandimos a nós mesmos. Nós somos aquilo que comemos, e qualquer objeto de atenção torna-se um tipo de alimento. Condicionados como estamos a uma visão de mundo centrada na força, é uma novidade acreditar que novas informações, por si só, são suficientes para que alguém mude. A tendência é querer reforçar isso com algum tipo de pressão emocional, uma acusação, uma culpa. Argumento ao longo deste livro que elas são contraproducentes. Elas provocam resistência à informação. Eu prefiro usar humor e amor como uma espécie de cavalo de Troia para passar as informações. Uma vez que elas são passadas, produzirão seus efeitos.

Agora, por favor, considere a possibilidade de que tudo neste capítulo está errado, que eu sou apenas alguém sem força de vontade, justificando minha indisciplina através de uma racionalização psicológica elaborada. Certamente existem muitos veneráveis ensinamentos espirituais que prescrevem o cultivo da autodisciplina, autocontrole e moderação. Quem sou eu, nascido no colo do privilégio, para questionar a antiga tradição espiritual do ascetismo? Por outro lado, a tradição igualmente venerável do tantra, que tem expressões no budismo, hinduísmo e taoismo, está mais ou menos alinhada com tudo o que estou dizendo. Qual a verdade? Não creio que eu possa oferecer qualquer lógica ou apelar para uma autoridade a fim de resolver a questão. Talvez os dois, tantra e ascetismo, sejam um só. O que sei é que na minha vida os resultados de confiar no prazer têm me levado, muitas vezes, para um lugar que, vendo de fora, se parece muito com o ascetismo. Tenho testemunhado a verdade do verso 36 do *Tao Te Ching*: "Para reduzir alguma coisa, deve-se deliberadamente expandi-la; para enfraquecer algo, deve-se deliberadamente fortalecê-lo; para eliminar alguma coisa, é preciso deixá-la florescer". Muitas vezes, só conseguindo o que pensávamos que queríamos é que podemos perceber que não queríamos aquilo. Tendo passado por esse ciclo, nós o tornamos mais rápido para os outros. Nossas histórias encurtam o tempo durante o qual outros ficam perdidos naquilo que não querem. Às vezes, nossa exploração desse território é suficiente para impedir que outras pessoas entrem lá. Na jornada humana, cada pedaço de território da Separação deve ser explorado antes que possamos, completos e repletos, fazer a viagem de regresso.

Assim, ao me dar absoluta licença para beber tanto álcool quanto eu queira, acabei quase nunca bebendo. Ao me dar absoluta licença para comer tanto açúcar quanto eu queira, acabei comendo muito menos do que quando eu tentava me conter. E a minha licença irrestrita para fazer compras me leva, na maioria das vezes, ao brechó. Isso não ocorre porque eu tenha me disciplinado para controlar esses comportamentos. É porque eu integrei, em vários níveis, o fato de que essas coisas realmente não me fazem sentir muito bem. Por isso não é preciso força de vontade para evitá-los, assim como não preciso força de vontade para deixar de enfiar o dedo no olho. Se eu não tivesse receptores de dor nos olhos, talvez tivesse dificuldade para evitar esse gesto. Do mesmo modo, é difícil parar um hábito se não integramos sua experiência completa, antes, durante e depois.

Nossa sociedade promulga a crença de que a dor resultante de qualquer ato pode, de alguma forma, ser evitada. Sentiu-se mal? Faça algo para tirar o problema da cabeça. Fume um cigarro. Sentiu-se ainda pior? Assista a um filme. Ainda se sente mal? Tome uma bebida. Ficou de ressaca? Tome um comprimido. O hábito de gerenciar as consequências intermináveis é análogo à mentalidade da solução tecnológica, que procura evitar as consequências dos danos causados pela solução anterior. Mas já que a ferida subjacente permanece, a dor também estará nos esperando no final, quando todas as soluções estiverem esgotadas. Daí o ditado do zen-budismo: "A pessoa comum evita as consequências; o bodisatva evita as causas". Por quê? O bodisatva provavelmente tentaria evitar as consequências também, exceto pelo fato de que ele sabe que é impossível. A dor está esperando no final, quando todas as soluções se esgotam. É nesse ponto que a nossa sociedade está hoje.

Da perspectiva do bodisatva, poderíamos reinterpretar certos ensinamentos religiosos que são baseados em regras. Talvez os Dez Mandamentos estivessem destinados a ser Dez Indícios: você saberá que está perto de Deus quando você não matar; não roubar; honrar seus pais, e assim por diante.

O foco no prazer, desejo, vitalidade e alegria oferece uma orientação também para o trabalho no plano social e político. Em meio a todas as exortações apocalípticas para mudar nosso modo de vida, lembremo-nos de que estamos nos esforçando para criar um mundo mais belo, e não para sustentar, com crescente sacrifício, o atual. Não estamos apenas tentando sobreviver. Não estamos apenas enfrentando o fim do mundo; estamos diante de uma possibilidade gloriosa. Não estamos oferecendo às pessoas um mundo de carência, um mundo de sacrifício, um mundo onde você terá que desfrutar menos e sofrer mais. Não. Estamos oferecendo um mundo de mais beleza; mais alegria; mais respeito; mais amor; mais realização; mais exuberância; mais lazer; mais música; mais dança e mais festa. Os vislumbres mais inspiradores que você já teve sobre o que a vida humana pode ser; isto é o que estamos oferecendo.

Se você conseguir manter firme essa visão, irá comunicá-la como um subtexto no seu ativismo. As pessoas respondem muito melhor a isso do que à mensagem secreta: "Você vai ter que se sacrificar e viver uma vida mais pobre. Você é muito egoísta. Sua vida é boa demais". Elas reagirão a isso como se você as estivesse atacando e, em certo sentido, estão certas. Para sermos servidores eficazes de um mundo mais bonito, nós temos que saber que as coisas que vamos sacrificar não são nem de perto tão boas quanto as que vamos descobrir. Temos que acreditar que casas de 500 metros quadrados não trazem tanta felicidade como comunidades com um espaço comum tranquilo. Temos que acreditar que o estilo de vida baseado em "conforto e praticidade" não é tão feliz como aquele em que se planta e cozinha a própria comida. Temos que acreditar que viver a vida mais rápido não é viver a vida melhor. Precisamos acreditar que as bugigangas da civilização são substitutos miseráveis para aquilo que um ser humano realmente precisa.

Se essas crenças não forem sinceras, e se não conseguirmos ver a possibilidade real do mundo que procuramos criar, nossas palavras terão pouco poder e nossas ações pouca motivação. É também por isso que é tão importante trilhar o caminho: para praticar o que pregamos. Não é para evitar a hipocrisia (que seria parte da campanha para ser bom). É para habitar e incorporar plenamente a nova história, de modo que possamos servi-la com alegria e eficácia.

Julgamento

Uma vez que as estruturas de escassez e luta da nossa sociedade estão profundamente enraizadas e difundidas, não é de se admirar que carreguemos suas marcas em nossa própria psicologia. Como podemos nos libertar? A sua aderência é tão plena que, já nessa tentativa, corremos o risco de fortalecê-las ainda mais. Por exemplo, quando perguntei "Como podemos nos libertar?" talvez você tenha pensado que, para isso, seria necessário algum esforço monumental de autotransformação. Se, de fato, você achou que ia ser difícil e começou a se preparar para o esforço, ou se afastou, pelo cansaço, então você já está sujeito ao hábito da luta.

E quando leu isso, você se sentiu envergonhado ou na defensiva por sua submissão a esse hábito? Ou ficou orgulhoso de ter "passado no teste" e estar livre dele? De qualquer maneira, você está em outro hábito de separação, se concedendo ou se negando autoaprovação condicional. Quando você não corresponde ao que se espera, não é bom o suficiente. O autojulgamento, um ingrediente crucial da guerra contra o eu, é um dos hábitos de separação mais comuns.

Muitas pessoas não veem problema em confessar que são exigentes consigo mesmas, que são elas próprias "seu pior crítico", ou que são perfeccionistas. Elas estão apenas confessando algo que nossa cultura defende como virtude: a batalha contra si mesmo. As pessoas geralmente não gostam de admitir que são mais severas e críticas ao julgar os outros do que a si mesmas. Pois isso equivaleria a se classificar como hipócrita.

Infelizmente, para a imagem de qualquer autocrítico, é impossível ser crítico de si mesmo sem ser crítico dos outros. Suponha que toda noite você olhasse para trás contemplando o seu dia e avaliasse se você foi verdadeiro, ecologicamente responsável, esbanjador, ético ou avarento, louvando-se ou diminuindo-se de acordo com o resultado. Bem, então o que dizer de todas as outras pessoas lá fora que foram menos honestas, menos responsáveis, menos éticas do que você? Elas não são, portanto, tão boas quanto você? Se você conceder-lhes a indulgência paternalista ou a condenação, a crença implícita de que "Eu sou melhor do que você" (ou pior do que você, mas melhor do que alguém) é inevitável.

O que quero dizer com a mentalidade do julgamento? Julgar não é meramente fazer distinções, ter preferências, ou fazer comparações. É um ato que envolve uma avaliação moral, uma atribuição de certo ou errado, bom ou mau a uma pessoa. Essa atribuição pode assumir muitas formas. Palavras como "deveria" e "não deveria"; "responsável" e seu oposto; certo e errado; ético; moral; justificável; válido; vergonhoso, ou outros sinônimos para o bem e para o mal, geralmente aparecem em enunciações de julgamento.

Julgamento é separação. No fundo, o julgamento diz que você escolheu de maneira diferente de mim porque você é diferente de mim. Ele diz: "Se eu fosse você, não teria feito o que você fez". "Se eu fosse um CEO corporativo, eu não destruiria o meio ambiente nem mentiria para o público sobre isso." "Se eu fosse rico assim, eu não gastaria meu dinheiro em carros esportivos e mansões." "Se eu fosse obeso assim, eu não entraria pela quarta vez na fila do bufê." Eu sou melhor que isso. Eu não sou tão ignorante. Eu não sou tão irresponsável. Eu não sou tão preguiçoso. Ao menos eu tenho uma mente aberta. Pelo menos eu considero as evidências. Pelo menos eu tenho uma educação. Eu pago minhas contas. Eu como de forma responsável. Eu trabalho para tudo isso. Pelo menos, eu me esforço. O que há de errado com as outras pessoas?

Essa é a essência da Separação: se eu estivesse na totalidade de suas circunstâncias, eu faria diferente de você.

Um conjunto substancial de evidências experimentais mostra que essa afirmação é falsa; que, na verdade, se você estivesse na totalidade das circunstâncias do outro, você faria do mesmo modo que ele. Se nos alinharmos com essa verdade, vamos dispor, talvez, da mais poderosa forma de ampliar nossa eficácia como agentes de mudança. É da essência da compaixão se colocar no lugar do outro. A compaixão diz: você e eu somos um; somos o mesmo ser olhando para o mundo através de olhos diferentes, ocupando diferentes pontos de conexão na rede universal de relacionamentos.

Isso também é muito difícil de aceitar. Talvez eu consiga entender que poderia recorrer ao roubo se meus filhos estivessem com fome; ou que eu poderia, mesmo sem muito propósito, vandalizar propriedades públicas se minha infância fosse marcada pela raiva. Mas o que seria necessário para eu assassinar setenta e sete pessoas como Anders Breivik fez, fuzilando-as uma por uma, enquanto elas se ajoelhavam chorando e implorando por misericórdia? O que seria necessário para eu passar uma motosserra numa sequoia de cem metros de altura? Confesso, é muito difícil me colocar na pele de um torturador, um abusador de crianças, um traficante de escravas sexuais, um assassino. No entanto, não vamos fingir que somos melhores do que essas pessoas. O julgamento sobre elas reflete apenas a nossa falta de compreensão, e não qualquer diferença fundamental na essência do nosso ser.

Estou articulando uma posição conhecida em psicologia social como "situacionismo", que diz que a totalidade da nossa situação interna e externa é que determina nossas escolhas e crenças. Em contraste, a maioria das pessoas em nossa sociedade tem a visão do "disposicionismo", que diz que as pessoas tomam decisões pelo exercício do livre arbítrio com base em disposições ou preferências relativamente estáveis. Se alguém faz uma coisa boa, diz o disposicionalista, provavelmente é porque é uma boa pessoa. O situacionista diz que não, que isso é um erro – o "erro fundamental de atribuição".

Muitas pesquisas criteriosas mostraram que as pessoas (em nossa sociedade) de maneira consistente tomam as influências situacionais como se fossem qualidades disposicionais, e com frequência subestimam o efeito das condições no comportamento das pessoas. Quando alguém diz uma coisa má, nosso primeiro impulso é pensar que é uma pessoa má. Podemos descobrir depois que ela estava com dor de dente, e mudar nosso julgamento, mas o primeiro impulso é fazer um julgamento disposicional.

Isso não vem por acaso. O disposicionismo e a mentalidade do julgamento que o acompanha estão inscritos em nossa História do Mundo: "Em seu lugar, eu não faria o que você fez, porque eu sou diferente de você, separado de você". Por outro lado, o situacionismo diz que o eu é maior do que o indivíduo. E que o sujeito, o ator e aquele que escolhe, é o indivíduo somado à totalidade de seus relacionamentos. O eu não tem existência independente. Abstraído de suas relações com o mundo, o eu não é ele mesmo.

Décadas de pesquisa, que remontam aos experimentos de Milgram em 1960, desmentem a nossa crença hipócrita de que se eu fosse aquele CEO, aquele político, o cunhado, o ex-cônjuge, o professor, o viciado, aquela pessoa imperdoável, eu não faria o que ela faz. Pergunte a si mesmo, que tipo de pessoa poderia dar dolorosos choques elétricos em um inocente, mesmo com risco de vida, como parte de um simples teste psicológico? Sem dúvida apenas uma pessoa muito má faria isso. Sem dúvida *você* não faria! Bem, na verdade, essa pesquisa mostra que talvez você fizesse. Ou, pelo menos, quase todos no laboratório de Stanley Milgram fizeram, quando as condições adequadas estavam presentes, munidos da história e das desculpas certas. "Certamente isso não pode estar errado já que é um cientista de Yale com um jaleco branco que está no comando." "Aquela pessoa escolheu ser voluntária para isso." "Eu não sou o responsável por esse teste, só estou seguindo ordens." De forma mais genérica: o pensamento de que qualquer coisa monstruosa pudesse estar acontecendo em um laboratório, decorado com as insígnias da ciência, em uma universidade de prestígio, era tão dissonante da história dominante do mundo e do consenso da sociedade sobre legitimidade e decoro, que um voluntário após o outro simplesmente virava o botão até a carga máxima e puxava a alavanca.

A questão de fundo era como explicar o fato de que o Holocausto nazista foi realizado por burocratas insípidos como Adolf Eichmann e legiões de pessoas muito comuns que levavam vidas normais antes de se tornarem oficiais da SS ou guardas dos campos de concentração. Como explicar a "banalidade do mal"? Voltarei a essa questão mais tarde, pois se quisermos ir à guerra contra o mal, temos de ser capazes de redefinir o mal de um modo que motive algum outro tipo de ação. Porque não se pode negar que algumas coisas muito horríveis estão acontecendo na Terra. Essas coisas têm de acabar. Não estou sugerindo que fechemos nossos olhos para o que parece ser o mal. Estou sugerindo que devemos abrir nossos olhos ainda mais para a situação que gera o mal, que é a História em que estamos imersos.

A perspectiva situacionista é, de uma forma ou outra, amplamente aceita na psicologia social. Um experimento em 1973 realizado por John Darley e C. Daniel Batson oferece outro exemplo do poder da situação. Você deve conhecer a história do Bom Samaritano da Bíblia. Um homem foi espancado por ladrões e encontrava-se gemendo na beira da estrada. Um sacerdote passa por ele. Em seguida, um levita (que equivale a um assistente de sacerdote) faz o mesmo. Por fim, o samaritano para e ajuda. Ao contar essa história, Jesus pergunta a seu interlocutor qual desses três provou ser o "próximo" para o homem espancado. Ele não disse que o samaritano era bom, mas hoje a história é chamada "O Bom Samaritano", o que implica que o que o distinguia do sacerdote e do levita era sua disposição ética.

No experimento, um grupo de alunos do seminário (atuais sacerdotes e levitas em formação – os pesquisadores tinham senso de humor) foi chamado para atravessar o campus e dar uma aula sobre a história do Bom Samaritano. Eles foram divididos em três grupos e, um por vez, receberam as instruções. Cada integrante do primeiro grupo ouviu: "É melhor você se apressar, você já está atrasado para o encontro". A cada um do segundo grupo foi dito: "É melhor você se apressar, sua entrevista começa em poucos minutos." E cada pessoa do terceiro grupo escutou: "Bem, você pode ir tranquilo. Sua entrevista só vai começar daqui a um tempo, mas já está tudo pronto".

Em seu caminho para o local da aula, os alunos passaram por um homem (na verdade, um cúmplice dos que aplicavam o experimento) caído na soleira de uma porta, gemendo. Os alunos praticamente tinham que pular sobre ele para chegar ao seu destino. Será que pararam para ajudar? Como você pode supor, isso dependeu do grupo em que estavam. Apenas 10% do primeiro grupo parou, mas no terceiro grupo essa quantidade chegou a 60%.

Por que os do primeiro grupo passaram direto sobre o homem "ferido", enquanto aqueles do terceiro grupo pararam para ajudar? É óbvio, não foi porque aconteceu de todas as pessoas boas estarem no terceiro grupo. Então, talvez a história da Bíblia pudesse se chamar "O samaritano que não estava com pressa". E talvez nós não possamos culpar as pessoas que gostamos de culpar. Talvez os problemas do mundo não possam ser resolvidos pela dominação sobre o mal.

Não apenas nossos julgamentos pessoais, mas muitas de nossas instituições sociais – o sistema legal, em particular – baseiam-se em suposições disposicionistas. Presumimos que, de um modo geral, as pessoas são responsáveis por escolher suas ações e distinguem entre um ato cometido sob coação e um ato voluntariamente escolhido. Mas coação é apenas um exemplo extremo de uma influência situacional. Será que devemos ser culpados pela soma total das experiências que nos tornaram o que somos?

Da mesma forma, o direito contratual presume que as duas partes entram num acordo de livre e espontânea vontade, baseadas no entendimento de seus próprios interesses e preferências. Um contrato codifica uma espécie de força; ele diz: "Eu vou permitir que você me obrigue a realizar o que eu acordei neste documento". Nas interações do dia a dia, entendemos que por vezes "as coisas mudam", e não exigimos de alguém o cumprimento de algo prometido, se sua situação mudou muito. Reconhecemos que a pessoa que fez a promessa não pode ser separada de suas circunstâncias de vida, e quando estas mudam, a pessoa muda. A pessoa que prometeu, em certo sentido, não existe mais. Um contrato é uma tentativa de negar essa verdade.

Claramente, o situacionismo tem imensas implicações para a natureza da escolha, o livre arbítrio, a motivação, a responsabilidade moral e a justiça criminal. Essas e muitas outras questões são exploradas no influente e erudito artigo "The Situational Character: A Critical Realist Perspective on the Human Animal" [O caráter situacional: uma perspectiva crítica realista sobre o animal humano], de Jon D. Hanson e David G. Yosifon, juntamente com sua tese complementar, "The Situation: An Introduction to the Situational Character, Critical Realism, Power Economics, and Deep Capture" [A situação: uma introdução ao caráter situacional, realismo crítico, economia de poder e Deep Capture].

Situacionismo é também um entendimento a que temos acesso vivencial direto. Alguma vez você já esteve numa ocasião em que compreendeu a origem da outra pessoa e, de repente, entrou em seu mundo, tendo a percepção que todas as suas atitudes pareciam fazer sentido? Aquela pessoa não é mais um tipo de monstro, um estranho. Eu posso entender um pouco a experiência de ser ela. Com essa percepção, o perdão surge naturalmente, e é impossível odiar. Isso nos mostra que sempre que odiamos alguém, estamos odiando a nós mesmos também.

ÓDIO

Aquele que luta muito tempo contra dragões se torna, ele mesmo, um dragão; e se olhares muito tempo para dentro do abismo, o abismo olhará para ti.
– Nietzsche

Humanizar um oponente pode ser desafiador para aliados que ainda habitam a História do Ódio. Eles poderão interpretar a nova visão como fraqueza ou traição. "Como você pode desculpar essas pessoas?"

Um amigo meu, veterano de guerra e ativista pela paz, me contou a história de um amigo seu que teve a oportunidade de servir como cozinheiro pessoal do próprio Dick Cheney, um homem que milhões de liberais veem como um ser humano horrível, desalmado, falso, conivente com a guerra. Meu amigo, esperando que esta visão se confirmasse, perguntou ao amigo dele como tinha sido a experiência de trabalhar para Dick Cheney. "Foi maravilhoso", ele respondeu. "Pode-se descobrir muito sobre uma pessoa pelo modo com ela trata os serviçais, e ele sempre me tratou com muita cordialidade, dignidade e respeito, mesmo que eu fosse apenas um cozinheiro."

Isso não é um endosso das visões e condutas políticas de Dick Cheney. O que quero dizer é que um ser humano perfeitamente decente, que abriga as mesmas motivações básicas e medos do que qualquer outro ser humano, pode fazer coisas horríveis num contexto e coisas admiráveis em outro.

Para o erro de atribuir o mau comportamento à maldade pessoal existe o reverso da mesma moeda que, sim, resulta em um tipo de traição. Seria pensar que pelo fato de Cheney (e talvez algum alto executivo) ser uma pessoa amistosa e inteligente, sua visão de mundo está correta. Isso nos leva ao fenômeno do "ambientalismo governamental" – que descreve aqueles que trabalham por tanto tempo e tão próximos a colegas em Washington, DC, que acabam absorvendo muito de sua visão de mundo e, mais insidiosamente, seu consenso sobre o que é possível, prático e legítimo. É um desafio permanecer fiel ao que servimos sem transformar em vilões aqueles que não servem à mesma causa.

Não seria ótimo se o problema fosse realmente a ganância e maldade dos indivíduos cruéis que seguram as rédeas do poder? Nesse caso a solução seria muito simples: bastaria tirar essas pessoas do poder, fazer uma limpeza moral no mundo. No entanto isso seria mais da mesma guerra contra o mal, que nos vem acompanhando desde que as primeiras civilizações agrárias inventaram o conceito do mal. Mais do mesmo só nos levará à mesma coisa. Sem dúvida é chegado o tempo para uma revolução mais profunda.

A ativista pela transição Marie Goodwin observa: "A solução de erradicar o 'mal' faz com que a solução dos problemas do mundo pareça factível, segundo nossos atuais paradigmas. Por isso a defendemos a todo custo. Penso que as pessoas se sentem asfixiadas pela constante enxurrada de más notícias e histórias de desastres, sendo que, segundo nos dizem, todos poderiam ser resolvidos vencendo (principalmente pela força) a luta do bem contra o mal".

Esta perspectiva é reconfortante porque reduz muitos problemas a um só, e explica o mundo de modo a não desafiar nossa mitologia mais profunda.

De maneira um pouco perversa, ao nos recusarmos a odiar estamos de fato cometendo um tipo de traição. Estamos traindo o próprio ódio; traindo a História do Mundo que põe o bem contra o mal. Ao fazê-lo, incitamos o desprezo e a raiva de aliados do passado, que nos ridicularizam por sermos tão frouxos e ingênuos a ponto de pensar que os oponentes podem ser tratados como qualquer coisa diferente de um inimigo implacável.

Lembro-me de ler um artigo escrito pelo brilhante e ácido esquerdista Alexander Cockburn, no qual ele se lembrava de uma experiência formativa na sua carreira como jornalista político. Um editor perguntou a ele: "Seu ódio é puro?" E Cockburn repetiu esse refrão para muitos estagiários. O mundo de Cockburn era um mundo de hipocrisia e jactância, venalidade e ganância, de mentirosos caras de pau e líderes conscientemente cruéis – e de capachos e cúmplices que os viabilizavam. Devo confessar um certo prazer pecaminoso diante do humor e do veneno com que ele trucidava seus inimigos, mas estou consciente também da pressão psicológica que ele exercia – à parte das evidências e argumentos que ele expunha – para concordarmos com sua visão de mundo, sob pena de ser visto como um daqueles idiotas e apologistas que ele tripudiava de maneira tão atroz.

Com igual fervor, embora talvez com menos requinte, os comentaristas de direita fazem a mesma coisa que Alexander Cockburn fazia. Debaixo da lavagem de porco de opiniões, prevalece a mesma mentalidade. Embora reconheçamos os ataques a uma pessoa como injustos ou irrelevantes, não conseguimos deixar de fazê-los por causa do disposicionismo que permeia nossas crenças. Fulano de tal discorda de mim porque ele é uma *má pessoa*. No lugar de "má" podemos colocar centenas de adjetivos, mas a tendência a julgar é palpável. Parei de ler os comentários sobre meus artigos por causa dos ataques pessoais que preciso filtrar. Os comentaristas imputam a mim toda espécie de deficiências intelectuais e morais. Eu sou ingênuo, sou um narcisista, hippie, que quer as coisas do meu jeito, que nunca teve experiências verdadeiras. Sou apenas mais um homem branco arrogante que quer roubar o palco. Não percebi um erro básico de lógica nos meus argumentos. Eu deveria arranjar um emprego de verdade. E, por outro lado, meus apoiadores projetam em mim várias qualidades de santidade que obviamente não possuo, não mais que qualquer outra pessoa.

Seria ótimo ser santo. O problema é que depois de subir num pedestal, só há um lugar para onde ir. O menor deslize na minha página do facebook provoca duras críticas. Se eu publico uma foto do meu filho adolescente com sua acompanhante no baile de formatura, sou criticado por objetificar as mulheres (porque a chamei de "acompanhante no baile de formatura"). Publico uma foto do meu filho bebê no meu colo enquanto escrevo, e sou criticado por expô-lo a radiações eletromagnéticas e não oferecer a ele atenção empática. O que quero aqui não é me defender – as críticas têm algum valor. Mas o fato significativo é que os críticos por vezes dizem "Agora tenho que questionar sua mensagem", ou "Não posso mais em sã consciência endossar a sua obra". Isto é alarmante. Certamente não quero que a aceitação de alguém às propostas, digamos, no meu livro *Sacred Economics* [Economia sagrada], dependam da minha própria pureza moral. Se você está lendo este livro sob a impressão de que sou algum tipo de santo, seria bom deixar de ler agora mesmo, pois corre o risco de algum dia descobrir no facebook que não sou melhor que qualquer outro ser humano, se sentir traído e descartar a minha mensagem como os delírios de um hipócrita. Espero que você considere minhas ideias pelos méritos delas, e não os meus.

Os ataques pessoais, *ad hominem*, buscam desacreditar a mensagem desacreditando o mensageiro – uma tática que se fundamenta no discurso do disposicionismo, de que as pessoas dizem maldades porque são más. Se pudermos demonstrar que são pessoas más, então aquilo que estão dizendo é maldade também. O situacionista sabe que essa visão é um erro, e que as táticas nela baseadas provavelmente serão contraproducentes. Sim, devemos continuar a expor as verdades da história e o modo como o mundo funciona, mas se queremos que essas verdades sejam ouvidas, não devemos embrulhar os vilões na costumeira capa de culpa. A lógica do controle nos diz que envergonhando os perpetradores podemos modificá-los, mas, na verdade, isso apenas os leva a entrar mais fundo na sua história. Quando sou atacado, procuro aliados que me defendam. "Não, são os ambientalistas que deveriam levar a culpa, não você!" Lá vamos nós, girando sem parar no carrossel da culpa.

Quando lançamos mão de floreios retóricos como: "A culpa é dos banqueiros folgados que não ligam a mínima para o sofrimento do homem comum ou para a degradação ambiental", também estamos nos expondo ao ridículo diante dos banqueiros que, como a maioria dos seres humanos, na verdade gostam de outros humanos e do planeta. Se queremos chegar a eles, nosso modo de articular o problema precisa evitar imputar a eles maldade pessoal, embora descrevendo de forma impiedosa a dinâmica do problema. Não posso oferecer uma fórmula de como fazer isso. As palavras e estratégias acertadas surgem naturalmente da compaixão, da compreensão de que os banqueiros, ou quem quer que seja, fazem as coisas como eu faria, se eu estivesse no lugar deles. Dito de outra maneira, palavras compassivas e eficazes brotam de uma compreensão profunda de nossa humanidade comum. E isso só é possível na medida em que aplicamos essa compreensão a nós mesmos. Realmente, para ser um ativista eficaz é preciso um ativismo interior em igual medida.

Quando nós mesmos estamos numa história diferente daquela que fala de culpa e ódio, nos tornamos capazes de tirar os outros desse espaço. Nosso coração pacificado transforma a *situação*, destruindo a história na qual o ódio é natural, e oferecendo uma experiência que aponta para uma alternativa.

Espere um pouco. Estou dizendo isso porque sou ingênuo. Talvez minha criação suave e protegida me cegou para a realidade do mal e a necessidade de combater pela força. De fato é verdade que não vivenciei de primeira mão o pior que os seres humanos conseguem fazer uns com os outros. Mas permita-me contar a história do agricultor e ativista sul-coreano Hwang Dae-Kwon.[1] Hwang era um militante anti-imperialista que fazia protestos nos anos 1980, uma atividade perigosa durante um período de lei marcial. Em 1985 ele foi preso pela polícia secreta e torturado durante sessenta dias até confessar ser espião da Coreia do Norte. Ele então foi jogado na prisão, onde passou 13 anos em confinamento solitário. Durante esse tempo, diz ele, seus únicos amigos eram moscas, ratos, baratas e piolhos, com quem partilhava sua cela. No pátio da prisão ele se encontrava com o mato. Essa experiência o transformou num ecologista e praticante da não violência. Ele percebeu, segundo me contou, que toda a violência que suportou era um espelho da violência dentro dele próprio.

Hoje seu princípio básico para o ativismo é manter um coração pacificado. Num protesto recente, uma fila de policiais da tropa de choque se aproximava dos manifestantes. Hwang foi em direção a um dos policiais e, com um grande sorriso, o abraçou. O policial ficou aterrorizado – Hwang disse que podia ver o medo nos olhos dele. O estado de paz de Hwang o tornou incapaz de violência. Mas para que isso "funcione" é preciso que a paz seja genuína e profunda. O sorriso deve ser real. O amor deve ser verdadeiro. Se houver intenção de manipular, de enganar o outro, de salientar a brutalidade pela comparação com a nossa não violência, nesse caso o poder do sorriso e o abraço serão mais fracos.

---

1. Estive em um congresso onde Hwang falou de suas experiências em conversas pessoais. Ele também escreveu suas memórias do cárcere num livro intitulado *A Weed Letter* [Carta da erva daninha], que foi sucesso de vendas na Coreia.

Estar com a Razão

O modo como você vê as pessoas é o modo como você as trata,
e o modo como você as trata é o que elas se tornam.
– Goethe

Debaixo do entendimento generalizado de que o problema do mundo é o mal e a solução é dominá-lo, está uma necessidade psicológica não satisfeita de autoaprovação. Dois terços do nosso discurso político tem a ver com nossa necessidade de estar com a razão, de nos alinharmos com o Bem. Se o homem que discorda de mim o faz porque ele é burro, inocente, facilmente influenciável, ou mau, então eu só posso ser inteligente, esperto, independente, e bom. Tanto julgamentos positivos como negativos apontam para mim mesmo como referência tácita (preguiçoso significa "mais preguiçoso do que eu", e responsável significa "mais responsável do que eu").

Por que você visita todos aqueles sites que o fazem ficar revoltado e indignado? Qualquer que seja a justificativa que você dá a si mesmo (por exemplo "ficar informado"), talvez o real motivo seja a gratificação emocional, a sensação de que você está certo, é esperto, em resumo, é bom. Você é parte do grupo seleto. Se você quiser mais reafirmação, poderá começar um grupo de discussão on-line ou um grupo face a face onde você e um monte de outras pessoas se reúnem para falar sobre como vocês estão certos e como os outros são horríveis, inacreditáveis, maus e pervertidos. Infelizmente, pelo fato dessa gratificação ser viciante, por mais que se tenha nunca é suficiente. (A verdadeira necessidade é de autoaceitação, portanto, o substituto oferecido não satisfaz a verdadeira necessidade, nem poderia fazê-lo.) Em pouco tempo todos vão querer estar ainda mais certos – mais certos do que outras pessoas do próprio grupo, que começará a se desfazer em brigas internas e guerras inflamadas.

    E talvez você queira ter ainda mais razão. Nesse caso, envolva-se com um movimento de desobediência civil, vá preso, apanhe da polícia. Manifeste pelo seu sofrimento quão monstruoso é o poder constituído. "Veja o que me fizeram!"

    Não estou dizendo que o protesto e a ação direta sejam sempre, ou mesmo de um modo geral, oriundos da vontade de estar com a razão. São também métodos poderosos de destruir as histórias que permitem o florescimento da injustiça. Eles podem expor a feiura sob a fachada de normalidade. Sem dúvida, alguns ativistas *hard-core* misturam serviço genuíno e vontade de estar com a razão. Na medida em que esta última motivação estiver presente, seus efeitos serão sentidos no resultado. Você atingirá seu objetivo de ficar com uma boa imagem e estar com a razão, e fazer com que seus inimigos pareçam maus. E aumentará o ódio no mundo. Seus simpatizantes odiarão e atacarão os malfeitores. Suponho que a esperança não explícita seja a de que esse ódio construa algo, e todos nos levantaremos e derrubaremos as elites. Mas o que criaremos no lugar delas, embebidos como estamos da impressão de que temos razão, e impregnados da ideologia da guerra?

    A militância tem ainda a desvantagem de alienar os que não se comprometeram com a causa, que percebem o objetivo de ter razão sob a meta professada de mudar a sociedade. Quando as pessoas hostilizam a feminista agressiva, o vegano radical, o ambientalista militante, não estão apenas defendendo sua História do Mundo e a complacência que ela permite; estão defendendo a si mesmos contra um ataque implícito. Se seu ativismo – seja pela mudança social ou para que sua família adote uma dieta mais saudável – provocar hostilidade, isso pode estar espelhando uma discórdia interna.

Mesmo que a reação à militância não seja hostil, o militante é fácil de descartar: seu compromisso não é de fato com a causa, é com a militância.

A ativista Susan Livingston me escreveu sobre uma proposta que redigiu para um grupo *Occupy* da Caltech, que se opunha a seu contrato para biocombustíveis com a British Petroleum. Ela me disse que "A proposta surgiu porque eu estava preocupada com a atitude de militância do pessoal no fórum. Não parece haver o cuidado necessário com a comunidade do conflito: a infinidade de burocratas de baixo escalão, pequenos acionistas, e donos de franquias cujo sustento depende da BP. O que eles são? Danos colaterais? Especialmente depois de assistir ao filme *The Drilling Fields* [Os campos de perfuração], sobre a devastação humana e ambiental causada pela Shell na Nigéria, não gostaria de colocar o foco apenas na BP só por causa do ressentimento de alguns estudantes privilegiados que querem ganhar o bolo e ainda comer. Mas é preciso começar em algum lugar, e junto com os privilégios vem a capacidade de montar uma campanha eficaz de resistência".

Nesse comentário Susan faz uma ligação-chave entre privilégio e militância. A militância, a mentalidade da guerra, sempre envolve danos colaterais. Algo sempre precisa ser sacrificado pela causa. O sacrifício dos outros (a "comunidade do conflito") também define a mentalidade do elitismo: por qualquer motivo os outros são menos importantes do que eu, minha classe, minha causa. Os privilegiados estão sempre sacrificando os outros (pelo bem dos outros). Se por vezes eles sacrificam a si próprios, isso não mitiga seu elitismo.

Isso não significa que deveríamos permitir que as empresas petrolíferas continuem a fazer o que fazem para preservar o sustento dos donos de postos de gasolina. Mas todos precisam ser vistos e considerados, e não descartados. Os militantes pensam que desistir da luta significa deixar os caras maus fazerem o que querem. Se o mundo estivesse de fato dividido entre bons e maus, talvez isso fosse verdade, mas apesar do que nos dizem os filmes, o mundo não é dividido assim. Alternativas à luta podem, portanto, ser mais (e não menos) poderosas para criar transformações.

Na maioria das vezes, ações praticadas com base na certeza de estar com a razão acabam validando a sensação de estar com a razão justamente por causa da reação hostil que provocam. Vê? Eu disse a você que essas pessoas são horríveis! Ações diretas, protestos, greves de fome e tudo o mais só têm poder na medida da ausência da certeza de estar com a razão. Se praticadas intencionalmente a serviço da visão do Bem que poderia surgir, elas são de fato muito poderosas. Não precisam ser atos de guerra; podem ser atos de dizer a verdade, de gentileza, ou de serviço. Como saber se seu ato é realmente um destes, e não guerra fantasiada de amor? Como conhecer suas próprias motivações nas atividades políticas, seja on-line ou nas ruas? Bem, se você tem uma sensação de superioridade em relação àqueles que não estão participando, um senso de condenação, ou de tolerância patriarcal em relação àqueles que ainda não compreenderam (e portanto você deve fazer nobres sacrifícios em favor deles), então é quase certo que sua motivação é a de provar que você está com a razão. E é isso que você conseguirá. Irá para o túmulo cheio de admiração por si mesmo. E pode gravar na sua lápide: "Fui parte da solução e não do problema – diferente de algumas pessoas". Mas você não preferiria mudar o mundo?

Pergunte a si mesmo se você acha que os ricos; poderosos; os republicanos; os democratas; os caçadores de animais grandes; os executivos da indústria da carne; os mineradores, e outros subgrupos humanos são maus (ou desprezíveis, revoltantes, nojentos etc.) Você estaria disposto a abrir mão dessas crenças se isso o tornasse um agente de mudança mais eficaz? Você está disposto a ver o quanto de seu sistema de crenças é um grande jogo para manter uma autoimagem positiva?

Se você sente algum desprezo pela mentalidade que descrevi, se julga aqueles que vivem assim, ou se defende da ideia de que se aplique a você, então talvez não esteja totalmente livre dela. Tudo bem. Essa mentalidade surge da profunda ferida que a civilização infligiu a quase todos nós. É o grito do ser separado: "E eu?" Enquanto continuarmos agindo com base nessa condição, não importa quem vencer a guerra contra (o que dizem que é) o mal, o mundo não sairá dessa espiral de morte.

Muitas pessoas (espero não ser a única!) fazem escolhas que parecem éticas ou morais tendo em mente um objetivo secreto: demonstrar a si mesmas e aos outros que são virtuosas, dar a si mesmas permissão para gostar e aprovar o que são. O par inseparável desse objetivo é o julgamento de todos que não estão fazendo as mesmas escolhas. "Sou uma boa pessoa porque reciclo (diferente de *certas* pessoas)." "Sou uma boa pessoa porque sou vegano." "Sou uma boa pessoa porque apoio os direitos das mulheres." "Sou uma boa pessoa porque faço caridade." "Sou uma boa pessoa porque pratico investimento socialmente responsável." "Sou uma boa pessoa porque desisti das benesses da sociedade e fui me juntar aos oprimidos." "Sou uma boa pessoa porque vivo na floresta comendo raízes e sementes e minha pegada de carbono é zero." Não enxergamos nossa própria vontade de estar com a razão, mas os outros conseguem cheirá-la a quilômetros de distância. A hostilidade que nós, ativistas e fazedores do bem, suscitamos nos diz algo. É um espelho da nossa própria violência.

Derrick Jensen, confrontado com os dizeres de Audre Lorde, disse certa vez: "Não me importa de quem são as malditas ferramentas que utilizo". O motivo para evitar as ferramentas do mestre não é evitar algum tipo de contaminação ética; não é para nos distanciarmos daqueles que detêm o poder e mostrar a todos (em especial a nós mesmos) que nos abstemos de usar os mesmos métodos que os opressores. O motivo é que essas ferramentas mostraram-se ineficazes.

Se o objetivo de nossa vida é construir uma autoimagem positiva, então é isso que conseguiremos – nem mais, nem menos. Passaremos pela vida nos congratulando por nossa ética superior, deplorando aqueles que não viram a luz, e ressentidos contra os que não partilham nossos sacrifícios. Mas a aridez da nossa vitória ficará cada vez mais aparente com o tempo, na medida em que o mundo arde em chamas à nossa volta e a nossa necessidade mais profunda – a certeza de estar contribuindo para um mundo mais bonito – segue insatisfeita.

Um leitor me escreveu dando uma resposta muito crítica a um artigo que escrevi sobre a República Democrática do Congo, dizendo que minha menção aos senhores da guerra reforça a narrativa dos selvagens africanos que precisam da ajuda do homem branco, e encobre a culpa dos verdadeiros perpetradores que são os conselhos de administração das grandes empresas ocidentais. Na verdade a primeira parte do artigo é dedicada às origens externas do problema do colonialismo, da escravidão, mineração e finanças globais. Escrevi que sob o sistema econômico e financeiro atual sempre haverá o Congo. Critiquei de modo explícito a mentalidade do "Grande Salvador Branco", então, qual foi o motivo real da ira do leitor?

Os diálogos que se seguiram com o leitor me deram uma pista sobre isso. Respondi a ele dizendo que concordava que os senhores da guerra eram ao mesmo tempo vítimas e perpetradores, mas que o mesmo pode ser dito dos executivos e banqueiros, e também de cada um de nós, pois usamos telefones celulares fabricados com minerais raros que são extraídos, com grande violência, de lugares como o Congo. Somos todos vítimas e perpetradores, respondi. O verdadeiro culpado é o sistema, portanto qualquer estratégia que veja como culpado um determinado grupo de pessoas podres está desorientado e em última instância fracassará.

Essa resposta enfureceu meu crítico. "Como ousa criar uma equivalência moral entre os executivos do conselho de administração que estão propositadamente infligindo sofrimento a milhões de pessoas e o consumidor comum que usa um celular? Aqueles executivos precisam ser denunciados, julgados, responsabilizados."

Aha, pensei. O motivo da raiva dele é que meu artigo não valida sua raiva e sensação de estar com a razão. É claro que o funcionamento do sistema, em todos os níveis, inclusive nos conselhos de administração, precisa ser denunciado. Mas se esse esforço nasce do pressuposto de que essas pessoas são repreensíveis, e que punindo-as e "responsabilizando-as" teremos resolvido o problema, então estaremos deixando o cerne do problema intocado. Talvez vejamos melhorias localizadas, temporárias, mas a tendência principal, a maré de ódio e violência, continuará a crescer.

Algumas pessoas ficam sempre furiosas ao ler aquilo que não apoia de alguma maneira a história "daquelas pessoas horríveis que precisam ser detidas". Usam epítetos como "ingênuo" ou acusam o autor de ser ele mesmo um vendido, racista ou idiota por não ver o mal naquelas pessoas em cargos de poder. (Esse crítico insinuou que eu tinha abrandado minha narrativa para torná-la palatável aos editores das revistas de prestígio.) Na verdade, estão apenas defendendo sua história. A veemência dos ataques também revela uma dimensão pessoal, emocional, de sua atitude defensiva. Ver um punhado de pessoas más como sendo o problema nos coloca na categoria de pessoas boas, e nos desculpa da nossa culpa. Qualquer ameaça à história é, portanto, uma ameaça a nossa própria bondade e autoaceitação, que parece uma ameaça à nossa própria sobrevivência – daí a fúria da resposta.

Em geral, nós nos defendemos das acusações de ser maus imputando as mesmas acusações àquele que nos ataca. Veja as sessões de comentários nos artigos on-line. Embora as opiniões superficiais num site de direita ou de esquerda sejam opostas, a narrativa subjacente é a mesma: os oponentes carecem das qualidades básicas de decência humana. São ignorantes, pensam que têm razão, burros, imorais, indesculpáveis, doentes. E não é só na política. O mesmo ocorre em todo debate polarizado. O físico Max Tegmark, coautor do MIT Survey on Science, Religion and Origins [Pesquisa do MIT sobre ciência, religião e origens], que é ateu, ficou surpreso com os comentários violentos vindos não apenas de fundamentalistas religiosos mas de ateus. Ele observou: "Não pude deixar de perceber que pessoas nos dois extremos do espectro – religiosos e antirreligiosos – têm estilos de discussão assustadoramente semelhantes".[1]

Obviamente, nenhum dos dois lados pode estar certo ao sustentar de modo implícito a tese de que os melhores seres humanos estão do seu lado. Por isso é tão frutífero reunir numa sala oponentes que se demonizam uns aos outros, e criar condições para que se manifeste sua humanidade comum (condições como escuta profunda e a suspensão temporária de julgamentos). Israelenses e palestinos, ativistas pró-escolha e antiaborto, ambientalistas e executivos de empresas aprendem que suas explicações convenientes, de que "os outros são maus", não são válidas. Talvez saiam da sala mantendo suas diferenças de opinião, e os sistemas que geram seus conflitos de interesse talvez continuem a existir, e eles ainda sejam oponentes, mas não continuarão sendo inimigos.

Quando os dois lados de uma controvérsia se deliciam com a derrota e humilhação do oponente, de fato estão do mesmo lado: o lado da guerra. E seus desacordos são muito mais superficiais do que sua concordância (não explícita e em geral inconsciente) de que o problema do mundo é o mal.

Essa crença é praticamente universal. Observem a trama de tantos filmes de Hollywood onde a resolução do drama vem com a total derrota de um sujeito irremediavelmente mau. Desde filmes conceituados como *Avatar* até filmes de criança como *Rei Leão* e *Detona*

---

1. Max Tegmark, "Religion, Science and the Attack of the Angry Atheists" [Religião, ciência e o ataque dos ateus furiosos], Huffington Post; 19 de fevereiro, 2013.

Ralph, a solução para o problema é sempre a mesma: derrotar o mal. O gênero que mais apresenta essa trama, além dos filmes infantis, são os filmes de "ação". Não admira que derrotar o malvado se torne o pressuposto programático inquestionável por trás de todos os tipos de ação política. Nem preciso dizer que essa é também a mentalidade que define a guerra. E uma vez que o rótulo "Mal" é uma forma de criar um "outro", poderíamos dizer também que é a mentalidade que define nosso relacionamento com tudo o mais que transformamos em "outro": a natureza, o corpo, as minorias raciais, e assim por diante.

De forma mais sutil, as noções ocidentais de história e trama têm uma espécie de guerra embutida como parte da estrutura de narrativa padrão, em três ou cinco atos, na qual surge e é resolvido um conflito. Será possível existir uma outra estrutura que sirva de trama e que não seja tediosa? Sim. Como o blogueiro de Still Eating Oranges observa, a estrutura narrativa do leste asiático, chamada Kishōtenketsu em japonês, não se baseia no conflito.[2] Mas no Ocidente vivenciamos a história como algo onde alguém ou alguma coisa deve ser sobrepujado. Isso certamente tinge nossa visão de mundo, fazendo o "mal" – a essência do que deve ser sobrepujado – parecer a base natural para histórias que construímos a fim de compreender o mundo e seus problemas.

Nosso discurso político, a mídia, nossos paradigmas científicos, e mesmo nossa linguagem nos predispõem a ver a mudança como resultado de luta, conflito e força. Agir a partir de uma nova história e construir uma sociedade sobre ela exige uma transformação saudável. Ousaremos empreendê-la? E se eu estiver errado? Examinemos mais profundamente a natureza do mal.

---

2. "The significance of plot without conflict" [O significado de trama sem conflito] postado em Tumblr, 15 de junho de 2012.

Psicopatia

Se alguma coisa te morder, ela está dentro da sua roupa.
— Provérbio swahili

Venho sustentando que a mudança não virá pela derrubada dos poderes estabelecidos, mas pela sua transformação. Afirmei que somos fundamentalmente o mesmo ser olhando o mundo através de muitos pares de olhos. Descrevi como nossa percepção do mal advém da falta de compreensão de como é ser uma outra pessoa. Afirmei que aquilo que fazemos ao outro estamos fazendo a nós mesmos, e que isso é algo que se pode sentir. E invoquei o princípio da dádiva, de que estamos todos aqui a fim de contribuir com nossos dons para algo maior do que nós mesmos, e que jamais estaremos satisfeitos enquanto não o fizermos. Em resposta a tudo isso às vezes as pessoas me trazem o contraexemplo dos psicopatas, um subconjunto separado da humanidade que supostamente não tem compaixão, não consegue sentir amor e não tem vergonha.

Segundo dizem, essas pessoas são totalmente egoístas, e não sentem qualquer compunção ao perseguir com frieza seus próprios interesses de curto prazo. Sem sentimentos, encantadores, carismáticos, ousados e cruéis, eles tendem a chegar aos altos escalões nos negócios e no governo. Em boa medida, eles são os poderes estabelecidos e seria ingenuidade pensar que qualquer coisa pode detê-los a não ser a força bruta. Sem piedade, sem consciência, sem mesmo a capacidade de sentir algo senão umas poucas protoemoções, eles são a epítome do mal. Segundo vários pesquisadores, não há cura para o psicopata. Eles não querem ser curados. Estão felizes do jeito que são.

Ninguém concorda sobre a causa da psicopatia. Um dos mais destacados acadêmicos da psicologia, Robert Hare, afirma sem rodeios que ninguém tem ideia do que causa a psicopatia. Pode haver algum tipo de predisposição genética para a psicopatia, mas nem isso é certo.

A narrativa acima, se não for revista, reintroduz a história do bem contra o mal em nossa visão de mundo. Quem sabe quais são os psicopatas e quais não são? "Psicopata" se transforma no termo cientificamente sancionado para designar "pessoa malvada".

Invocar a psicopatia para validar a narrativa do bem contra o mal e tudo que a acompanha (como a necessidade da força como meio primário de transformação do mundo) é algo enganador. Supondo por um instante que exista uma categoria separada de pessoas irredimíveis que chamamos de psicopatas, é também verdade que as condições nas quais proliferam são sistêmicas. As visões tradicionais, tanto da biologia evolutiva quanto da economia, afirmam que nossa natureza básica é um tanto psicopática: somos programados para maximizar nossos próprios interesses, e as características que parecem contradizer o autointeresse existem porque, por algum motivo não muito óbvio, na realidade o favorecem. O exemplo do altruísmo como um tipo de dança de acasalamento me vem à mente, ou a generosidade como meio de ganhar status e controle sobre os outros. Esse paradigma está entretecido no nosso sistema econômico. Se você não maximizar o autointeresse de sua empresa, as empresas que o fazem tirarão você da concorrência. Mesmo como consumidores tentando conseguir o melhor negócio, o incentivo escrito na etiqueta de preço muitas vezes contradiz o impulso de pagar os trabalhadores que fizeram um item de qualidade, ou a adotar práticas ambientalmente responsáveis. Esses itens são mais caros. Vivendo num sistema que recompensa a psicopatia, não admira que o psicopata chegue ao topo, e que as tendências psicopáticas dentro de cada um de nós se manifestem. É um erro colocar nos psicopatas a culpa pela nossa condição atual; eles são o resultado e não a causa.

Em que circunstâncias você se torna uma pessoa fria e insensível? Em que circunstâncias você bloqueia a empatia? Quando você manipula os outros para obter vantagens? Quando eu reparo que estou fazendo isso, em geral é porque estou me sentindo inseguro.

A insegurança está embutida na História do Mundo: a história do ser separado num universo hostil de competidores, acidentes aleatórios e forças impessoais da natureza. A insegurança está inserida também nas estruturas que nascem daquela história; por exemplo, o sistema econômico, que nos lança na competição para atender necessidades básicas mesmo quando objetivamente falando há abundância para todos. O simples fato de viver numa sociedade de massa onde os rostos que vemos não têm nome, onde pessoas que não conhecemos atendem nossas necessidades de pagamento, e onde até os vizinhos sabem pouco da nossa vida – tudo contribui para a mesma onipresente insegurança. Nosso comportamento no mundo da Separação confirma a premissa deste mundo: ele nos transforma em quase psicopatas egoístas e maximizadores de vantagens.

Dada qualquer tendência cultural, há sempre algumas pessoas que a incorporam de modo extremo, servindo de espelho para que possamos reconhecer essa mesma tendência em nós mesmos. Isso é o que os psicopatas fazem.[1]

No entanto, pessoas com tendências psicopáticas de fato têm muito poder hoje em dia, e agem para impedir qualquer ameaça a seu poder. Será que isso significa que precisamos usar a força? Não pretendo condená-la categoricamente. Há circunstâncias em que eu

---

1. Muitos argumentam que os psicopatas já existiam nas sociedades pré-modernas. Mas a incidência de psicopatias nessas sociedades era, ao que parece, menor, refletindo talvez o menor grau de Separação que essas culturas manifestavam. Ela não estava totalmente ausente; alguns argumentariam que qualquer sociedade que tenha adotado a domesticação, ou mesmo a cultura simbólica (linguagem) já embarcou no caminho da Separação. Veja por exemplo a obra *Elements of Refusal* [Elementos de recusa] de John Zerzan.

mesmo usaria a força, por exemplo, se alguém estivesse ameaçando meus filhos. Mas é perigoso extrapolar essas situações: antes de nos darmos conta estaremos elucubrando situações do tipo "bomba-relógio" para justificar a tortura para fins políticos, argumentando que de forma indireta nossos filhos estão sob ameaça. Além disso, mesmo a tentativa de delinear princípios éticos para distinguir quando a violência é ou não justificável seria perpetuar uma ilusão perigosa: a de que o modo certo de fazer escolhas é (como às vezes fazemos) pensar os princípios orientadores de antemão, e depois agir sobre esses princípios na hora do apuro. Na verdade, seja lá o que eu escreva nesse livro, e sejam quais forem as crenças que professo, se meus filhos estivessem de fato sob ameaça, tenho certeza de que outras coisas assumiriam o comando das minhas decisões. Será que eu lutaria? Talvez. Será que eu encararia o homem com calma e diria "Para fazer isso, você deve estar muito desesperado. Como posso ajudá-lo?" Talvez. Certamente, a escolha dependeria em parte de uma vida de experiências e aprendizado. Se eu tiver explorado a não violência em profundidade, na teoria e na prática, é mais provável que eu a aplique com sucesso num momento em que lutar não for a melhor opção. Mas absorver e integrar o espírito da ação não violenta é muito diferente de implementá-la como regra e imaginar que serei capaz de colocar em prática aquela regra quando for chegado o momento. Aspirar a ser um "homem de princípios" é um tipo de separação, parte do programa de controle. Equivale a tentar passar por cima das coisas viscerais, do instinto e, muitas vezes, do coração. Quantas atrocidades na nossa história foram justificadas por um princípio ou outro?

O que exatamente queremos dizer quando falamos que os psicopatas detêm o poder na nossa sociedade? O poder na sociedade humana depende de um sistema de acordos nela estabelecidos. Um executivo psicopata não detém o poder porque ele próprio tem músculos grandes ou armas enormes. Seus poderes coercitivos e de manipulação dependem na maior parte de dinheiro e aparatos correlatos de governança corporativa. No fim das contas há, realmente, músculos e armas prontas para coibir aqueles que se recusam a obedecer as regras, mas mesmo assim, ele não empunha pessoalmente essas armas. Elas são empunhadas por policiais decentes e seguranças que não possuem mais traços de psicopatia do que o resto de nós.

Em outras palavras, o poder numa sociedade complexa surge de uma história: de um sistema de acordos e narrativas que servem de andaimes para o mundo. Nossa história atual facilita a manifestação da psicopatia e empodera o psicopata. Em última instância, é a história, e não a força, que empodera aqueles que estão no poder; por isso devemos agir no âmbito da história e não do poder, para tirar o seu poder e mudar o sistema. Pelo mesmo motivo, advogar a força como instrumento primário de mudança é algo contraproducente – pois reforça a mesma História da Separação que está na raiz de nosso problema desde o início. Uma faceta é a história das pessoas boas que finalmente se levantam para derrubar as pessoas más.

Avancemos mais um passo no questionamento da categoria dos psicopatas. É verdade que o psicopata simplesmente nasceu sem empatia? Uma explicação alternativa é que o psicopata tem empatia, mas a silenciou na infância tornando-se incapaz de sentir. E por que isso ocorreria?

Talvez porque o psicopata é justamente o oposto do que pensamos. E se o psicopata não for alguém que nasceu sem sentimentos, mas alguém nascido com uma extraordinária capacidade de empatia e sensibilidade à dor emocional? Incapaz de suportar essa intensidade, ele a bloqueia totalmente. A maioria de nós não precisa fazer isso, porque a imensa dor do mundo não nos afeta de modo tão forte. Ou digamos que ela nos afeta de maneira diferente, talvez uma dor mais profunda, menos imediata, menos crua.

É provável que você consiga ver que a nossa forma cultural de criar os filhos contribui de muitas maneiras para bloquear os sentimentos, em particular dos meninos. Para além da infância, isso está impregnado em toda a sociedade. Em inglês a palavra "cool"[2] [frio] tem sido o adjetivo de aprovação mais usado durante os últimos cinquenta anos. Por que "frio" significa "bom"? Por que é desejável ser frio nas emoções, não sentir muito, não se importar muito, não levar nada a sério? Um dos motivos pode ser a vontade de se retirar de um mundo doloroso demais para suportar. Outro motivo é que reconhecemos a falência de muitas coisas que se espera que levemos a sério. As notícias da mídia nos oferecem um arsenal infinito de trivialidades e teatrinhos, pontuadas por horrores chocantes e aparentemente desconexos que aprendemos a ignorar. Será que criamos indiferença a eles porque somos, nós mesmos, psicopatas? Ou será que sentimos que isso é uma espécie de show, sintomas de uma doença mais profunda? Talvez nos defendamos porque a história prevalente escondeu muito daquilo que realmente importa para nós.

Muitos comportamentos psicopatas clássicos fazem sentido dentro do contexto de um bloqueio total dos sentimentos. Insensibilizado para os sentimentos, o psicopata tem, no entanto, uma forte necessidade psicológica de sentir. Por isso ele é dado à impulsividade, ao drama, aos comportamentos arriscados e sem sentido, que não contribuem em nada para seus próprios interesses. Ele será atraído por qualquer coisa forte o suficiente para quebrar os muros que ele construiu em torno de si. Para alguns será a intensidade da paixão rápida, para outros o assassinato, para outros fechar um grande negócio. Pode ser um grande risco, uma grande compra, um jogo alto. Muitos psicopatas são viciados naquilo que, segundo eles relatam, os fazem se sentir vivos. A maioria dos pesquisadores acredita que a psicopatia é uma conjunção de dois eixos independentes de variação: falta de empatia e impulsividade. Na minha hipótese, os dois estão intimamente relacionados. O comportamento de risco é uma tentativa de romper a falta de sentimentos.

---

2. Em português a expressão "fica frio" significa "fique calmo". [N. do T.]

Devo admitir que há muito poucas pesquisas apoiando esta hipótese.[3] Ela se baseia na minha própria experiência – em primeiro lugar comigo mesmo. Eu era uma criança excessivamente sensível e, devido ao trauma de ter sofrido bullying nos primeiros anos da adolescência, aprendi a bloquear a maior parte dos meus sentimentos. Embora esse bloqueio não tenha chegado ao grau extremo do psicopata, ele me permitiu fazer coisas muito insensíveis e manipuladoras. Também manifestei outros traços psicopatológicos como impulsividade e um gosto por fazer drama. Fiquei preso na armadilha da insensibilidade e queria de forma desesperada sentir algo. A letra da música de Tory Amos falava a mim diretamente: *"Give me life, Give me pain, Give me myself again"* ["Me dá vida, me dá dor, me devolva a mim mesmo"].

Além disso, interagi por longos períodos com vários indivíduos psicopatas, e ao menos um deles era profundamente psicopata: um homem cuja crueldade não tinha limites. Eu o chamarei de C. Ele também tinha outros traços clássicos da psicopatia: autojustificação eloquente, total falta de vergonha, extrema impulsividade, carisma extraordinário e grande coragem física que com frequência extrapolava para a insensatez. Mas havia uns poucos momentos em que eu percebi de relance algo diferente, uma ternura ou pureza que aparecia de maneira muito intrincada, por exemplo, em gestos espontâneos, secretos e às vezes magnânimos de generosidade ou cuidado com alguém. Estes eram diferentes dos artifícios cínicos que ele encenava de forma rotineira para parecer um cara muito legal. Havia algo mais, um ser humano de verdade. Tanto quanto sei, o verdadeiro ser humano ainda está profundamente soterrado, mas está lá dentro e algum dia poderá despertar.

Seja tal transformação possível ou não, o fato é que do ponto de vista prático os psicopatas precisam ser coibidos. Mergulhei nessa

---

3. Veja, por exemplo, "Emotional Capacities and Sensitivity in Psychopaths" [Competências emocionais e sensibilidade em psicopatas] por Willem H. J. Martens, MD, PhD.

especulação sobre a origem da psicopatia por dois motivos. Primeiro, para oferecer uma alternativa à explicação comum para a existência do mal. Olhando para o mundo à nossa volta, certamente parece que os psicopatas estão no controle. Minha tese é que o mal é uma consequência e não a causa, e ao empreender a guerra contra ele, estamos apenas favorecendo os objetivos do mal. A psicopatia é a expressão extrema de algo que existe em todos nós e na cultura circundante. Ela vem por termos nos separado de nosso ser estendido.

A segunda razão para adentrar esse tópico é que a transformação do psicopata tem implicações para a transformação da nossa civilização. Ao explorar a natureza e as pessoas para seus próprios fins, jogar charme superficial para atrair outras culturas, justificar tudo que faz através do eloquente discurso do progresso, nossa civilização tem sido praticamente psicopata. É claro que individualmente nós sentimos empatia por outras espécies, culturas e ecossistemas que atrapalham o progresso, mas de modo coletivo agimos apenas de forma esporádica para impedir a exploração – como o meu amigo e seus ocasionais gestos de humanidade distorcida. Além disso, a questão "Como aprender a sentir novamente?" afeta a todos, e não apenas aqueles a quem chamamos de psicopatas, pois cada um de nós, de nosso próprio modo, bloqueou as conexões que sentiu com partes de seu ser estendido.

Mas ocorre que eu sei que os psicopatas podem mudar, porque conheci um que mudou. Quando eu ainda era professor da universidade, um aluno de 22 anos entrou no meu escritório com uma confissão chocante. Ele me disse, de modo muito casual e sem sinal de orgulho nem vergonha: "Eu sou o maior vendedor atacadista de cocaína do pedaço. Ganho 10 mil dólares por semana e gasto tudo. Bebo Dom Pérignon todo dia. Quando saio à noite levo quatro guarda-costas da pesada. Soube que a Procuradoria tem um dossiê contra mim, mas não ligo a mínima".

"Nossa, isso parece bom, qual é o problema?", eu falei.

E ele respondeu: "Estou meio cansado disso. Não está me ajudando. Ando pelo campus e no lugar de rostos só vejo notas de cem. Cada um deles vai dar uma nota de cem para o traficante, que vai dar para o distribuidor, que vai dar para mim. Isso não me diverte mais. Acho que vou ter que largar esse emprego".

"Isso não vai ser fácil", avisei. Depois de entrar nesse mundo, é praticamente impossível sair. "Mil mãos vão puxar você de volta."

Foi muito difícil para F. mudar de emprego. Como parece acontecer com muitos psicopatas, ele tem uma extraordinária criatividade, carisma e recursos, e também impaciência em relação às regras e costumes convencionais. Em quase todos os empregos ele logo chegava àquele ponto: "Por que tenho que fazer isso?" Seu primeiro emprego foi numa sorveteria, onde ele logo adotou a atitude de "Pega aí seu próprio sorvete!" Arranjou um novo serviço e foi vender hipotecas; quebrou todos os recordes de vendas no primeiro mês, depois largou tudo. Começou a fotografar e, apesar de não ter experiência, em poucos meses já ganhava milhares de dólares por foto – não só porque sabia se vender, mas por sua habilidade de fazer os modelos baixarem a guarda. Esse trabalho manteve seu interesse por um pouco mais de tempo, mas logo não conseguia ver mais sentido na coisa. Ele queria se concentrar mais na expressão criativa, e não queria se dar ao trabalho de fazer as coisas que em geral precisam ser feitas para cobrar muito dinheiro. Ele começou a trabalhar de graça.

Durante esse período F. começou a sentir quantidades gigantescas de dor emocional e psicológica, em especial quando decidiu parar de beber – tornou-se uma pessoa com extraordinária capacidade de sentir. Hoje ele passa o tempo em casa com seu filho pequeno, brincando com a fotografia e outras artes digitais. Não sei em que direção voltará suas prodigiosas competências. Nossa sociedade não oferece cargos feitos de encomenda para pessoas assim – teve que ficar pequeno para se encaixar. Como seria o mundo se conseguisse acomodar pessoas como F.?

A situação dele é a de todos nós. A sociedade nos torna artificialmente pequenos para que caibamos em suas caixinhas, um projeto do qual nos tornamos cúmplices. Se o programa de encolhimento fracassar, ou se a energia negada não puder ser contida, a sociedade não terá lugar para você. É impossível sentir de forma plena e ainda funcionar como um membro da sociedade normal. Quando sentimos em demasia, quando nos importamos demais com as coisas, então os papéis que assumimos, que engraxam as engrenagens da máquina, se tornam intoleráveis. A boa notícia é que essa mesma máquina é a que estamos levando para a beira do abismo.

Lembre-se do primeiro motivo que dei acima para o uso da palavra "frio": nosso reconhecimento da falência de muitas coisas que se espera que levemos a sério. Os psicopatas têm essa qualidade em ampla medida: não apenas se mostram calmos sob pressão, mas são relativamente indiferentes a muitos dos mecanismos de incentivo e vergonha que a sociedade usa para nos governar. Muitos ativistas também gostariam de se libertar dessas limitações, em especial quando o trabalho que fazem também fere várias normas sociais. Estar livre da pressão da opinião dos outros é apenas um dos traços desejáveis do psicopata. De fato, os psicopatas possuem muitas das características associadas a mestres espirituais, como não apego, foco, estar no momento presente e coragem. De fato, é possível aventar a hipótese de que alguns famosos mestres espirituais eram psicopatas (Gurdjieff e Chögyam Trungpa são exemplos que me vêm à mente).

Segue aqui uma história do Livro IV de Liezi[4] (traduzido por Thomas Cleary):

> Lung Zu disse ao médico Wen Chi, "Sua arte é sutil. Eu tenho uma doença, você pode curá-la?"
> O médico disse "Farei o que me pede, mas primeiro diga quais os seus sintomas".

---

4. Coleção de textos taoistas. [N. do T.]

Lung Zu respondeu: "Não fico honrado quando a vila inteira me elogia, nem envergonhado quando o país inteiro me critica. Vejo a vida como a morte, e a riqueza como pobreza. Vejo as pessoas todas como porcos, e a mim mesmo como aos outros. Em casa estou como numa hospedaria, e a minha vila natal é como um país estrangeiro. Com essas aflições, as recompensas não me estimulam, os castigos não me ameaçam. Não sou transformado por florescimento ou declínio, ganho ou perda; não sou movido pela tristeza ou pela alegria. Assim, não posso servir ao governo, me associar com amigos, dirigir minha casa ou controlar meus servos. Que doença é essa? Há cura para ela?"

O médico fez Lung Zu ficar de pé com as costas para a luz enquanto examinava seu peito. Depois de algum tempo disse: "Aha! Vejo seu coração; está vazio! Você é praticamente um sábio. Seis das aberturas do seu coração estão abertas, uma delas está fechada. Talvez por isso você pense que a sabedoria é uma doença. Ela não pode ser curada por minha arte superficial".

A psicopatia é mais do que aparenta. É possível obrigá-la a caber na nossa categoria do mal, mas apenas se ignorarmos algumas de suas muitas dimensões. Outra pista que ainda não mencionei é a tendência dos psicopatas "amolecerem" e desenvolverem empatia com mais idade. Ou será que a história que gerava suas emoções ficou sem graça? Entrevendo essa possibilidade, na presença de C. – meu amigo psicopata –, embora eu mostrasse apreciação por suas habilidades e audácia na conquista de objetivos, e risse com ele, deixava claro que não estava impressionado com o resultado final (levar uma mulher para a cama, humilhar alguém, ou fechar algum negócio), tentando comunicar a ele que "Há um jogo mais importante que você pode jogar".

Embora a maior parte das pessoas não seja tão extrema quanto C., quem de nós pode afirmar que nunca participou de um joguinho menor do que aquele que podemos jogar, lutando por recompensas triviais que, quando atingidas, deixaram um sentimento de "e daí"? Sejam psicopatas ou não, os ganhadores do jogo da nossa sociedade são os maiores otários de todos.

Há uma ou duas gerações, a Terra ainda não passava pela dor de agora, e tínhamos a História da Ascensão – o progresso e a conquista – que absorvia muito da dor existente, que já era muita. Hoje a história da tecnologia que faz a vida na Terra cada vez melhor está cambaleando. E a dor vai crescendo para além das nossas tentativas de negá-la. Por algum tempo talvez consigamos nos distrair, encontrar algum espaço inconsequente onde possamos sentir. Festas esportivas, filmes de ação, novelas fantasiosas, notícias de celebridades, e as várias tragédias que nos endurecem e se fazem presentes regularmente na mídia de massa – tudo isso nos permite exercitar nossos sentimentos e continuar a viver a vida como se ela fosse normal. Mas chega uma hora que essas trivialidades não nos tocam mais, e percebemos que as tragédias também são apenas os terminais visíveis de uma disfunção venosa mais profunda. A vida para de fazer sentido. Como F. quando vendia hipotecas, nos perguntamos qual o sentido disso. Vamos nos arrastando, no emprego ou na escola, talvez por medo da ruína financeira, mas em dada altura nem isso nos ajuda a continuar. O próximo passo é medicamentoso: antidepressivos para evitar a dor; antiansiolíticos para matar a sensação de que algo está muito errado; estimulantes para nos concentrarmos em coisas que não importam para nós. Mas todos esses artifícios conseguem apenas soterrar ainda mais a força vital. Ali ela cresce, eclodindo talvez como um câncer, voltando-se contra o corpo como autoimunidade, ou explodindo para fora como violência. Não admira que praticamente todas as chacinas em escolas nas últimas duas décadas envolviam pessoas tomando medicação psiquiátrica.

Imaginem como o mundo poderia ser se canalizássemos essa força vital represada na direção de algo que valesse a pena. Certamente a maioria das pessoas têm acesso a coisas que valem a pena no âmbito pessoal. Há bebês para abraçar, ombros nos quais chorar, jardins para plantar. Nossa História do Mundo e seus sistemas em geral empurram essas vias simples de serviço relegando-as às periferias apressadas da vida. Além disso, também precisamos mais do que apenas essas, ao menos em certas etapas da vida. Eis a razão pela qual nós, e em especial os jovens, temos fome de uma causa. Assim como F., queremos nos importar com as coisas. Queremos encontrar um modo de abrir as comportas do coração. Coisas como "erradicar a poliomielite da África", ou "liberdade na internet", talvez aplaquem o desejo por algum tempo, mas por fim deixam de nos excitar. Os portões se fecham de novo, talvez por esgotamento ou fadiga compassiva. Para alguns de nós, nenhuma dessas causas, se consideradas de forma isolada, consegue furar o tédio, a indiferença, a frieza. É preciso ver aquela coisa maior que estamos servindo. Precisamos de uma história do mundo de que realmente gostemos.

Mal

Quando estamos diante de algo que consideramos um "mal",
aquilo representa uma ameaça à autopreservação do ego.
Estamos tão ocupados preservando nossa existência em face dessa
ameaça que não conseguimos ver aquilo com clareza alguma.
– Chögyam Trungpa

Nas sessões de perguntas e respostas ou em discussões na internet às vezes sou acusado de ignorar "o lado escuro da natureza humana". Gostaria de examinar mais de perto essa afirmação. Qual é o lado escuro da natureza humana? Isso significa mais do que "às vezes as pessoas fazem coisas horríveis", porque é óbvio que se não houve culpa ou intenção de fazer mal, não se trata de algo muito escuro. Além do mais, quem leu minha obra sabe que estou perfeitamente consciente das coisas horríveis que nós humanos fizemos uns aos outros e ao planeta. Não; quando falamos do lado escuro da natureza humana, estamos fazendo uma afirmação disposicionista: que fazemos coisas ruins porque há algo ruim em nós. Trazemos dentro de nós o mal, a malícia, o egoísmo, a ganância, a brutalidade, a crueldade, a violência, o ódio e a indiferença.

Por um lado, isso é verdadeiro na vida diária: todas essas são parte da experiência humana. Mesmo que as circunstâncias as façam aflorar, elas devem estar latentes em algum lugar para que possam despontar. Mas se fosse só isso, então a reação situacionista seria suficiente para resolver o problema: mudando as circunstâncias que fazem aflorar o mal. Essa não é tarefa fácil. As "circunstâncias" incluem todo o edifício da nossa civilização, de alto a baixo, até suas mitologias fundantes da Separação e Ascensão. E no entanto, em princípio, um mundo mais bonito ainda é possível.

Até onde percebo, os críticos estão dizendo algo além: "Não apenas o mal é produto de nossas instituições – e muitas delas, como o sistema monetário, provocam e recompensam o mal –, ele é anterior a qualquer uma delas. De fato, nossas instituições maléficas foram criadas e impostas a nós por pessoas más. Além disso, essas pessoas ainda estão entre nós nos dias de hoje. Elas não permitirão que você mude o sistema. Há mal no mundo, Charles, um mal fundamental. Se você se consola com fantasias sobre como ele pode ser curado, ele simplesmente se aproveitará de você. O mal precisa ser enfrentado e derrotado".

Alguns desses críticos externam o mal na forma de uma sociedade maligna de *illuminati* que secretamente rege o mundo; outros oferecem uma posição menos maniqueísta que situa o mal também dentro de si mesmos. Todavia, ambos o veem por uma lente essencialista.

Antes de responder a essa crítica, sinto que é necessário esclarecer que não ignoro as piores coisas que aconteceram e que ainda acontecem neste mundo. Sei do que as pessoas estão falando quando se referem ao mal institucional e pessoal. Qual a descrição para um credor internacional que exige pagamento de juros de países onde as crianças morrem de fome? Do que se trata quando as mulheres na Nigéria são estupradas com baionetas? E quando bebês são enforcados? Do que se trata quando pessoas são torturadas com alicates e ferramentas elétricas? Do que se trata quando bebês são estuprados em canais de pornografia infantil? E quando crianças são mortas diante dos pais como punição para ativistas pelos direitos dos trabalhadores? E quando crianças das tribos nativas norte-americanas são enviadas a colégios internos para perder sua língua de origem e, muitas vezes, suas vidas? E quando florestas virgens são derrubadas para fins de lucro? E lixo tóxico despejado em ralos? E quando cidades são devastadas por bombas atômicas basicamente para fazer uma demonstração de força? A brutalidade e a hipocrisia neste planeta não têm limites. As piores coisas que você puder imaginar que um ser humano fez a outro já foram feitas. Se não foi por causa do mal, então por quê?

Qualquer visão de mundo que não reconheça a realidade dessas coisas não conseguirá nos oferecer uma fonte de otimismo, fé e coragem. Nascidos num mundo onde essas coisas acontecem, todos nós carregamos sua marca. É melhor estar atentos. Para mim, é importante às vezes ler sobre o último genocídio; ver fotos da extração de areias betuminosas; ler sobre o desflorestamento mundial, e ter contato com a história individual de pessoas afetadas pela guerra, pela indústria prisional etc. Somente vendo o que há de pior é que meu otimismo pode ser autêntico. Em geral são os casos pequenos, pessoais, que me atingem. Por exemplo, uma mulher que conheci na Califórnia. Ela se recusou a dar um remédio a seu filho porque, me contou, a cada nova droga que os médicos prescreviam, ele ficava pior. Ele já tinha tomado mais de 20 e ela estava cheia. Então o serviço social tirou a criança dela. Ele morreu um mês depois. Para todo lugar que vou, levo essa história, e centenas de outras parecidas.

Se você tem olhos para ver e ouvidos para ouvir, com frequência ouvirá histórias tão horripilantes quanto essa, e piores. Você consegue vislumbrar o abismo de desespero que elas oferecem sem cair lá dentro? Você consegue ouvir a provocação ao ódio, à vingança, sem ceder a ela? O convite não está desvinculado do desespero. Pelo cálculo da guerra, o mal é mais forte que o bem. Ele não tem freio. Usará qualquer meio que se fizer necessário. Por isso não há esperança dentro de narrativas nas quais um *illuminati* irremediavelmente mau controla todos os governos, corporações, exércitos e bancos do mundo.

Gostaria de mostrar que as histórias horripilantes oferecem um convite diferente. O convite é: "Farei tudo que estiver ao meu alcance para criar um mundo onde isso não aconteça". Agregar essas histórias à minha consciência me imuniza contra a História do Mundo ainda dominante, na qual as coisas são basicamente como deveriam ser.

Há anos, minha então esposa, Patsy, visitou uma creche caseira com a ideia de achar um lugar onde nosso filho Philip pudesse interagir com outros bebês por uma ou duas horas por dia (nenhum de nós acreditava em creches). Ela entrou numa cena onde duas mulheres tomavam conta de umas 12 crianças de zero a quatro anos de idade, com um pouco de ajuda da babá eletrônica: uma televisão. Um dos bebês, com cerca de nove meses, estava na idade de engatinhar. Mas não podia engatinhar porque ficava dentro de um quadrado, ou seja, uma jaula. Ele não estava chorando, estava só sentado ali. Patsy ficou com pena dele, todo cercado daquele jeito. "Por que ele não pode ficar aqui fora?", ela perguntou. A mulher respondeu: "Veja como estamos ocupadas. Ele vai entrando em todo lugar. Ele não pode ficar aqui fora com todos esses outros para alimentar, trocar, olhar..."

"Eu cuido dele", disse Patsy. A mulher concordou que o bebê poderia sair um pouco.

Então Patsy o tirou do quadradinho e, assim que se viu livre, o rosto do bebê se iluminou de alegria. Por fim ele podia engatinhar! Ir para lá, para cá, interagir com as outras crianças. Era o céu para ele. Ele pôde fazer isso por quinze minutos. Então Patsy teve que ir embora e o bebê voltou para a jaula. Quinze minutos foi tudo que conseguiu.

Quando ouvi essa história, o voto ressurgiu dentro de mim: "Farei tudo que estiver ao meu alcance para criar um mundo onde os bebês não tenham que ficar em jaulas". Isso parece representar uma pequena nota de rodapé em meio à ladainha de horrores que assaltam a civilização, mas me atingiu. E percebi que isto se relaciona com tudo o mais que acontece hoje em dia, com o sacrifício da humanidade em nome da eficiência; a monetarização da intimidade; a imposição de um regime de controle em todas as áreas da vida. Me admirei novamente: "Como chegamos a um estado de pobreza tão abjeto que os bebês têm que ser enjaulados?" Um bebê numa jaula é apenas um fio minúsculo que integra a totalidade da História do Mundo.

Um mundo onde os bebês são colocados em jaulas, sem mencionar que são também mortos a machadadas, é intolerável. Uma boa definição de inferno é não ter escolha senão tolerar o intolerável. Nossa História do Mundo não nos oferece meios para negá-la, pois nela o mal – seja sob a forma do autointeresse genético ou dos poderes demoníacos – é uma força elemental nesse universo. E você não passa de um indivíduo risível num oceano de outros. Portanto, nossa História do Mundo nos lança no inferno.

A mulher que cuidava daquelas crianças obviamente não era má. Ela estava assoberbada, ocupada, e dentro de uma história na qual tudo que ela fazia era normal. A questão do mal talvez se resuma a isto: será que aquela mulher estava numa ponta do *continuum*, seguida pelo procurador ambicioso ao extremo, o político venal, até chegar ao torturador sádico? Ou haverá uma descontinuidade que separa o humano comum que tem defeitos daqueles verdadeiramente maus? Antes de tirar conclusões apressadas, devemos nos esforçar para compreender que tipo de "situação" pode gerar até mesmo os atos mais hediondos.

Talvez aquilo que vemos como mal na natureza humana seja uma reação condicional a circunstâncias tão universais, e de origem tão antiga, que não conseguimos vê-las como condicionais. A "alterização", a transformação de tudo em um "outro", que nos permite fazer o mal, e as histórias que contêm essa "alterização" estão presentes em certa medida até entre os indígenas, e formam a urdidura e a trama da sociedade moderna. Não sabemos como a natureza humana seria num ambiente que corporificasse a História do Interser. Não sabemos como seria crescer numa sociedade que afirmasse nossa conectividade e cultivasse suas percepções, sentimentos, pensamentos e crenças.

Não sabemos o que a experiência da vida seria se nunca aprendêssemos autorrejeição e julgamento. Não sabemos como reagiríamos a condições de abundância em vez de escassez. Em *Sacred Economy* [Economia sagrada] escrevi que "A ganância é uma reação à percepção de escassez". (Se todos têm o suficiente e a sociedade vive uma economia de partilha que recompensa a generosidade, então a ganância perde o sentido.) Talvez se possa expandir esse conceito e dizer que o mal é uma reação à percepção de separação.

Uma vez, em um retiro, pedi aos participantes que andassem como seres separados. Deveriam olhar para o sol e ver apenas uma bola de hidrogênio fundido, e as árvores como um acúmulo de tecido vegetal; ouvir o canto dos pássaros como um chamado de acasalamento geneticamente programado e como marcadores territoriais. Deveriam ver uns aos outros como egos autocentrados e gananciosos e o mundo como uma arena de competição. E lembrei a todos que o tempo era curto. Quando nos reunimos para avaliar a experiência, um dos participantes disse: "Comecei a ficar bravo. Queria bater em alguém, matar alguma coisa".

Aquelas percepções de separação que pedi às pessoas que adotassem são o ar que respiramos como membros da sociedade moderna. São as crenças implícitas de nossa cultura. Não admira que sejamos tão raivosos. Não admira que sejamos tão violentos. Imerso em tal mundo, quem não seria?

Não estou negando a existência de muitas pessoas perigosas no mundo, pessoas que estão condicionadas de maneira tão profunda pela Separação que seria necessário um milagre para transformá-las. Esses milagres acontecem às vezes, mas não recomendo que você aposte num milagre em todas as situações. Outra vez: se um intruso armado ameaçasse meus filhos, é provável que eu usasse de força para impedi-lo – entendesse ou não que seus atos se originavam de traumas na infância, fossem quais fossem. O momento de perigo talvez não seja a melhor hora para curar traumas.

Por outro lado, talvez seja. Descobri – e outros descobriram em situações mais extremas do que as que eu vivi – que agir a partir da compreensão de unidade ao invés do medo pode ter efeitos surpreendentes em situações tensas. Hostilidade gera hostilidade, e confiança gera confiança. Não digo que "funcione" sempre, mas o fato de quebrar o script usual ao menos permite a possibilidade de um resultado diferente. Responder a alguém sem medo passa a mensagem de "Você não é perigoso. Eu sei que você é uma boa pessoa". Isso cria um roteiro diferente no qual ele pode embarcar. A pessoa pode se negar a fazer esse papel, mas ao menos existe a possibilidade.

Há pouco tempo, meu filho adolescente vendeu um objeto dele por 75 dólares para um outro moleque do bairro. O menino encontrou-se com ele para pegar o objeto, mas ao invés de pagar a Jimi, agarrou a coisa e correu. Jimi correu atrás dele mas não conseguiu alcançá-lo. Um outro adolescente, membro de uma gangue local, viu o que aconteceu e perguntou a Jimi porque ele tinha corrido atrás do garoto. Jimi contou a história, e o garoto da gangue sacou uma arma e disse: "Eu te ajudo a resolver isso. Sei onde ele mora". E Jimi respondeu: "Vou pensar e volto a falar com você". Aquela noite ele me contou a história e perguntou: "O que você acha que devo fazer, papai?"

Pensei um pouco e disse: "Bem, você está numa posição de superioridade, e provavelmente conseguiria seu dinheiro pela força. Mas se você for com seu colega armado visitar o ladrão e pegar o objeto ou o dinheiro, você sabe o que vai acontecer. O garoto vai querer se vingar, ou de você ou de alguém mais fraco. O ciclo de violência vai continuar. Em vez disso, por que não transformar a situação? Você pode mandar uma mensagem para o garoto que tem a arma dizendo: 'Se ele quer tanto assim aquele negócio, diga a ele que aceite como um presente meu. Aquilo é só uma coisa'." Expliquei a Jimi que essa abordagem não funcionaria se ele já não estivesse numa posição de superioridade, pois nesse caso seria visto como rendição. Mas naquela situação essa mensagem seria vista como algo totalmente fora do comum.

Jimi me disse que ia pensar a respeito. Ele não fez como eu sugeri, mas deixe-me contar o que aconteceu. Mais tarde naquela mesma semana Jimi marcou um encontro com o ladrão. Ele foi acompanhado de seu amigo M., um especialista em artes marciais. O ladrão trouxe dois amigos também. Disse que realmente queria o item mas que não queria pagar. Os dois amigos do ladrão começaram a colocar Jimi e o ladrão um contra o outro para que brigassem pelo objeto. Jimi, que tem quase um metro e noventa, e também estudou artes marciais, disse: "Esqueça. Não vou brigar com você por causa de um objeto material. Fique com ele. Não quero seu dinheiro".

O ladrão ficou surpreso. Ele disse: "Sabe, não está certo. Eu não devia ter pegado isso desse jeito. Vou te dar um dinheiro. Que tal 50 dólares? É o que eu posso pagar".

Onde antes um tinha o outro numa história de inimizade, agora havia humanidade.

Pancho Ramos Stierle tem uma casa de paz na fronteira entre o território de duas gangues naquele que é considerado o pior bairro de Oakland, Califórnia. Já me contaram que em várias ocasiões as pessoas entraram na casa com a intenção de roubar e matar, mas saíram convertidos em pacificadores.

Anos atrás Pancho se envolveu num protesto na Universidade de Berkeley, onde ele fazia doutorado em astrofísica. Ele integrava um grupo de alunos que jejuaram em protesto à participação da universidade no desenvolvimento de armas nucleares. Depois de nove dias, a universidade cansou daquilo e chamou a polícia para dar um castigo exemplar no grupo em greve de fome. A polícia quebrou o cordão humano que cercava o grupo, e um policial levantou o esquálido Pancho no ar, jogou-o no chão de concreto com toda força e depois, de modo brutal, o algemou.

Nesse ponto, a maioria de nós provavelmente cairia na história e nos hábitos da separação. Poderíamos reagir com ódio, sarcasmo, julgamento. Sem força física para vencer a polícia, talvez tentássemos humilhá-los em público, como alternativa. Se fosse comigo, imagino, minha indignação de uma vida inteira diante das injustiças do mundo seria projetada na pessoa do policial. Finalmente, alguém para culpar e odiar. Quanto pior sua perseguição a mim, mais gratificado eu me sentiria, mais mártir, inocente e irreprovável. Dá uma sensação boa, não é? Ter alguém desumano para odiar com total certeza. Sentimo-nos absolvidos. E por personalizar o mal, os problemas do mundo parecem bem mais simples de resolver – basta nos livrarmos daquelas pessoas horríveis.

Pancho reagiu de outra maneira.[1] Ele olhou o policial nos olhos e disse, com amizade e sem nenhuma tentativa de fazê-lo sentir culpa: "Meu irmão, eu te perdoo. Não estou fazendo isso por mim, nem por você. Estou fazendo isso pelos nossos filhos e netos". O policial ficou confuso por um momento. Então Pancho perguntou o nome dele e disse: "Meu irmão, estou adivinhando que você deve gostar de comida mexicana". [Silêncio desconcertante] "Gosto." "Pois então eu conheço um restaurante em San Francisco que tem as melhores *carnitas* e *fajitas* e *quesadillas* e, sabe de uma coisa? Quando eu e você tivermos acabado com tudo isto gostaria de quebrar o jejum com você. O que me diz?"

Espantosamente, o policial aceitou o convite.[2] E como não aceitaria? Ele abriu as algemas de Pancho e dos outros manifestantes. O poder da ação de Pancho aconteceu porque ele estava numa história diferente, e estava plantado nela de forma tão firme que assegurou lugar ali para que outras pessoas, como o policial, pudessem entrar também.

Diz o *Tao Te Ching*: "Não há infortúnio maior do que subestimar seu inimigo. Subestimar o inimigo significa pensar que ele é mau. Assim você destrói seus três tesouros e se torna você mesmo um inimigo" (Verso 69 na tradução de Mitchell). As histórias de Pancho

---

1. Veja na revista *Parabola*, "If you want to be a rebel, be kind" [Se quiser ser um rebelde, seja gentil] para um relato mais completo desse episódio.
2. Pancho me pediu para esclarecer que o almoço acabou não acontecendo.

e do meu filho ilustram esse fenômeno. Tremo ao pensar no infortúnio que poderia resultar de "subestimar" o inimigo.[3] Mesmo que o policial fosse humilhado ou punido, mesmo que o ladrão tivesse sido vencido, o verdadeiro "inimigo" teria florescido. O nível de ódio nesse mundo não teria diminuído.

Quero deixar muito claro que, para que palavras como as de Pancho funcionem, elas devem ser autênticas por completo. Se você disser algo que não é verdadeiro, se está dizendo aquilo para fazer seu algoz parecer ainda mais cruel por ter desprezado sua atitude não violenta de bondade amorosa, então ele provavelmente o retribuirá mostrando essa mesma crueldade. As pessoas, e especialmente os policiais, sabem quando estão sendo manipulados, e não gostam disso. O propósito de reagir de modo não violento não é mostrar que você é uma boa pessoa. Nem mesmo o de *ser* uma boa pessoa. A não violência é resultado da simples compreensão da verdade. Pancho falou o que sentia. Ele sabia que o policial na verdade não queria fazer aquilo. Ele olhou nos olhos do policial tendo a certeza de que "Na verdade você não é essa pessoa. Sua alma é bonita demais para fazer isso".

Percebi que testemunhar ou ler sobre incidentes desse tipo fortalece meu próprio enraizamento na História do Interser. Quando eu estiver numa situação que desafia minha posição na nova história, talvez conhecer a história de Pancho me ajude a também me manter firme. E com certeza encontro desafios desse tipo todos os dias. Nunca fui espancado pela polícia, mas todo dia vejo as pessoas fazendo coisas que me convidam a torná-las "outros", demonizá-las, e tentar punir e manipulá-las. Às vezes parece que jornais

---

3. Devo mencionar que essa passagem é extremamente ambígua. Muitos tradutores escolhem interpretar "subestimar o inimigo" do modo convencional. Mas Mitchell, com base numa compreensão sutil, intuitiva (e, na minha visão precisa) do texto, adicionou a sentença que explica que subestimar significa pensar que seu inimigo é mau. Essa sentença não se encontra no original, mas está implícita na próxima oração, que diz que quando os exércitos se chocam, os compassivos ou empáticos vencem.

inteiros foram escritos para levar os leitores a esse estado de espírito. Eles nos convidam a um mundo de pessoas indesculpáveis, horríveis, e nos predispõem a agir de maneira condizente nos nossos relacionamentos sociais.

Algumas semanas atrás, eu dei uma palestra na Inglaterra sobre como mudar a mitologia da nossa cultura. Ao descrever a dimensão científica dessa mudança, listei não apenas mudanças de paradigma mais ou menos palatáveis, como transferência horizontal de genes e interdependência ecológica, mas também exemplos mais controversos como campos mórficos e memória hídrica. Uma das pessoas na sala (que era pequena) revirou os olhos e grunhiu: "Quanta bobagem!" A emoção por trás de seu protesto era palpável, e me senti na defensiva. O que fazer? Partindo da mentalidade da força, minha reação seria tentar sobrepujar aquele homem e, devo confessar, foi assim que comecei. Falei sobre meu encontro com Rustrum Roy, um dos maiores cientistas do século XX, quase que universalmente reverenciado no campo da engenharia dos materiais como pai dessa especialidade, que elucidou os mecanismos de nanoestrutura e microestrutura da água. Já começava a relatar um caso científico de memória da água que citaria a pesquisa de Gerald Pollack da Universidade de Washington, a campanha de difamação contra Jacques Benveniste, e assim por diante, quando percebi uma expressão grave no rosto de meu desafiante. Claro, sua rejeição à memória hídrica era ideológica, não baseada em leituras, e assim despreparado ele não tinha condição de me vencer numa discussão. Ele seria apenas humilhado. Eu venceria. E daí? Será que ele mudaria de ideia? Provavelmente não. Ele provavelmente concluiria que eu estava apresentando uma tese com determinado viés, e iria para casa e leria o artigo sobre memória da água no *skepdic.com*. Na melhor das hipóteses, sua crença se fortaleceria.

Não desejando ser um agente de humilhação, segui um rumo diferente. Comentei com o público que havia muita energia emocional por trás dessa manifestação: "Por quê? É evidente, que não estamos diante de um desacordo meramente intelectual. De onde vem a emoção? Poderia ser, senhor, que o senhor tem enorme zelo por nosso planeta e vê crenças exóticas como um desvio do trabalho que é necessário, prático, que precisa ser feito? Talvez essa emoção surja porque o senhor tenha visto o dano que a ignorância científica gerou em áreas como as mudanças climáticas? Talvez possibilidades maravilhosas nos encham de medo, pois vivemos em uma civilização onde as maravilhosas possibilidades da vida humana têm sido traídas de maneira sistemática por nossos sistemas educacionais, de criação de filhos, religiosos, econômicos e jurídicos. Talvez tenhamos medo da dissolução das nossas visões de mundo, uma consequência inevitável das grandes mudanças de paradigma".

O homem não se deixou comover. Um pouco depois ele se levantou e saiu. Mas muitas pessoas me disseram que aquele foi o momento mais forte da palestra. Quem sabe, talvez a experiência de ter sido reconhecido e não humilhado somou o peso de uma pluma de amor ao inventário de experiências daquele homem.

A melhor vitória, diz Sun Tzu, é quando os perdedores não percebem que perderam. Na velha história, sobrepujamos o mal e deixamos nossos inimigos na lama, chorando e rangendo os dentes. Não mais. Todos virão juntos nessa viagem. Na nova história, todos que forem deixados para trás empobrecem o nosso destino. Vemos cada ser humano como possuidor de uma lente singular para ver o mundo. E nos admiramos: "Que verdade este homem conseguiu ver da perspectiva dele, que da minha é invisível?" Sabemos que deve haver algo; que de fato cada um de nós ocupa um lugar diferente na matriz total do ser, exatamente para poder contribuir com uma experiência única à totalidade em evolução.

Não sei se o encontro de Pancho com o policial mudou diretamente a vida daquele homem. Mas sei que cada experiência de amor ou de ódio fica inscrita na nossa interioridade. Cada experiência de amor nos leva na direção da História do Interser, pois só se encaixa nesta história, e desafia a lógica da Separação.

    Creio que esses casos deixam claro que agir a partir do interser não é igual a ser um capacho, ser passivo, ou permitir a violência. Às vezes sou criticado no sentido oposto àquelas censuras de que sou ingênuo; algo nesta linha: "Charles, você não entende? Tudo é bom. Somos todos um. Todas essas coisas 'ruins' estão acontecendo para o nosso crescimento. Vamos manter o foco nas bênçãos e ficar longe da negatividade. Você critica a tecnologia, mas veja – a internet permite que eu me comunique com meu filho na China. Tudo está evoluindo de modo perfeito". Discordo desse ponto de vista, ou melhor, acredito que ele representa uma compreensão parcial de um princípio metafísico. Usar lentes cor-de-rosa ignorando de maneira voluntária a dor e a feiura do mundo é como jogar concreto por cima de um lixão esperando que ele desapareça. Num certo grau, é verdade que "tudo é bom" – mas isso inclui nossa percepção de que algo está muito errado. É essa percepção, e o fogo que ela acende dentro de nós, de desejo de criar um mundo mais bonito, que faz com que "tudo é bom" se torne realidade. A perfeição da evolução engloba a imperfeição. Resistir à "negatividade" é em si uma forma de negatividade, na medida em que afirma que a dúvida, o medo etc. são de fato negativos. Mas eles têm um importante papel, assim como tudo mais. Negar isso, negar nosso medo e nossa dor, seria de fato ignorar o lado escuro. Agir a partir do interser é não negar fato ou experiência alguma que se apresenta a nós. É preciso, sim, abrir mão da nossa interpretação costumeira dessas experiências. Isso pode ser difícil, pois tais interpretações não são apenas reiteradas culturalmente de modo sutil e poderoso, são também uma espécie de cobertura para feridas profundas de Separação que a maioria de nós traz consigo.

    Deixe-me repetir isso. O ódio e a História do Mal são uma cobertura para a ferida da Separação. Precisamos tirar essa cobertura e dar atenção à ferida, para que ela possa sarar. Caso contrário, continuaremos a agir, nós mesmos, a partir da Separação e de maneira involuntária criaremos mais separação através de tudo que fazemos. Novamente: você consegue olhar para o abismo aberto pelas atrocidades mais horrendas e não mergulhar no ódio? Você consegue se manter presente à ferida aberta e dolorosa que essas histórias revelam? Você consegue se deixar sentir a dor, sentir mais dor, sabendo que tendo integrado aquela dor você agirá com sabedoria, clareza e eficácia muito maiores que os ataques do inimigo?

Estava prestes a dizer que para agir a partir do interser, longe de capitular de forma covarde ao mal, é preciso considerável coragem. Mas então percebi que colocar a questão dessa maneira seria atrelar a ideia a um pensamento de separação. Seria o mesmo que dizer que falta coragem àqueles que não fazem isso, e que deveríamos cultivar a coragem para agir com amor. Na verdade, o que acontece é que nossa imersão na História do Interser gera coragem.

Admito que pode haver situações em que os meios não violentos são insuficientes, mas habituados como estamos ao conceito do mal, ao paradigma da força e ao hábito de "alterizar", tendemos a agrupar praticamente todas as situações nessa categoria. A violência pode ser muito sutil, travestida em conceitos como "responsabilizar", que em geral significa envergonhar, humilhar e dar um castigo. Raras vezes temos a imaginação, coragem ou habilidade para agir a partir da compreensão emocional da humanidade do agressor, ou do ingrato, ou do tolo. O fato de existirem palavras como ingrato, tolo, idiota, mentiroso, esquisitão, apologista, imperialista, racista, e assim por diante, já é um convite à crença disposicionista de que as pessoas *são* essas coisas. A Separação está embutida na nossa própria linguagem.[4] Você percebe agora a profundidade da revolução

---

4. Portanto, algumas pessoas advogam a abolição de todos os rótulos humilhantes do nosso vocabulário. Segundo elas, se substituirmos "narcisista" por "pessoa com tendências narcisistas", e "viciado" por "pessoa com um vício", e "mentiroso" por "pessoa que tem o hábito da faltar com a verdade", poderemos sustentar a dignidade de todas

na condição do ser humano que estamos empreendendo? É possível ver quão profundamente nosso contexto nos condiciona a enxergar o mal como fato no mundo?

Mesmo que o leitor não esteja convencido de que não existe o mal essencial, elemental, ao menos deve ter ficado claro que na maioria das vezes, aquilo que atribuímos ao mal na verdade surge de uma situação. Mesmo que o leitor ainda pense que existe "uma descontinuidade que separa os seres humanos comuns (com defeitos) das pessoas verdadeiramente más", ficou claro que com frequência classificamos aqueles como estas. Isso é muito importante, pois, embora o mal possa ser superado apenas por uma força superior a ele, tudo o mais pode ser modificado pela mudança da situação, da totalidade das circunstâncias internas e externas. Em boa parte, essas circunstâncias consistem em camadas e mais camadas de histórias sobrepostas, chegando até o fundo da nossa História do Ser cultural e pessoal.

É nessa dimensão que precisamos trabalhar se queremos criar um outro tipo de sociedade. Devemos nos transformar em contadores da história de um mundo novo. Contamos a história não apenas através de palavras, mas também com ações que brotam dessa história. Cada uma dessas ações mostra a todos que a testemunham que existe um outro mundo, um outro modo de ser e estar, e que você não é louco por achar que esse mundo existe.

---

as pessoas através da linguagem, separando o comportamento da pessoa. Mesmo "herói", poderiam dizer, deveria ser substituído por "pessoa que realizou feitos heroicos" para não sugerir que aqueles que não foram rotulados da mesma forma são pouco heroicos. Costuma me aborrecer esse empenho por correções linguísticas – me desculpem, pessoas que talvez podem ser interpretadas como tendo tendência a fazer tais esforços – por duas razões. Em primeiro lugar, isso apela para uma mentalidade de vítima e nos incentiva a ficar facilmente ofendidos. Em segundo, os novos termos adotam logo o velho significado pejorativo ou depreciativo, como se vê no caso da palavra idiota, que evoluiu para retardado, depois deficiente mental, ou portador de rebaixamento intelectual, ou qualquer que seja a nova expressão. As pessoas podem injetar uma má intenção nas palavras mais corretas. Num nível mais profundo, é possível dizer tudo que há de mais correto sem fazer nada.

* *

Cada ato de generosidade é um convite à generosidade. Cada ato de coragem é um convite à coragem. Cada ato de altruísmo é um convite ao altruísmo. Cada ato de cura é um convite à cura. Tenho certeza de que você já sentiu esse convite ao presenciar atos dessa natureza.

Uma vez li uma notícia sobre um acidente de trem no Peru. Os viajantes e turistas ficaram isolados nas montanhas no inverno, sem comida nem aquecimento. Muitos poderiam ter morrido aquela noite se não fosse pelos camponeses das vilas locais que vieram com comida e cobertores para aquecê-los. Eram camponeses pobres, e eles levaram seus próprios cobertores.

Lembro-me que quando li a notícia minhas próprias inseguranças me pareceram muito pequenas, meu coração me pareceu estreito, e minha generosidade minúscula. Senti uma espécie de abertura. Se aqueles camponeses indigentes podem doar seus melhores cobertores, então certamente eu não preciso ficar tão preocupado com meu futuro financeiro. Posso dar. Vai ficar tudo bem.

Uma maneira de interpretar essa história é concluir que, obviamente, aqueles camponeses que parecem indigentes são muito mais ricos do que eu. Experimentemos uma nova definição de riqueza: "o conforto e liberdade de ser generoso". Talvez esses camponeses tenham o que nós, em busca do dinheiro e sua segurança ilusória, estamos querendo atingir. Para começar, eles vivem em comunidade, e sabem que serão cuidados pelos que estão à sua volta. Isso não é tão verdadeiro numa economia monetária como a nossa. Em segundo lugar, eles têm uma ligação profunda com a terra e um senso de pertencimento. Através de seus relacionamentos, eles sabem quem são. Esse é um tipo de riqueza que nenhuma quantidade de dinheiro pode substituir. Nós modernos, os desconectados, temos muita reconstrução a fazer. Pessoas como aqueles camponeses, e qualquer um que vive a partir do interser, nos lembram de nossa riqueza potencial e a verdade básica do interser. Sua generosidade nos enriquece pelo simples fato de testemunhá-la.

Todos nós, em uma ocasião ou outra, tivemos a sorte de testemunhar a generosidade e sentir como ela nos abre. Mesmo assim, se você for como eu, ainda abriga uma voz que diz: "Mas, e se *não* ficar tudo bem? E se eu der e simplesmente for explorado? E se eu der e não sobrar nada e ninguém ficar para cuidar de mim?" Por baixo dessas perguntas inquisidoras, está uma ainda mais profunda: "E se eu estiver sozinho no universo?" Esse é o medo fundamental do ser separado. Por essa lógica, dar é loucura. Se eu e o mundo somos um, então o que eu fizer ao mundo estarei fazendo a mim mesmo – a generosidade é natural. Mas se estou separado do mundo, não há garantia alguma de que aquilo que faço retornará a mim. Tenho que fabricar um retorno, construir uma avenida de volta, uma segurança. Se eu der, preciso alavancar algum tipo de influência sobre o receptor, seja legal ou emocional, para ter certeza de receber de volta. Ao menos tenho que dar um jeito para que outras pessoas vejam meu ato de generosidade, para que fiquem impressionadas e eu receba um retorno social. É fácil ver que toda essa mentalidade é contrária ao espírito da dádiva.

Essas perguntas, "E se ninguém cuidar de mim?", "E se não ficar tudo bem?", "E se eu estiver sozinho no universo?", também estão por baixo de preocupações de que a filosofia da unidade ou do interser ignora o "lado escuro". Quando alguém tenta me fazer admitir a existência do mal, esse discurso parte de algo doloroso. Eu o conheço bem, pois está igualmente em mim. É um sentimento de indignação, frustração e impotência. Há lá fora um Outro implacável, malévolo, entrelaçado em todo o universo, que sugere que é sempre um pouco tolo confiar, tolo dar, e não muito seguro amar. Claro, vivemos num mundo em que muitas vezes essa tem sido a nossa experiência. Não admira que ela nos pareça um atributo fundamental da realidade, e qualquer negação dela parece algo perigosamente ingênuo.

Mas, na realidade, o que acontece é que projetamos nossa experiência na realidade, e então, com base na projeção que vemos, a reificamos ainda mais agindo dentro de sua lógica.

O mal não é apenas uma reação à percepção de separação, é também seu produto. Como lidar com esse Mal implacável, malevolente? Pelo fato da força ser a única linguagem que ele compreende, nos sentimos compelidos a nos unir a ele na força; como mostra o diálogo de Orwell que citei, nos tornamos maus também. Os seres humanos têm cometido horrores por milhares de anos em nome da luta contra o mal. A identidade do mal muda o tempo todo: os turcos! os infiéis! os banqueiros! os franceses! os judeus! os burgueses! os terroristas! – mas a mentalidade é a mesma. E a solução também: a força. Igualmente o resultado: mais mal. Será que estamos destinados a combater para sempre as imagens de nossa própria ilusão? Vemos os resultados disso por todo o nosso planeta dilacerado. Diz o ditado que "A melhor ferramenta do diabo é a crença de que o diabo existe". Talvez também seja verdadeiro que "A maior ferramenta do Mal é a ideia de que o Mal existe".

Dedique alguns minutos para refletir sobre a sutileza desse paradoxo. O provérbio não diz que "O mal não existe". Diz, sobretudo, que o mal é uma história. Isso significa que não é real? Não. O mal é tão real quanto o caçador que arranca as presas de um elefante; a Monsanto vendendo sementes geneticamente modificadas a camponeses indianos, o governo ordenando ataques de drones a procissões funerárias. Esses são a ponta do iceberg, pequenos tremores em meio às convulsões que estão arrebentando nosso planeta.

O mal é real – nem um pouco menos real do que qualquer outra história. E quais serão as outras histórias? A América é uma história; o dinheiro é uma história; até mesmo o ser é uma história. O que pode ser mais real do que seu ser? No entanto, até mesmo o ser pode ser percebido como uma construção ilusória quando, pela graça ou pela prática, somos libertados dessa história. A questão não é que devamos tratar o mal como irreal. Devemos abordá-lo no âmbito da história ao invés de aceitar sua lógica e suas próprias premissas invisíveis. Se fizermos isto, nos tornaremos sua criatura. Se o abordarmos enquanto história, e desconstruirmos por palavras e ações a mitologia na qual habita, é possível vencer sem derrotar. Os próximos capítulos abordam o trabalho no âmbito da história – romper a antiga e contar a nova – com mais detalhes.

Vimos uma série de paradoxos: a razão pela qual "está tudo bem" é que estamos todos percebendo que tudo está horrivelmente errado; que a maior arma do diabo é a ideia de que exista tal coisa como o diabo; que o mal vem da percepção do mal. Para amarrar mais um fio solto neste capítulo sobre a ontologia do mal, lamento ter que acrescentar mais um paradoxo. Não é somente o mal que é "real" e história ao mesmo tempo. O real é também real e história. Nosso uso da palavra "real" comunica o pressuposto de um universo objetivo que, como vimos no capítulo "Ciência", é altamente questionável. Sequer podemos dizer "A realidade não é real", pois fazê-lo já seria interpor um pano de fundo de objetividade segundo o qual a realidade ou é, ou não é real. Eu poderia perguntar: E se a realidade é real para você e não para mim? Mas, mesmo assim, a palavra "é" traz o mesmo viés. Dito isso, gostaria que por um momento você deixasse seu hábito de objetivismo e considerasse se seria possível para o mal existir na História da Separação, e não existir na História do Interser. Não quero dizer que uma história o contém e a outra não. Quero dizer que ao transitar entre as histórias estaremos transitando entre realidades. Como se faz essa transição? É disso que trata todo este livro.

Questionar a divisão absoluta entre sujeito e objeto nos leva a ponderar o que a experiência do mal revela em nós, e que estado de ser nos atrai a acreditar ou desacreditar no mal absoluto. Você já teve um encontro pessoal com um poder malévolo implacável, seja em forma humana ou na de um estado alterado de consciência? Em caso positivo, você conhece os intensos e assombrosos sentimentos de ódio impotente, pesar e medo que a experiência provoca. Adentramos o arquétipo da Vítima, impotente e totalmente à mercê de uma força impiedosa. Até ter essa experiência é impossível ver que tal estado está latente dentro de cada um de nós. A experiência é um veículo de autodescoberta, que nos leva a um canto muito escuro e inacessível do ser. Nessa condição, nos serve como uma espécie de remédio, um remédio amargo, é verdade, mas talvez necessário para trazer a luz da consciência, e portanto de cura de uma ferida muito básica. Tenho a curiosidade de saber o que há em comum entre as pessoas que foram vítimas de psicopatas ou outras forças más. Serão apenas vítimas aleatórias ou há algo dentro delas que atrai a experiência?

Aqueles que praticam o dito trabalho xamânico talvez façam a mesma pergunta em relação a "entidades" que se ligam a pessoas. Serão forças arbitrárias, predatórias, como as forças impessoais da natureza, que visitam os azarados? Ou existe um buraco energético, uma parte faltante, uma ferida que casa perfeitamente com a configuração da entidade que se liga à pessoa? Nesse caso talvez a entidade esteja desempenhando um serviço, fundindo-se com o hospedeiro para formar um todo simbiótico. Poderíamos perguntar: a entidade realmente é uma entidade separada, ou será que pode ser uma parte não integrada da psique? Há uma diferença significativa entre essas duas categorias? E afinal o que é um ser? Se somos interseres – a soma total de nossos relacionamentos – então a existência de um "mal" alheio, na esfera do outro, é altamente problemático.

A ideia de que o mal é parte de uma dança alquímica mais ampla complica muito a narrativa usual de lutar do lado do bem para derrotar o mal. Como alternativa, talvez possamos ver o mal que encontramos como a imagem externalizada de algo escondido dentro de nós mesmos. Oposto a isto, o conceito de um mal absoluto e implacável guarda uma analogia muito estreita com as forças impessoais e implacáveis do universo newtoniano, que nos castigam a esmo com destruição. É análogo também aos robôs controlados por seus genes e cruelmente competitivos da seleção natural darwiniana. As duas ideias são pilares básicos da velha história. Conclui-se pela lógica que o mal também é.

Sonhos, experiências psicodélicas, e umas poucas experiências na consciência desperta me mostraram que cada vez que eu entrei em confronto com uma força malévola, havia algo em mim que a complementava. No caso de seres humanos, fui puxado em duas direções: para uma interpretação da outra pessoa segundo a qual ela era inteiramente má, ou segundo a qual seu comportamento abjeto tinha uma explicação mais inocente, ou talvez uma explicação que englobasse minha própria culpabilidade. Apesar de meus esforços, nunca foi possível saber ao certo. Não foi uma questão de mera curiosidade intelectual. Será que adotei medidas preventivas? Será que tratei aquela pessoa como um inimigo implacável? Será que interpretei um gesto aparentemente conciliatório como mero artifício? Será que meu sentimento de responsabilidade partilhada serviu de ponto de apoio para o perpetrador, significando que eu deveria adotar uma atitude de quem tem razão para me proteger? Como saberei ao certo?

O modo de responder a essas perguntas é uma questão de vital importância planetária, pois são as mesmas que os palestinos e israelenses, sunitas e xiitas, hindus e muçulmanos, devem responder para decidir entre a guerra e a paz. Percebo que em geral é impossível descobrir provas incontroversas que possam decidir essas questões, como se houvesse um fato objetivo desse problema para esclarecer. Ao contrário, muitas vezes parece que a resposta que escolhemos, seja qual for, se torna verdade. Antes da escolha ser feita, é como se o acusador estivesse numa sobreposição quântica de estados. Cada uma das histórias que contemplamos é um papel para a outra pessoa. Ao escolher uma das histórias, escolhemos o papel do outro.

Agora vejamos mais algumas complicações. Primeiro: o que dizer das situações nas quais é ingênuo e contraproducente continuar dando ao violador o benefício da dúvida, como nas situações de violência doméstica, ou no tratamento do viciado? Segundo: o que dizer das situações nas quais a outra parte não aceita o convite para entrar num papel pacífico – se recusa a entrar na História do Interser? Terceiro: tudo bem dizer que pessoas com certa predisposição psicológica atraem para si experiências de perseguição e abuso, e que o encontro com o mal é parte de um processo de desenvolvimento, mas seria muita indiferença e arrogância dizer isso de bebês que sofrem abusos de seus pais, ou populações inteiras sujeitas ao genocídio.

Menciono isso mais para garantir ao leitor que não deixei de enxergar o óbvio. Nas páginas a seguir não tentarei oferecer uma resposta total a essas e outras questões; apenas apontarei para formas pelas quais podem ser abordadas, e deixarei o resto aos leitores. Com referência ao primeiro: é importante distinguir entre recusar uma história do tipo "ele é mau" e aceitar a história do outro. Não estou falando de se render ao outro. É claro que podemos estar na História do Interser e, de maneira amorosa e compassiva, nos recusarmos a emprestar o carro a um alcoólatra, ou permitir que o abusador continue espancando a esposa.

Quanto ao segundo, certamente é possível que, mesmo que você mantenha aberto o convite para entrar na nova história de modo tão intenso como Gandhi, a outra parte se recuse a entrar nela. Nesse caso, outras circunstâncias surgirão que o ejetarão de seu mundo. Aqueles que vivem pela espada, morrem pela espada, e não precisamos assumir a tarefa de matar. Adverte Lao Tse: "Carrascos sempre existem. Se você assumir a função deles, é como tentar substituir o mestre escultor – provavelmente acabará cortando a mão". E na Bíblia: "A vingança é minha, diz o Senhor" (ou seja, a vingança não é sua, somente de Deus).

Mais uma vez, não estou afirmando que nunca é tempo de lutar. Tudo tem seu lugar neste mundo: o veado luta contra o lobo, e às vezes vence. Mas por causa da nossa ideologia, aplicamos a mentalidade da luta, do esforço e da guerra muito além de sua esfera apropriada. Não tentarei delinear princípios para distinguir quando a luta é "justificável", pois decidir por princípios é parte da velha história e, além disso, os princípios são fáceis de torcer para justificar qualquer atrocidade. Direi apenas que se a luta é acompanhada por ódio ou autopiedade, provavelmente está fora de sua esfera apropriada.

O terceiro ponto abre uma questão teológica antiga e gasta sobre o propósito do mal e do sofrimento no mundo. Por que os inocentes sofrem? Abaixo cito um parágrafo tirado de uma longa discussão sobre essa questão, "Eulogy and Redemption" [Elogio e redenção] em *The Ascent of Humanity* [A ascensão da humanidade]. É possível ler o capítulo inteiro (e o livro inteiro) on-line.[5]

> Frequentemente pensamos nos infortúnios como algum tipo de punição por um mal cometido no passado, um tema que aparece em todo o pensamento religioso do Oriente e do Ocidente. No Oriente temos a ideia de que o sofrimento presente representa um carma negativo gerado por deslizes do passado; no Ocidente temos a imagem de Iahweh derrubando as cidades de Sodoma e Gomorra por seus pecados, ameaçando Nínive por sua "maldade". Contudo, o fato autoevidente de que os inocentes são, com frequência, os que mais sofrem, exige todo tipo de contorções teológicas, de vidas passadas ao Pecado Original, de renascimento futuro ao Céu e Inferno. Como explicar a presença de doces e inocentes bebês e crianças nas enfermarias oncológicas? Se não pudermos recorrer ao acaso, cego, impiedoso e sem sentido, é preciso uma outra explicação para a inocência dessas vítimas. Talvez sejam grandes almas, que atendem à imensa necessidade de vítimas inocentes que nossa civilização gerou. "Eu irei", dizem elas. "Já sou grande. Estou pronta para essa experiência."

---

5. Em http://charleseisenstein.net/ascent-of-humanity/ [N. do R.]

A humanidade está numa jornada de Separação há milhares de anos, e cada palmo desse território deve ser explorado. Os perpetradores e as vítimas de tudo que chamamos de mal exploraram as fronteiras mais distantes da Separação. Podemos até definir o mal como separação: a total alterização de uma pessoa, uma nação e da natureza, além da consequência natural de ser lançado num universo estranho separado de nós mesmos. Lembremo-nos do exercício do workshop que mencionei: "Eu queria matar alguém". É significativo que o rótulo "mal" seja em si uma forma profunda de transformar tudo em "outro". Esta é mais uma maneira de perceber que o conceito do mal é parte integrante do fenômeno do mal.

Felizmente, tendo explorado os limites extremos do território da Separação, agora temos a possibilidade de embarcar na jornada de volta. Se o mal é parte da sua História do Mundo, seja por experiência direta ou como categoria ontológica fundamental, você talvez queira examinar como essa história serve a você e qual a dor que te atrai para ela. Isto porque, mais uma vez, as provas e a lógica não conseguem mostrar se o mal é real. Tenho fundamentado isso extensivamente com base na psicologia situacionista, na psicopatia, na metafísica, e em numerosas anedotas, mas alguém poderá refutar minhas teses, e eu posso refutar essas refutações, e assim por diante *ad infinitum*. Como você escolherá a sua história? Como influenciará a escolha dos outros? Deixo para vocês o relato de Christian Bethelson como exemplo final de redenção do mal e desmantelamento de histórias.

Minha amiga Cynthia Jurs encontrou Christian Bethelson quando fazia trabalho de paz na Libéria, que sofrera sob uma aterrorizante guerra civil nos anos 1990. Líder rebelde conhecido pelo nome de guerra de General Leopard, Bethelson era uma pessoa torpe em meio a massacres, crianças-soldado e tortura. Se existe um ser humano mau, era ele. Nas suas próprias palavras, ele era um homem "sem consciência". Por fim a guerra acabou, e com ela o ganha-pão de Bethelson: ele não tinha habilidade alguma além de matar. Decidiu ir até a guerra mais próxima, na Costa do Marfim, onde talvez houvesse demanda por seus serviços infames. No caminho, seu carro atolou na lama. Quem diria que num outro carro atolado na lama, no mesmo pedaço da estrada, na mesma hora, estariam os membros de um grupo de paz chamado Everyday Gandhis? Intrigado por sua conversa, ele se apresentou como ex-general rebelde. Pensou que aquele grupo o trataria como vilão, talvez até bateriam nele, mas para seu espanto o grupo o cercou, deram-lhe um abraço, mostraram simpatia. Ele decidiu se juntar a eles e dedicar sua vida à paz.

Que possamos aguentar firme para ver um milagre assim em todo o planeta. Aceitemos o convite que ele nos oferece para entrar num senso mais amplo do que é possível.

História

Permita-me partilhar outra história da antiga coleção de alegorias taoistas intitulada Liezi, na tradução de Thomas Cleary, que aparece em *Vitality, Energy, Spirit: A taoist Sourcebook* [Vitalidade, energia, espírito: um livro de referência taoista].

> Um dia Confúcio caminhava com alguns discípulos quando encontrou dois meninos que discutiam. Confúcio perguntou aos meninos o motivo da briga. Eles disseram que estavam discutindo sobre o sol, se ele estava mais perto na aurora e mais longe ao meio-dia, ou mais longe na aurora e mais perto ao meio-dia.
> Um dos meninos sustentava que o sol parecia maior ao nascer, e menor ao meio-dia, portanto ele estaria mais perto na aurora e mais longe ao meio-dia.
> O outro menino argumentava que era fresco de manhã e quente ao meio-dia, portanto o sol estaria mais longe na aurora e mais perto ao meio-dia.
> Confúcio não sabia dizer quem tinha razão. Os meninos o ridicularizaram: "Quem disse que você era tão esperto?"

Cleary explica que a história "ilustra as limitações do raciocínio discursivo, apontando indiretamente para um modo mais abrangente de consciência. Apresentada como uma piada à custa de Confúcio, ilustra como a lógica só pode ser coerente nos limites de seus próprios postulados, mas ineficaz ou imprecisa num contexto mais amplo".

Já vimos que muito daquilo que consideramos real, verdadeiro e possível é consequência da história na qual estamos inseridos. Vimos como a lógica da Separação leva, de forma inevitável, ao desespero. Vimos como o mal é consequência da percepção de separação. Vimos como todo o edifício da civilização está construído sobre um mito. Vimos como a civilização ficou presa na ratoeira de seus "próprios postulados", sua ideologia de intensificação do controle para remediar as falhas no controle. Vimos que muitos de nossos esforços para mudar o mundo encarnam os hábitos da separação, e nos impedem de parar de replicá-los infinitamente de muitas maneiras.

Como sugere Cleary, para sair dessa ratoeira devemos agir a partir de um contexto maior, um modo de consciência mais abrangente. Isso significa não apenas habitar uma nova história, mas também trabalhar na consciência da história. Se, afinal, nossa civilização é construída sobre um mito, para mudar a nossa civilização devemos mudar o mito.

Mas agora deve estar claro que essa não é uma receita para a inação ou meras palavras. Qualquer ação aberta para interpretação simbólica pode ser parte da contação da história. E toda ação tem esse poder. Os humanos são animais que constroem sentido, estamos constantemente tentando entender o mundo. Quando Pancho Ramos Stierle falou ao policial abusivo com respeito e bondade, ele abriu uma brecha na história do mundo daquele homem.

De maneira paradoxal, ações criadas para serem simbólicas em geral têm menos poder para desmontar histórias do que ações tomadas com empenho. Tenho lido sobre a tribo shuar do Equador. Eles fizeram o voto de resistir de todo modo à destruição de sua floresta tropical pelas companhias mineradoras que buscam cobre e ouro. Um chefe shuar, Domingo Ankuash, disse: "A floresta sempre nos deu tudo que precisamos, e nosso plano é defendê-la, como teriam feito nossos ancestrais, com a força das lanças. Para pegar o ouro, terão que matar a todos nós primeiro".

Consideremos a potência dessas palavras. Não são um recurso calculado, escrito por relações públicas. Os shuar já enxotaram pessoal de mineradoras de várias locações preliminares. Essa tribo feroz está obviamente disposta a morrer para proteger sua terra. Suas palavras são verdadeiras do começo ao fim.

Por outro lado, se eles forem bem sucedidos não será porque suas lanças derrotaram os tanques, metralhadoras, helicópteros, desfolhantes e retroescavadeiras que o governo pode enviar para proteger as companhias mineradoras. Eles não podem derrotar a civilização industrial à força. Afinal, a civilização industrial é o senhor da força e domina toda fonte possível de energia armazenada para exercer força sobre o mundo material. A força é a essência de nossa civilização e tecnologia. Os shuar não derrotarão a civilização industrial jogando o nosso jogo. Mas os shuar vencerão. Procuremos compreender por quê. Que jogo eles estão jogando? Se nós, aspirantes a transformadores, compreendermos isso, então talvez possamos vencer também.

Seja qual for o jogo deles, é possível reconhecê-lo como o mesmo que Diane Wilson estava jogando na história que relatei antes, o mesmo jogo que Pancho jogou, talvez o mesmo jogo que as mulheres indígenas do Canadá estão jogando no movimento *Idle No More* para brecar a devastação de suas terras. Num certo sentido, todas essas pessoas estão sendo ingênuas. Movimentos assim nem sempre ganham – ou será que ganham de um modo que não conseguimos ver? E as tribos que já foram exterminadas e que morreram protegendo ecossistemas que não existem mais? Os esforços deles foram em vão? Serão em vão os esforços que você faz para criar um mundo mais bonito?

A primeira coisa que notei nos shuar é que seu compromisso é com a terra, a floresta, a tribo e aquilo que têm como sagrado. Não se trata de uma reação baseada no medo diante de uma ameaça. Na verdade, eles enfrentam um risco pessoal muito maior ao resistir à Marcha do Progresso do que se concordassem com ela.

A segunda coisa que notei é que não estão lutando contra algo, estão lutando por algo. Eles veem sua terra como deveriam. Possuem algo maior do que si mesmos ao qual podem se dedicar. Desconfio que à medida que aprofundarem seu envolvimento com a resistência, sua visão daquilo que servem crescerá. Ao contrário, muitos ativistas hoje se consomem com a ideia de acabar com isso e acabar com aquilo; raras vezes estruturam sua visão em termos daquilo que querem criar ou da coisa mais ampla à qual servem. Um dos sintomas dessa deficiência é a meta da "sustentabilidade". O que precisamente queremos sustentar? Será que o propósito da vida é apenas sobreviver? Será que as forças criativas únicas da espécie humana não têm propósito na evolução da ordem natural? Precisamos ser capazes de ter uma visão daquilo ao qual é possível nos dedicar.

Uma terceira coisa é que ainda que os shuar não tenham idealizado suas ações de resistência com intenção simbólica, mesmo assim, elas são poderosas portadoras de sentido. Fazem com que seja bem mais difícil sustentar a história de que está perfeitamente bem tirar minério da Amazônia. As mineradoras se esforçam para construir essa história – as árvores serão replantadas, os detritos tóxicos serão mantidos em piscinas de contenção seguras e, além disso, os shuar estão matando espécies selvagens através da caça, e seus filhos não vão à escola – e, como cúmulo do absurdo, os shuar são selvagens atrasados que não sabem o que é bom para eles. Isso talvez seja demais para sustentar nessa história, sabendo-se que os shuar acreditam tão fervorosamente na sua missão que estão dispostos a dar a vida por ela.

Se os shuar conseguirem preservar sua terra natal, não será porque suas lanças sobrepujaram as metralhadoras da civilização. Será porque a história que justifica matá-los e subtrair o minério não foi forte o suficiente para suportar a confrontação dos shuar. Será porque suficiente número de pessoas em posições-chave se negaram a pegar em armas, bombas e retroescavadeiras. Será porque nós – o mundo industrializado – deixamos de usar a força à nossa disposição. Uma história forte conseguiria justificar e racionalizar todo o necessário para obter o ouro. Há meio século poucas pessoas hesitariam em concordar que infelizmente é preciso tirar os índios do caminho do progresso. Até bem pouco tempo não tínhamos escrúpulos de "matar até o último deles". Hoje nossa história está doente.

Quando uma história é jovem e saudável, ela tem uma espécie de sistema imune que protege seus detentores de dissonâncias cognitivas. Novos dados que não se encaixam na história são facilmente descartados. Parecem absurdos. O sistema imune reage de muitas maneiras. Talvez ataque o portador da informação que fere a história: "Quais são as credenciais desse sujeito?" Poderá reunir alguns contra-argumentos superficialmente convincentes e fingir que o ofensor não pensou naquilo e ficou sem resposta: "Mas a tecnologia aumentou de forma considerável a média de vida dos humanos, portanto precisamos tirar esses minerais de algum lugar". Poderá apelar à correção presumida, de modo implícito, do sistema: "Certamente os cientistas e engenheiros já sabem que esta é a maneira ecologicamente menos danosa de fazê-lo". Ou pode descartar a informação ofensora jogando-a no lixo das "anormalidades", ou simplesmente esquecer.

Quando uma história envelhece, nenhuma dessas respostas imunológicas funciona tão bem. Dados inconsistentes, mesmo que vistos como irrelevantes, deixam uma dúvida que não se apaga. Como um corpo que envelhece, ou um útero perto da hora do parto, a história se torna cada vez menos confortável. Por isso é que povos como os shuar talvez obtenham sucesso quando outros, por milhares de anos, fracassaram. Sua resistência pode nos deslocar da história que permite a pilhagem.

Os shuar não são um povo pacífico, e eles expulsaram equipes de prospecção e maquinário ameaçando usar a força. Mas eles não estão em guerra no sentido de querer derrotar um inimigo. Ao contrário, boa parte da nossa cultura popular e da mentalidade de guerra veem a vitória em termos da derrota, pela força, do perpetrador do mal. É o que acontece, por exemplo, no filme *Avatar*, que emula de perto a situação dos shuar: o povo ficcional na'vi sobrepuja as espaçonaves e a artilharia dos invasores humanos com lanças, arco e flecha, e animais grandes. Quando o principal general humano é morto, a vitória está completa. Não há outro modo, pois ele é retratado como irrecuperável. Felizmente os shuar não parecem estar infectados com o vírus da ideologia do "mal". Não estão em guerra com as empresas mineradoras. Estão em guerra com a mineração.

Gostaria que *Avatar* tivesse um outro final. Gostaria que o planeta contaminasse o sistema nervoso dos humanos de tal maneira que, quando eles destruíssem o mundo-árvore, eles mesmos sentiriam a dor daquilo, apagando a divisão nós/eles que lhes permitia ver o planeta como mera fonte de recursos. É exatamente por essa mudança de percepção que nossa civilização precisa passar. Pois não acredito que os shuar nos derrotarão com suas lanças.

Mas talvez eles consigam, com suas lanças, palavras, e outras ações, derrotar as nossas histórias. Nisso todos nós podemos nos juntar a eles e aprender com eles. Qual a diferença entre esse tipo de força simbolicamente potente que os shuar utilizam e a violência padrão ou o terrorismo? Afinal, é um passo pequeno que separa a luta necessariamente assimétrica dos shuar daquilo que as pessoas hoje chamam de terrorismo. Eu não ficaria surpreso se o governo do Equador em breve começasse a utilizar esse nome para descrever os shuar.

Não tentarei penetrar o emaranhado de distinções entre terrorismo e guerra assimétrica, nem a possível justificação para cada uma delas. Direi apenas que à medida que migramos do concreto (impedir que *esta* retroescavadeira derrube *estas* árvores aqui) para o abstrato (dar um golpe no inimigo ou um golpe simbólico por uma causa) adentramos um território perigoso.

Parafraseando Martin Luther King Jr., pode-se matar os que têm ódio, mas não se pode matar o ódio. De fato, cria-se mais ódio se tentarmos isso. Além do mais, no mundo atual é provável que não tenhamos sucesso, pois as pessoas que estão no poder facilmente matarão muito mais.

Para ver quão profundo está arraigado o hábito de separação chamado "derrotar o mal", veja como de modo insistente descrevemos as tentativas de fazer mudanças sociais e políticas como uma "luta", uma "guerra" ou uma "campanha". Essas são todas metáforas militares. Falamos de "mobilizar nossos aliados" para exercer "pressão política" a fim de "forçar" nossos oponentes a "se entregar".

Novamente, não estou afirmando que jamais é hora de lutar, nem pretendo resolver aqui o longo debate sobre a não violência, que é cheio de sutilezas. A violência, numa interpretação ampla o suficiente – aquilo que "viola" as fronteiras da outra pessoa – é inevitável. Um protesto público que provoca um engarrafamento no trânsito é sentido como uma violação para o pobre trabalhador que consome uma hora todos os dias para chegar ao trabalho partindo das periferias de baixa renda. Na transição para um novo mundo, o desmantelamento do antigo é inevitável. Mas quando a violência advém do ódio e demonização do outro, está fundada numa inverdade. Não nos enganemos usando as metáforas e táticas confortáveis e conhecidas da força, quando processos mais potentes de mudança podem estar ao nosso alcance.

O motivo pelo qual o enfrentamento dos shuar nos move não é porque eles estão dispostos a matar por sua causa; é porque estão dispostos a morrer por ela. Isto é servir algo maior do que si mesmo, na sua forma mais pura. É isso que devemos emular se queremos cocriar o mundo mais bonito que nossos corações sabem ser possível. É também uma forma de transcender o eu separado, pois curvar-se ao serviço é fundir-se com algo maior, algo cujo poder de provocar mudanças vai além da nossa compreensão de causalidade. Então o inesperado, o improvável, o milagroso pode acontecer.

Quanto mais firmes estivermos em uma História do Ser mais ampla, a História do Interser, mais poderosos nos tornaremos para desmontar a velha História da Separação. Creio que as questões de violência e não violência, ética e princípios, certo e errado, nos levam a um labirinto conceitual. Veja, o sol está mais perto ao meio-dia. Não, está mais perto na aurora. Todo ato de maldade, toda inação covarde já perpetrada neste mundo foi justificada por um princípio – a lógica da história. Ao nos tornarmos sóbrios depois de nos desintoxicarmos da História da Separação, temos a oportunidade de entrar num "modo de consciência mais amplo" – a consciência da história. Nela podemos nos perguntar: "Que história quero habitar?"

Desmontagem

É inútil tentar argumentar de modo racional com um homem para convencê-lo a sair de algo em que não entrou pelo raciocínio.
– Jonathan Swift

O mundo tal como o conhecemos está construído sobre uma história. Ser um agente de mudança é, antes de mais nada, desmontar a atual História do Mundo e, depois, contar uma nova História do Mundo, para que aqueles que estão entrando no espaço entre histórias tenham um lugar aonde ir. Muitas vezes essas duas funções se fundem em uma, já que as ações que fazemos são parte da narração de uma nova história e também da desmontagem da antiga.

É assim que vejo meu trabalho, o trabalho dos ativistas, e também em alguma medida o trabalho de artistas e curadores. Muitas das histórias que contei neste livro exemplificam a desmontagem da antiga história: a interação de Pancho com a polícia, por exemplo. Partilharei mais alguns exemplos, mas vamos começar pensando no grupo de pessoas que é a fonte de maior desespero para muitos dos meus conhecidos. É o grupo de pessoas que "simplesmente não entendem".

Quando dou palestras, em geral recebo perguntas deste tipo: "Para criar um mundo mais bonito é preciso uma mudança maciça de valores e crenças, e isso não está acontecendo. As pessoas estão muito atoladas, são muito ignorantes, não vão mudar nunca. As pessoas que estão no poder não vão mudar, meu cunhado de direita também não. Como fazer para as pessoas saírem desse atoleiro?"

Uma coisa que quase nunca funciona é tentar vencer as opiniões do sujeito pela força da lógica e das evidências. Não é de se admirar, pois as pessoas não formam suas crenças com base em evidências e no pensamento racional. Ao contrário. Usamos o raciocínio para rearrumar as evidências de modo a criar uma história alinhada com o estado de ser subjacente, que inclui tendências emocionais, velhas feridas, padrões de relacionamento e perspectivas de vida. Essa história se liga a outras histórias e, por fim, às mitologias profundas, invisíveis, e pessoas que definem nossa vida. Por sua vez, essas mitologias pessoais estão entretecidas com nossa mitologia cultural, a realidade consensual que chega às raízes profundas da própria civilização. Pelo fato das crenças serem tipicamente parte de uma história mais ampla que inclui nossa identidade e sistema de valores, uma ameaça a eles é vista em geral como um ataque, que aciona vários mecanismos de defesa para preservar aquela história mais ampla. Você será ignorado, classificado e descartado como hippie, esquerdinha, ambientalista, sonhador, ou rechaçado com quaisquer contra-argumentos que estiverem à mão. Talvez seu interlocutor desvie a conversa para alguma questão de menor importância, uma frase mal colocada, um erro de gramática, um defeito seu, assim invalidando tudo que você diz.

Essas pessoas não são como você. Diferente delas, você escolhe suas crenças com base em evidências e raciocínio lógico. Não como os republicanos! Os liberais! A direita! Os fundamentalistas religiosos! Os nova-era que acreditam em tudo! Os médicos tradicionais! Tem razão; você chegou às suas opiniões através da apreciação das evidências com uma mente aberta, enquanto que eles, que discordam de você, estão maculados pela ignorância, preconceito, ou a boa e velha burrice.

Sejamos honestos. Quem entre nós pode olhar para trás e negar que na maior parte do tempo também fechamos a nossa mente à verdade e acreditamos em desafios abertos e excludentes exatamente como descrito acima? O que faz você pensar que é diferente hoje no seu modo básico de formar e sustentar crenças?

A ideia de que baseamos nossas crenças em raciocínio e evidências, ou ao menos no ideal de fazê-lo, tem raízes profundas da filosofia ocidental e na visão de mundo que ela suscita. É um eco do método axiomático da matemática, do programa filosófico de estabelecer "princípios iniciais" e raciocinar a partir deles, e do objetivismo da ciência que afirma que podemos encontrar a verdade testando de maneira imparcial hipóteses sobre a realidade fora de nós mesmos. Isso se reflete na ideia de que devemos começar uma discussão de modo claro definindo os termos. Bem, qualquer discussão com seu cunhado republicano ou sua tia que é contra vacinas, ou seu primo a favor de vacinas (escolha o que mais o irrita) confirmará que essa abordagem não funciona. Logo fica evidente que é impossível concordar até mesmo sobre quais são os fatos, muito menos sobre o significado desses fatos.

E fica pior. Uma série de estudos na Universidade de Michigan, realizados em 2005 e 2006, mostrou que não apenas as pessoas descartam de forma rotineira os fatos que não combinam com suas crenças, mas que, na verdade, endurecem suas crenças quando defrontadas com fatos que as contradizem, talvez num esforço para evitar dissonância cognitiva. Além disso, as pessoas mais mal informadas tinham as opiniões mais ferrenhas, e os pensadores mais sofisticados politicamente eram os menos abertos a informações contrárias.[1]

Os fatos chegam ao nosso cérebro já pré-filtrados pela lente distorcida das histórias nas quais operamos. A discussão sobre mudança climática ilustra bem esse ponto: quando nos aprofundamos nessa discussão, descobrimos que é impossível ter certeza sobre os dados reais. Por certo há muitas pesquisas e relatórios, mas há também acusações de exclusão de dados contraditórios, viés, pesquisa mal feita, e total

---

1. Veja o artigo de Joe Keohane: "How Facts Backfire" [Como os fatos saem pela culatra] no exemplar de 11 de julho de 2010 do *Boston Globe,* onde se discute essa pesquisa.

desonestidade no tocante a essas pesquisas. No final das contas, as evidências que aceitamos estão fortemente coloridas por nossa própria confiança ou desconfiança da autoridade que as produziu, que por sua vez está tingida por nossa história pessoal, talvez nosso relacionamento com nosso pai, e assim por diante. Considere, por exemplo, os apelos à "quase unanimidade entre os cientistas do clima". (Existirá algo como uma quase unanimidade? Novamente, se você irá aceitar ou não esse pronunciamento depende da sua confiança na autoridade da fonte que o fez. Você confiaria no *New York Times* para questões climáticas? Ou confia num cientista isolado que é rejeitado pelos colegas de profissão?) Além disso, apelar para uma quase unanimidade entre cientistas invoca a integridade básica da ciência como instituição, que por sua vez repousa sobre histórias maiores e menos visíveis.

Não estou tratando aqui das mudanças climáticas; quero apenas mostrar como as evidências, ao invés de serem a base da crença, são filtradas pela crença para manter a integridade de uma história. Bons contadores de história bem sabem e se valem disso usando fatos, estudos e tudo o mais como elementos de *sua* história. Na discussão sobre a mudança climática, os dois lados fazem isso. Seria de se supor que uma pessoa inteligente e racional (como você) jamais negaria a existência do aquecimento global se visse as evidências sem preconceitos. Mas, veja só – seus oponentes pensam a mesma coisa sobre suas próprias posições. Será que o motivo da nossa loucura coletiva é simplesmente que as pessoas inteligentes não estão no controle das coisas? Ou será que estivemos nas garras de uma história que necessariamente imprime seus preceitos no mundo?

Há pouco tempo conheci uma senhora muito inteligente. Ela era vice-presidente da Nestlé. Ouvi uma estudante de faculdade questionando sua bela descrição das políticas sociais e ambientais da empresa. A estudante interrogou de maneira corajosa a vice-presidente sobre seu produto líder na linha de bebidas: água engarrafada. "Será que precisamos disso?", perguntou. E "Entendo que vocês estão usando 40% menos plástico em cada garrafa, mas não seria melhor deixar de usar plástico?"

Para cada pergunta, a vice-presidente tinha uma resposta pronta, metódica – a água engarrafada atende a uma necessidade real numa sociedade que não para. E você sabia que uma das matérias-primas na fabricação das garrafas é um subproduto da produção de gasolina de petróleo? Se esse produto não for para as garrafas, acabará como algum outro produto plástico, ou será despejado diretamente no meio ambiente. Para fabricar o vidro despende-se muito mais energia. E a água da torneira já não é pura.

Fiquei impressionado não apenas com sua evidente sinceridade, mas também por sua paciência, escuta atenta, e falta de animosidade diante do que devem ser ataques frequentes. Afinal, a Nestlé é notória entre os ativistas como vilã corporativa e alvo de boicotes de décadas por causa da venda de comida de bebê para mães pobres. A empresa já foi acusada de esgotar fontes de água mineral; colaborar com a junta militar de Myanmar; impedir a organização sindical na Colômbia; comprar cacau de fazendas que utilizam trabalho infantil, e assim por diante. Foi tamanho o contraste entre essa reputação e a fervorosa, sincera exposição das virtudes ambientais da Nestlé feita pela vice-presidente, que algumas pessoas de esquerda tiveram que sair do auditório.

Como explicar esse contraste? Vamos tentar três teorias.

1. A mulher é uma hábil mentirosa, bem paga para defender a causa da empresa. Ou está cinicamente consciente da verdade encoberta por suas mentiras, ou está num estado profundo e egoísta de negação. Seja como for, ela escolhe a dedo alguns gestos positivos em relação ao meio ambiente ("A Nestlé protege os orangotangos!"), e usa resmas de evidências tendenciosas compiladas pelos relações públicas da empresa para fazer parecer ingênuo qualquer um que questione a empresa.

2. O que essa mulher diz é verdade. Com seus erros, a empresa aprendeu a se tornar líder em responsabilidade social e ambiental. Há muitas pessoas com boas intenções que ainda criticam a empresa, mas isso acontece porque elas não conhecem a verdadeira história: não apenas a Nestlé está liderando o caminho em direção à sustentabilidade, mas a indústria como um todo está aprimorando suas práticas. Ainda há desafios com os quais lidar, mas tudo está indo na direção certa. As pessoas no ramo se importam com o meio ambiente assim como você. Eles entenderam e, com a sua ajuda, continuarão a fazer progressos.

Nessa segunda teoria, espero ter feito justiça ao ponto de vista da vice-presidente da Nestlé. Mais tarde conversei com ela, e achei que ela é uma pessoa muito humana, extremamente inteligente, e não avessa à introspecção. Minha impressão é que ela acredita profunda e verdadeiramente na sua empresa e no seu trabalho. Assim, permita-me oferecer uma terceira explicação:

3. Ela não apenas acredita em tudo que diz, mas são dados irrefutáveis a partir de sua estrutura de referência. Se aceitarmos como fato a aceleração interminável da vida moderna, então a conveniência de água engarrafada segura é de fato um benefício para as pessoas que, de outra forma, acabariam bebendo refrigerantes açucarados. Também é um benefício se aceitarmos como fato a constante deterioração da qualidade da água fornecida pela municipalidade, seu teor de cloro e contaminação química. E se aceitarmos como fato nossa economia baseada no petróleo, tanto quanto sabemos, é verdade que as garrafas plásticas não acrescentam muito dano.

As posições da vice-presidente são inatacáveis a menos que possamos expandir o escopo do diálogo. É preciso abordar questões em outro patamar: Qual o papel das garrafas plásticas na aceleração do ritmo da vida moderna e porque essa aceleração acontece? Ela é uma coisa boa? De onde vem nossa constante atividade e necessidade de coisas de fácil consumo? Por que a água de torneira está se tornando inadequada para consumo? Por que temos um sistema no qual se aceita produzir coisas descartáveis que não podem ser aproveitadas por outras formas de vida? E será que o "crescimento sustentável" defendido pela Nestlé é possível num planeta finito?

Acredito que o diálogo deve ir ainda mais fundo. O que a vice-presidente da Nestlé fez para justificar sua empresa, outros podem fazer para justificar toda a nossa civilização, bastando que aceitemos certas premissas sobre a natureza da vida, do ser e da realidade. Por exemplo, se aceitarmos a premissa de que a vida primitiva era "solitária, pobre, nojenta, bruta e curta", então qualquer dúvida sobre os benefícios gerais da tecnologia estaria liquidada. Da mesma maneira, se aceitarmos a premissa de que a natureza não tem qualquer tendência inerente à organização e que a vida é apenas uma reunião aleatória de elementos construtivos genéricos e sem vida, é evidente que não precisamos ter escrúpulos em subjugar a natureza e usá-la para fins humanos. Por fim, se aceitarmos a premissa de que cada um de nós é um ser separado, procurando maximizar seus próprios interesses genéticos, então em última instância não há como discutir os parâmetros mais amplos da economia e do direito em nossa sociedade, que buscam sobrepujar essa natureza aleatória e canalizá-la para fins pró-sociais.

As visões da vice-presidente da Nestlé são mais ou menos bem fundamentadas dentro da estrutura que descrevi acima, a mentalidade de "melhorar a vida através da tecnologia", da progressiva conquista da natureza interna e externa. As visões dela não mudarão até que essa estrutura desmorone. Eles se sentem em casa dentro da História da Ascensão.

Outro dia escutei um outro sujeito esperto no Diane Rehm Show. Ele era um consultor do setor energético. Um dos assuntos era o duto Keystone XL, que deveria levar areias betuminosas de Alberta, no Canadá, até as refinarias na costa do Golfo do México. O consultor defendeu a seguinte posição, que parafraseio: "Veja, se não construirmos o duto, as refinarias da Costa do Golfo irão refinar apenas petróleo cru, pesado, de outros lugares, e as areias betuminosas liberarão seu petróleo para a Ásia em vez de ficarem nos Estados Unidos. Se o duto for proibido, não haverá nenhuma influência benéfica na mudança climática ou na destruição dos ecossistemas. Esse petróleo será extraído e refinado de qualquer forma, então é melhor que isso seja feito de modo a trazer empregos para os Estados Unidos".

Os filósofos da ética se divertiriam destruindo esse argumento, que pode ser aplicado igualmente à venda de órgãos pelos campos de extermínio nazistas. Se eu vender os órgãos ou não, os campos de concentração continuarão exterminando pessoas, portanto, é melhor fazer bom proveito dos órgãos, certo? Mas a questão aqui não é denunciar as falhas lógicas nas justificações para o duto Keystone XL ou as garrafas plásticas, mas mostrar como as coisas que presumimos determinam nossas escolhas éticas. Na bolha de realidade que eles habitam, seus argumentos fazem sentido. Se é de fato uma verdade inalterável que as areias betuminosas serão extraídas, então seria inútil e contraproducente recusar-se a aceitar esse fato de modo desdenhoso. Se nossa atual civilização fundada no petróleo é inalterável, então talvez devamos elogiar a Nestlé por fazer bom uso de seus subprodutos. Se tornarmos por certo a crescente azáfama das pessoas, então devemos festejar as comodidades que tornam a vida moderna tolerável. Dentro de seus paradigmas operantes, essas duas pessoas inteligentes estão fazendo o bem.

Como saber se você não é igual àquela vice-presidente da Nestlé? Como saber se o cisco no olho dela não é uma imagem da trave no seu? O que você e ela provavelmente têm em comum, e o que têm em comum aquele que nega o problema climático e o alarmista do problema climático, é a crença de que os fatos e a lógica estão do nosso lado, e que a nossa posição se baseia neles. Mas, de maneira evidente, a qualidade intangível dos fatos e a facilidade com que a razão consegue se colocar a serviço da história nos mostra que para mudar crenças – e nossas crenças precisam mudar – é preciso uma mudança mais abrangente, holística de nossas histórias e de tudo que está ligado a elas, até o fundo, até nosso senso de ser, hábitos e percepções básicas do mundo. É a totalidade dessas coisas que chamo de História do Mundo.

Mesmo "fatos" tão básicos como as constantes universais da física ou a Segunda Lei da Termodinâmica dependem, em algum grau, de escolhas subjetivas sobre em quem acreditar e no que acreditar. Rupert Sheldrake descreve, por exemplo, como o valor aceito para a velocidade da luz mudou em 20 km/segundo por um período de dezoito anos entre a década de 1930 e a de 1940 – uma mudança que se confirmou em experimentos por todo o mundo. Então, em 1945 a velocidade da luz voltou ao seu valor original, de antes de 1928. A discrepância excede em muito a margem de erro das medidas. Sheldrake também documenta a variação em G, a constante gravitacional universal. Será que os fatos são aquilo que a etimologia da palavra sugere – algo que nós fazemos, fabricamos?

Mas voltemos ao seu cunhado. Se é impossível vencê-lo pelos argumentos, como mudar suas crenças? Numa dimensão mais ampla, sendo pessoas que querem mudar o mundo, de que modo podemos transformar a história da sociedade?

Pensando da perspectiva situacionista, as pessoas gravitam em torno de um conjunto de crenças que se harmonizam com a totalidade de suas experiências de vida. Estas são as bases das crenças, dentre as quais aquilo que chamamos "opinião" é apenas um aspecto superficial, visível. As opiniões são sintomas de um estado de ser. Portanto, para mudar opiniões e crenças, é preciso transformar as bases da "situação"; é preciso oferecer a alguém uma experiência que não se encaixa na história existente, ou uma experiência que se harmoniza com uma nova história. O mesmo se aplica a mudar as histórias que operam no âmbito organizacional, social ou político.

Um exemplo de desmantelamento da velha história é uma clássica manobra trabalhista: a greve. Nem sempre é possível para os trabalhadores pedir de maneira gentil por melhores salários e condições de trabalho porque a "história" – o sistema de acordos; convenções; práticas de negócios; expectativas de mercado; expectativas de acionistas etc. – não dá espaço para os chefes dizerem sim. É preciso fazer com que essa história se torne inoperante. Mas para ser um agente radical de mudança, é preciso ter cuidado para não invocar, e portanto reforçar, a história profunda do "mal". A declaração de greve poderia corporificar o seguinte sentimento: "Vamos entrar em greve para que nossas necessidades e interesses, e a injustiça da nossa situação, se tornem visíveis. Dando visibilidade à injustiça daremos a todos os envolvidos a oportunidade de fazer a coisa certa". Este difere do discurso mais inflamatório: "A ganância da empresa passou dos limites! Forçaremos a gerência a fazer o que é certo, mesmo que não queiram!" Os grevistas não precisam ter a expectativa de que palavras sem julgamento mitigarão a violência da reação das autoridades, mas elas podem afetar a opinião pública.

Independente da declaração, o efeito de uma parada no trabalho rompe a história que chamamos de "os negócios de sempre". Numa escala mais ampla, uma greve geral faz o mesmo. Para as pessoas casadas com a crença de que tudo está bem, fica impossível continuar a sustentar essa crença.

Uma das propostas mais demolidoras que surgiram no nosso tempo é a ideia de uma greve da dívida. Como a greve trabalhista, ela vai muito além do mero simbolismo, muito além da "conscientização", e representa um golpe no coração dos acordos e narrativas correntes na nossa sociedade. Se uma quantidade significativa de indivíduos e nações repudiassem suas dívidas, a atual ordem financeira entraria em colapso, limpando o terreno para as reformas radicais que não conseguem entrar na cabeça dos autores das políticas públicas de hoje. No momento, mesmo a reformas mais mínimas, reformas que não chegam a ser suficientes para reverter a espoliação da biosfera e o empobrecimento de bilhões de pessoas, são consideradas grandes demais para serem seriamente consideradas. Uma greve de dívida romperia a ilusão de que não há alternativa. Enquanto a maioria das pessoas concordar com o sistema atual, aqueles investidos na perpetuação dele sempre encontrarão meios para continuar fingindo que é sustentável.

Novamente, uma greve assim pode ser estruturada em cima de linguagem que não reforce o pensamento "nós versus eles". É preciso ser especialmente cuidadoso para não colocar a questão em termos de ganância. Seja ganância das empresas, dos banqueiros, ou dos ricos – a ganância é um sintoma, e não a causa ou cerne dos problemas. O mesmo vale para a imoralidade e a corrupção. Gritar palavras de ordem contra as perfídias das empresas imorais e dos bancos corruptos satisfaz nossa raiva e nos faz sentir justos e corretos, mas no fim das contas nos distrai dos problemas sistêmicos mais profundos. Portanto, sugeriria para essa greve de dívida uma declaração de missão no seguinte espírito: "Nosso sistema financeiro atual baseado em dívidas mantém estudantes, famílias e governos reféns, enquanto mesmo os credores estão sujeitos à pressão incessante de maximizar resultados. Está na hora desse sistema acabar. Portanto, nos recusamos a pagar nossas dívidas, a fim de salientar a injustiça do sistema que está levando a sociedade e o planeta à ruína".

Na verdade, o que queremos? Triunfar sobre os caras malvados e ser vencedores? Ou mudar as bases do sistema? Talvez você pense que esses dois objetivos não são contraditórios. Eu penso que são.

Primeiro porque o padrão "lutar contra o mal" vem da mesma mentalidade que o sistema competitivo e dominador. Segundo porque ao demonizar aqueles que percebemos como outro, os impelimos a ter os comportamentos que justificam sua demonização. Terceiro porque é improvável ganharmos ao jogar o jogo das elites do poder. Quarto porque, mesmo se vencermos, teremos conseguido ser mais "maus" do que eles. Quinto porque se chamarmos aliados com a motivação de derrotar os gananciosos, eles nos abandonarão quando tivermos conseguido esse objetivo, mesmo se os sistemas mais profundos continuarem inalterados. É isso que quase sempre acontece quando um ditador é derrubado. Pensando ter vencido, o povo volta para casa, alguém entra no vácuo do poder, e logo tudo volta mais ou menos ao que era antes.

As estratégias populistas tradicionais, como greves, protestos, ação direta, desobediência civil, e assim por diante, têm um importante papel a desempenhar na desmontagem da história prevalente. Mas, se desacompanhadas, elas são perigosas e insuficientes para a tarefa que se apresenta. São perigosas porque mesmo que surjam de um espaço de compaixão e ausência de julgamento, de maneira muito fácil detonam velhos hábitos raivosos. Por sua própria natureza elas criam a percepção de que há dois lados, um dos quais vencerá e o outro que perderá; um deles são os caras bons e o outro os caras maus. São também métodos insuficientes pois ferem a história prevalente apenas em uma dimensão. Talvez afetem a história que chamamos de "economia", mas não chegam a tocar no mito profundo, menos visível, que define nossa civilização e contém em si a economia. Essa limitação não significa que tais estratégias não sejam úteis e necessárias. Mas precisamos trabalhar em outros níveis também. Assim, vejamos alguns outros caminhos, outros *tipos* de caminho, para romper a História da Separação.

Um dos exemplos é o *culture jamming* (ou semiótica de guerrilha), que utiliza desde anúncios modificados até campanhas como o

"Dia nacional de não comprar nada", ou a "Semana da TV desligada". Arte subversiva e ilegal, como a de Banksy, pertencem também a essa categoria, da mesma forma que os palhaços que entram para fazer intervenções em prédios de escritório ou conferências de negócios. Os Yes Men, que imitam agentes governamentais e executivos em entrevistas televisivas são também agentes dessa modalidade que subverte os ícones culturais. Todos eles denunciam a inautenticidade, a insanidade e desumanidade das narrativas dominantes.

Outra forma de desmantelamento é simplesmente criar um exemplo vivo de outro modo de vida, de tecnologia, de agricultura, de dinheiro, de medicina, de educação... e através do contraste revelar a estreiteza e disfuncionalidade das instituições dominantes. Não concordo inteiramente com o adágio de Buckminster Fuller segundo o qual "Você nunca muda as coisas brigando com a realidade existente. Para mudar algo, construa um modelo que faz o modelo existente ficar obsoleto", pois às vezes a realidade existente suprime esses modelos novos. O código de edificações da sua cidade permite a compostagem do esgoto ou telhados verdes? Mesmo assim, há algo de verdade nessa proposta.

Desçamos mais um patamar. Afinal, nossos sistemas jurídico, econômico e político repousam sobre a fundação invisível de mitos, hábitos e crenças. Devemos trabalhar as histórias também nessa dimensão. Os estudos da Universidade de Michigan citados acima dão uma pista de qual possa ser a abordagem. Os pesquisadores descobriram que as pessoas que fizeram um exercício de autoafirmação tinham maior capacidade de levar em conta informações que contradizem suas crenças se comparadas às que não fizeram o exercício. Presume-se que elas se sentiram menos ameaçadas pelas informações e, portanto, se mantiveram mais abertas.

A maneira mais direta de desmontar a História da Separação e seus fundamentos é dar a alguém uma experiência de não separação. Um ato de generosidade, perdão, atenção, verdade, ou aceitação incondicional oferece um exemplo que contradiz a visão de mundo separativa, violando pressupostos como "Todo mundo é egoísta", e afirmando o desejo inato de dar, criar, amar e brincar. Tais atos são apenas convites – não podem obrigar alguém a amainar sistemas de crença baseados na separação. A generosidade pode sempre ser interpretada como "Ele está tentando conseguir alguma coisa de mim". O perdão pode ser visto como manipulação (e muitas vezes o perdão falso é isso mesmo). A verdade pode ser ignorada. Mas ao menos fica o convite.

Quando eu vivia em Taiwan e tinha uns vinte anos, conheci um músico e artista maravilhoso que chamarei de W. Eu o admirava e invejava sua criatividade e liberdade, e queria que ele gostasse de mim e me admirasse também. Um dia eu o envolvi numa conversa em que tentei impressioná-lo mencionando de maneira casual que falava o chinês de modo fluente e ganhava muito dinheiro traduzindo, etc. Me esforcei para ser bem informal, para não parecer que eu estava me gabando. Ele ouvia com atenção mas não falava nada. De repente percebi que além de W. não estar impressionado, ele conseguia me ver como se eu fosse transparente. Mas, em vez de me desnudar, ele interrompeu minha vergonha incipiente olhando para mim com amor e dizendo de modo suave: "Legal, meu irmão".

Essas palavras foram mais poderosas que qualquer reprovação. Caíram como uma espécie de milagre. Ali estava alguém que sabia uma coisa da qual eu mesmo tinha vergonha, mas não se juntou a mim nesse julgamento. Ele me celebrou. Ele me amou numa condição que eu mesmo não podia me amar. Isso era algo que não combinava com o meu mundo. Não digo que isso tenha me transformado de imediato, mas aquela experiência de ser aceito de maneira incondicional ficou estampada no meu psiquismo e fez a minha "realidade" um pouco menos real.

Depois de uma vida de treinamento de autorrejeição, a aceitação incondicional por um outro nos mostra uma nova possibilidade. Esse é um poder transformativo que todos possuímos. Todos nós podemos dar uns aos outros experiências que são refutações vivas das crenças da Separação.

Certa vez perguntaram ao Dalai Lama: "Qual a qualidade mais importante num mestre espiritual?", e ele respondeu "Bom humor". Bom humor, alegria, são uma espécie de convite que diz: "É gostoso estar aqui. Você não quer vir também?"

O princípio geral de desmontar a história expande o escopo do ativismo bem além de sua definição tradicional, validando todo tipo de ação não baseada na força e na confrontação. Um exemplo seria a prática da testemunha silenciosa: o povo amish que lota as cortes para serem testemunhas pacíficas da administração da justiça; ou os manifestantes do *Occupy*, que em silêncio observaram enquanto a diretora da faculdade saiu da sua sala para dar a ordem de usar spray de pimenta contra os estudantes na calçada. Não sei de você, mas eu acho mais fácil fazer a coisa certa quando tem gente me olhando.

Hwang Dae-Kwon, de quem falei antes, me contou sobre uma recente ação direta que ele e colegas pacifistas fizeram no local onde estão construindo uma base militar na Coreia, e onde seria destruída uma vila centenária. Eles simplesmente iam até a vila todos os dias de manhã e à tarde e faziam prostrações repetidas, por horas. Não houve campanha na mídia. Não levaram cartazes, nem faixas. Logo as pessoas ficaram curiosas, e em pouco tempo a questão estava nos jornais. As coisas iam bem, me contou Hwang, até que militantes tradicionais decidiram se envolver. Chegaram em massa com seu ódio e violência, e logo a cobertura da mídia se tornou hostil. Esse protesto não mais desafiava as narrativas vigentes sobre a lei e a ordem, e a necessidade de conter os protestos violentos, e assim por diante.

Nesses exemplos vemos a fusão do ativismo e da espiritualidade que descrevemos antes. Pelo fato de nossa economia e sistema político serem construídos com base nas histórias que compartilhamos, ações que não afetam diretamente questões políticas ainda assim têm impacto político.

• Desmontagem

Muitas vezes peço aos participantes nos meus seminários para partilhar histórias que fizeram crescer sua compreensão do que é real, possível e O Caminho do Mundo. Pouco tempo atrás, um homem do Colorado chamado Chris descreveu um congresso de investimento imobiliário que ele conduziu há alguns anos. Era um evento de vários dias com 160 investidores e, na sua própria avaliação, muito chato.

No terceiro dia, algo diferente "baixou" nele. Deixou sua apresentação de lado e, segundo sua descrição, virtualmente canalizou uma atividade que vivenciara numa oficina de Tony Robbins. Pediu a todos do público que pusessem a mão na bolsa ou na carteira e pegassem algum dinheiro. "Se não tiverem notas grandes, empreste de um vizinho." Depois, falou: "Certo, agora, amassem o dinheiro na mão. Vou pedir a vocês que façam algo quando eu contar até três, sem pensar. Quando eu disser, 'três' joguem o dinheiro no ar com um grito. Só façam isso. Agora: Um, dois, três!"

O auditório inteiro fez o que ele tinha ordenado, e depois de dar o primeiro grito não conseguiam mais parar. Quando as coisas finalmente se acalmaram, Chris disse: "Certo, agora darei a vocês uma escolha. Vocês podem ir e recolher o dinheiro, mostrando que ele controla vocês, ou podem deixar o dinheiro no chão, porque vocês são os mestres do dinheiro". Por todo o resto do dia o seminário foi mágico. O ar da sala parecia vibrar.

No final da tarde, era hora de deixar o auditório do hotel. "O que faremos com esse dinheiro?", perguntou aos participantes. "Se de fato não somos escravos do dinheiro, vamos deixar o dinheiro aqui no chão. É um presente para a equipe de limpeza." Um homem, de cara feia, abaixou, pegou o dinheiro saiu da sala pisando duro. Os demais deixaram tudo no chão. Chris ficou um pouco na sala vazia. Havia milhares de dólares pelo chão. Logo os faxineiros do hotel chegaram. Eram cinco. Pararam, como estátuas, queixos caídos, olhando para o chão. O que fazer?

Evidentemente, foram perguntar para o sujeito vestindo um terno. "Señor", disseram, "O que é isso?" Eles não falavam bem o inglês e Chris não falava nada de espanhol. Tentou explicar que o dinheiro era para eles. Não adiantou. "Para vocês, para vocês!", ele dizia, mas era como se eles fossem surdos. Pois essa verdade era uma impossibilidade no mundo deles.

Logo eles chamaram seu supervisor, e Chris explicou que o dinheiro era para os faxineiros. Quando o supervisor por fim entendeu que era sério, ficou tomado de emoção e começou a chorar. "Isso é mais dinheiro do que eles ganham num mês", disse ele. "Não sei o que vocês fizeram aqui, mas são bem-vindos no hotel sempre que quiserem voltar!"

A magia continuou durante os dois dias seguintes do congresso. Chris contou aos participantes sobre os faxineiros e o espírito de generosidade era contagiante. As pessoas começaram a pagar o café para o estranho de trás na fila da lanchonete quando iam almoçar. Ele continuou a ignorar o roteiro do seminário e falou segundo uma espécie de fluxo intuitivo. Cada processo que ele conduziu foi surpreendente.

Passados os anos, contou Chris, ainda recebe e-mails dos participantes dizendo que suas vidas nunca foram as mesmas depois daquilo. "Me avise quando for dar outro seminário, qualquer que seja o assunto", dizem.

O poder daquela ação de generosidade foi muito além do mero impacto econômico sobre os faxineiros da classe trabalhadora. Seu poder repousa na violação das leis da realidade na forma como concebida pelos faxineiros, seu supervisor e os participantes do seminário. O impossível aconteceu naquele dia. Experiências como essa nos dizem que "O mundo não funciona do modo como você pensava. O âmbito do possível é maior do que você acreditava".

MILAGRE

Nós tentamos todo o possível e nada funcionou.
Agora precisamos tentar o impossível.
— Sun Ra

Trabalhar no âmbito da história tem duas dimensões. A primeira é romper com o velho, dizendo: "O que você pensou que era real é apenas uma ilusão". A segunda é oferecer algo novo, dizendo: "O possível e o real são muito mais grandiosos do que você pensava". Experimentamos a primeira como crise e colapso. A segunda, como milagre. Isso é que é um milagre; não a intercessão de uma divindade externa nos assuntos mundanos violando as leis da física, mas a realização de algo que é impossível na velha História do Mundo e possível numa nova.

No ponto em que nos encontramos hoje, um milagre é (por essa definição) impossível e portanto não podemos forçar o universo a produzir um. Ele está além de nossa compreensão de causa e efeito. Podemos, no entanto, dar a alguém a experiência do milagre. Na medida em que estamos em uma nova história, todos nós temos o poder de ser realizadores de milagres. Como Chris, todos nós temos o poder de realizar atos que violam a velha História do Mundo.

Um milagre é um convite para uma realidade maior. Talvez eu seja mais teimoso do que a maioria, mas normalmente preciso de repetidos milagres para aceitar o convite que eles contêm. As percepções da separação – por exemplo, a causalidade linear e o interesse racional por mim mesmo – estão embutidos no fundo de minhas células, porque sou um produto dessa era.

Aos vinte e um anos cheguei a Taiwan, desconfortável com minha própria cultura, na qual eu me sentia um estrangeiro, mas ainda alinhado com muitos aspectos das histórias que a definem. É verdade, graças à minha educação política um pouco esquerdista, eu estava ciente da falência da mitologia do progresso e da globalização econômica, mas aceitava, sem questionar, o método científico como a estrada real para a verdade, e acreditava que a ciência, como instituição, tinha chegado a uma compreensão geral bastante completa de como o universo funciona. Eu era, afinal, um graduado de Yale, formado em matemática e filosofia analítica.

Não demorou muito, porém, para minha história do mundo ser atacada. Eu tive experiências com medicina chinesa e qigong que eram impermeáveis aos meus melhores esforços de negação. Eu tive uma poderosa viagem de LSD, que derreteu o que eu chamava de "realidade" transformando-a num oceano mental. Eu absorvia o pensamento budista e taoista que dominava a ilha, e ouvia da boca de pessoas respeitáveis inúmeras histórias de fantasmas, xamãs taoistas, e outras estranhezas, que eu só poderia rejeitar com um extenuante esforço de interpretação. (Talvez eles estivessem tentando impressionar o estrangeiro. Talvez eles fossem ignorantes e supersticiosos, inclinados a ver o que não existe.)

Eu me sentia cada vez mais desconfortável com a arrogância cultural e pessoal que precisava assumir a fim de preservar minha visão de mundo. Descartar as percepções de mundo de uma cultura inteira em favor do dogma da objetividade e do reducionismo era semelhante ao imperialismo econômico e cultural, do qual eu já estava ciente. Nesse caso era uma espécie de imperialismo conceitual: ver uma cultura inteira através de uma lente antropológica ou de uma narrativa de desenvolvimento cognitivo que, nos dois casos, estavam fortemente carregadas das relações de poder que regem nosso mundo.

Ao mesmo tempo, encontrei livros que sugeriam que a visão de mundo ocidental estava desmoronando por dentro. De particular impacto foi o trabalho do ganhador do Prêmio Nobel Ilya Prigogine e do físico David Bohm, dois dos maiores cientistas do século XX, que derrubaram minha compreensão da causalidade e minha suposição – que nunca pensei em questionar cientificamente – de que o universo é desprovido de uma ordem inerente ou de inteligência. Isso me libertou da armadilha do dualismo: ver os fenômenos que tomei conhecimento em Taiwan como ação de algum reino espiritual separado e imaterial; concluir que a ciência tem o seu domínio e a espiritualidade, outro. Mas agora eu podia ver que a materialidade era muito maior do que supúnhamos; que, potencialmente, ela poderia incluir todos os fenômenos que associamos com o espírito, e que isso poderia acontecer, não reduzindo, descartando, ou negando o "espiritual" mas, pelo contrário, expandindo bastante o que é material, muito além do que qualquer cientista se sentiria confortável em fazer.

Temos medo de qualquer coisa que perturbe a nossa História do Mundo, qualquer coisa que desafie as regras e os limites do real. Temos medo de milagres, ainda que ansiemos por eles também. Esse é o nosso maior desejo e nosso maior medo. Quando a história em que vivemos é nova, o medo é mais forte do que o desejo. Uma história jovem enfrenta um forte sistema imunológico. Ele pode descartar dados conflitantes com facilidade.

Vejo um *dangji* (um xamã de Taiwan) em transe, tremendo, carregando um braseiro ardente em suas mãos – bem, não deve estar realmente tão quente quanto parece.

Um motorista de táxi me conta que uma vez pegou uma mulher estranha num vestido de casamento e a levou para um número da rua que não existia, e quando ele se virou para lhe perguntar, ela tinha desaparecido do táxi – bem, ele, provavelmente, tinha bebido naquela noite, ou talvez estivesse tentando impressionar este ingênuo estrangeiro.

Torço meu tornozelo tão severamente que não posso andar, e sou levado a uma clínica de um único aposento, onde o médico, fumando um cigarro, escava seus polegares na minha carne inchada e inflamada por cinco minutos de tortura, coloca um pouco de pasta sobre ela, enfaixa-a, e me manda para casa, e o tornozelo fica totalmente bom no dia seguinte – bem, não deve ter sido uma torção tão ruim assim, não deve ter de fato inchado para o dobro do tamanho como eu pensava, iria melhorar de qualquer maneira.

Visito um mestre de qigong. Ele dá umas batidas em alguns pontos no meu corpo para "limpar meus meridianos"; em segundos eu começo a suar e saio, meia hora mais tarde, me sentindo maravilhosamente bem – ok, provavelmente eu estava com calor ao chegar lá, e não percebi que o quarto estava muito quente, e aquele formigamento intenso que senti quando ele me mostrou o que era a projeção de energia *Chi*, deve ter sido imaginação. As centenas de pessoas que estudam com aquele homem – elas devem ser ingênuas, enganadas por seu discurso malicioso para poderem acreditar em algo impossível, provavelmente dependentes psicológicos dos falsos ensinamentos espirituais que ele vende. Eu não preciso saber o que é tudo aquilo nem mesmo examinar se é falso ou não – deve ser falso, porque, se não for, meu mundo desmorona.

O mesmo vale para todas as alegações e carreiras de centenas de milhares de homeopatas, naturopatas, acupunturistas, quiropráticos, curadores energéticos, e todos os outros que praticam modalidades para as quais "não há evidência científica", ou seja, estudos controlados, do tipo duplo-cego, publicados em revistas e jornais especializados. Se houvesse qualquer mérito em suas ideias, certamente as instituições científicas imparciais já o teriam reconhecido. Esses profissionais têm enganado a si mesmos, lembrando-se, de forma seletiva, apenas dos casos em que o paciente melhorou – e alguns melhorariam inevitavelmente, mesmo sem tratamento. Eles são mal orientados, autoiludidos, maus observadores da realidade. Diferente de mim e das pessoas com quem eu concordo. Nós baseamos nossas crenças em evidências e lógica.

Perceba como uma História do Mundo pode ser robusta e abrangente. Em última análise, nossas crenças sobre o que é ou não cientificamente aceitável estão ligadas a nossa confiança nas estruturas e autoridades sociais existentes. As acusações de ingenuidade, de doença mental, de estar fora de contato com a realidade, e toda a energia emocional por trás dessas acusações, decorrem de um sentimento de ameaça. A ameaça é real. O que está sendo ameaçado é o tecido do mundo na maneira como o conhecemos.

Em última análise, o mesmo medo está por trás das manobras mentais dos banqueiros, dos céticos ambientais ou de qualquer pessoa que ignore os sinais cada vez mais evidentes de que o nosso sistema está condenado, de que nossas crenças tão óbvias, instituições aparentemente tão permanentes, obviedades aparentemente tão confiáveis, e hábitos de vida aparentemente tão práticos já não estão nos servindo mais.

Como ajudar as pessoas, e os sistemas que as abrigam, a deixar de vez a velha história? Um ataque direto – evidência contra evidência, lógica contra lógica – apenas intensifica o medo e a resistência. Não que eu ache que não há uma lógica por trás de minhas crenças, ou que elas só possam ser mantidas contra as evidências. Pelo contrário. Mas, como já descrito, outra coisa tem de acontecer, algo mais profundo tem que mudar, antes que alguém se torne disposto a, pelo menos, olhar para as evidências. Como agentes de cura e de mudança, temos de abordar esta coisa mais profunda: a ferida no coração da História da Separação. Temos que pensar em como estender um convite para um mundo maior. Essa é a essência do nosso trabalho como fazedores de milagres.

As histórias, como todos os seres, têm um tempo de vida. Na sua juventude seu sistema imune é forte, mas à medida que o tempo passa fica cada vez mais difícil suportar as evidências e experiências em contrário que vão se acumulando. No fim, eu não conseguia mais acreditar na minha própria história. Aquele que eu teria que ser para conseguir sustentá-la – cínico, arrogante, paternalista, que se nega a ter novas experiências – tornou-se intolerável. À medida que o velho mundo se tornou intolerável, os convites do novo começaram a chegar mais rápido e mais fortes.

Quando uma história envelhece, as rachaduras aparecem em suas fronteiras, na casca do ovo cósmico. Milagre é o nome que damos à luz que brilha de um mundo maior e mais radiante. Ele diz não só que a realidade é maior do que pensávamos que era, mas que essa realidade maior está chegando. É ao mesmo tempo uma visão e uma promessa.

Na medida em que nós mesmos estivermos vivendo na percepção do interser, seremos também capazes de nos tornar operadores de milagres. Isso não significa que o que fazemos parece milagroso para nós – mas se encaixa em nossa compreensão expandida da natureza da vida e da causalidade. Por exemplo:

- Quando estamos alinhados com o propósito do serviço, atos que parecem excepcionalmente corajosos aos outros são considerados como normais.
- Quando experimentamos o mundo como abundante, atos de generosidade são naturais, uma vez que não há nenhuma dúvida sobre o contínuo suprimento.
- Quando vemos os outros como reflexo de nós mesmos, o perdão torna-se uma segunda natureza, como se compreende na expressão: "Se não fosse pela graça de Deus, poderia ser eu" (no lugar dele).
- Quando apreciamos a ordem, beleza, mistério e conectividade do universo, surge uma profunda alegria e contentamento que nada pode abalar.

- Quando vemos o tempo como abundante e a vida como infinita, é possível desenvolver uma paciência sobre-humana.
- Quando nos desapegamos das limitações do reducionismo, da objetividade e do determinismo, tornam-se possíveis tecnologias que a ciência da separação não poderia admitir.
- Quando abandonamos a história do eu distinto e separado, incríveis capacidades intuitivas e perceptivas emergem de seu estado latente.

Esses, e muitos outros milagres, são os marcos do território do Interser.

Verdade

Normalmente não basta um mero ato de vontade para nos vermos plantados na História do Interser. É um longo processo de cura das feridas da Separação, mudança de hábitos, descoberta de âmbitos de encontro inesperados. Às vezes repentino; às vezes gradual; às vezes por trabalho duro; às vezes pela graça; às vezes como um nascimento; às vezes como uma morte; às vezes doloroso e às vezes glorioso, trata-se de um profundo processo de metamorfose. Devemos lembrar disso quando trabalhamos como agentes de transição entre histórias para servir a outras pessoas e à sociedade em geral.

A questão "Em que história habito?" nos leva a um aparente paradoxo. Parte da "nova história" é uma espécie de metaconsciência da própria história. Estamos tentando habitar uma nova história ou tentando ficar fora de toda e qualquer história? Os pós-modernos diriam que é impossível ficar fora da história; como coloca Derrida: "Não há nada fora do texto". Eles diriam que não há verdade ou realidade fora das nossas construções sociais. Não concordo com essa posição, embora pense que no seu momento histórico ela ofereceu um antídoto salutar às pretensões do cientificismo e do racionalismo, que ansiavam por oferecer uma via régia para a verdade. Nós seres humanos somos fabricantes de significado, de mapas, e trocamos um mapa pelo próximo, e perambulamos dentro dele como se não fosse um mapa mas um território. O pós-modernismo nos libertou dessa armadilha questionando a existência do próprio território. Essa é uma pergunta muito truculenta, dado que a palavra "existência" já vem carregada de pressupostos cartesianos sobre a natureza da realidade. Em outras palavras, as próprias palavras são parte do mapa.

Mas nada disso significa que não haja território por trás do mapa. Significa apenas que não podemos usar o pensamento conceitual para chegar lá. Que o mundo seja criado a partir de uma história já é em si uma história. Cada mapa é um mapa de outro mapa, camada sobre camada. Vamos desconstruindo cada uma delas, expandindo nossa compreensão de como foi criada e a que forças serve mas, não importa quantas camadas penetremos, nunca chegamos ao território. Mas isso não significa que não esteja lá. Somente não pode ser encontrado dessa maneira, assim como o infinito não pode ser atingido por uma contagem, nem se pode criar uma utopia aperfeiçoando mais tecnologia, nem chegar ao Céu construindo uma torre que sobe para a atmosfera. A verdade também se encontra fora da progressão de uma história para a outra. Isso não significa que esteja muito longe, ao contrário, está perto, pertíssimo. O céu começa onde termina a terra; é preciso apenas ver com outros olhos para perceber que já estamos lá. Para chegar à utopia basta uma mudança coletiva de percepção. A abundância está em todo lugar à nossa volta; só nossos esforços de construção de torres nos impedem de ver, pois nosso olhar está sempre voltado para cima, sempre tentando escapar desta terra, deste sentimento, deste momento.

Embora a nova história nos fale de um lugar além e entre histórias, ela não nos leva a esse lugar. Ele é um espaço que precisamos tocar com frequência, mais vezes do que temos feito, a fim de ancorar nossas histórias na verdade. Enquanto formos humanos, sempre criaremos e encenaremos histórias. Formaremos consensos sobre o que as coisas significam, e mediaremos esses acordos através de símbolos, e os encaixaremos em narrativas. É assim que coordenamos atividades humanas na direção de visões comuns.

A nova história abre espaço para nos religarmos àquilo que é anterior às histórias, ganhar força no vazio que se encontra antes do sentido, onde as coisas apenas são. Uma história pode ser portadora de verdade, mas ela não é a verdade. O Tao que pode ser dito não é o verdadeiro Tao. "A Verdade", escreve Ursula K. Le Guin, "entra e sai das histórias, como sabemos. O que foi verdade um dia, já não é mais. A água brotou de uma outra fonte". Às vezes podemos reconhecer essa verdade, mas não como prescreve o método científico, testando a conformidade da história com resultados experimentais. Esse tipo de tentativa surge, em si mesma, de uma história do mundo chamada objetividade, que é sempre produto de escolhas invisíveis (Que perguntas é importante formular? Que teorias testar? Que estruturas de autoridade invocaremos para legitimar os resultados?) que também traduzem um história.

Onde, então, encontrar a verdade? Ela pode ser encontrada no corpo, nas matas, na água, na terra. É encontrada na música, na dança, e às vezes na poesia. No rosto de um bebê, e no rosto do adulto por trás da máscara. Nos olhos um do outro, quando nos olhamos. No abraço que é, quando o sentimos em profundidade, um ser junto de outro ser, um ato incrivelmente íntimo. Nós a encontramos no riso e no choro, e na voz por trás da palavra dita. Nós a encontramos nos contos de fada e mitos, e também nas histórias que contamos, mesmo que ficcionais. Às vezes, recontar um conto faz com que ele aumente para se tornar veículo da verdade. Nós a encontramos no silêncio e na imobilidade. Nós a encontramos na dor e na perda. Nós a encontramos no nascimento e na morte.

Os leitores cristãos poderão dizer que a encontramos na Bíblia. Sim. Mas não na sua literalidade. A verdade resplandece como uma luz por trás das palavras. Por si sós, elas não têm mais verdade do que quaisquer outras palavras, e podem ser (e foram) postas a serviço de toda sorte de horrores. O taoismo nos fala do "obstáculo dos escritos": quando somos pegos tentando encontrar a verdade

• Verdade

nas próprias palavras, ao invés de viajar pelas palavras até o lugar de onde vieram.

Assim, embora sempre vivamos numa história, precisamos sempre ancorar nossas histórias na verdade. Ancorar a história na verdade nos impede de irmos fundo demais e nos perdermos nela, ao ponto de crianças queimadas vivas serem consideradas "dano colateral", e as necessidades da vida biológica na Terra serem "recursos". Os momentos de verdade desestabilizam esses momentos de delírio. Talvez por isso, segundo um monge butanês que conheci, o rei do Butão trata de passar a maior parte de seu tempo nas vilas rurais. "Se eu ficar muito na capital", diz ele, "não consigo tomar decisões sábias". Cercado dos artefatos da Separação, é provável que internalizemos a história da qual são parte. E então viveremos a partir dessa história de modo inconsciente.

O silêncio; a imobilidade; a terra; a água; o corpo; os olhos; a voz; a canção; o nascimento; a morte; a dor; a perda. Observe o que unifica todos esses espaços que listei, nos quais podemos encontrar a verdade: em todos eles, o que realmente acontece é que a verdade nos encontra. Ela vem como uma dádiva. Isto é o que há de certo, tanto no método científico como nos ensinamentos religiosos sobre uma verdade absoluta fora da criação humana. Ambos corporificam a humildade. O mesmo estado de humildade é o lugar onde podemos achar a verdade para ancorar nossas histórias.

A necessidade de buscar, além da história, pela verdade que a ancora significa que há limite para o quanto uns caras espertos no escritório podem fazer para criar um mundo mais bonito. (Serei eu um deles? Não preste atenção ao homem por trás da cortina que aciona os personagens!) Muito mais importantes são aqueles que disponibilizaram para nós experiências de verdade (os sentidos, o solo, o corpo, a voz etc.) – daí a necessidade política e ecológica daquelas coisas para as quais não temos tempo nessa nossa corrida para salvar o mundo.

Não se pode fabricar a verdade. O fato de ela vir como uma dádiva significa que algo tem que *acontecer a nós* para nos iniciar no pleno poder como veículos de mudança. Nossos esforços como curadores e transformadores evoluem à medida que passamos pela perda, o colapso e a dor no âmbito pessoal. Quando nosso próprio subsetor pessoal da História da Separação se dissolve, pela primeira vez somos capazes de ver aquela história como aquilo que realmente é.

Cada vez que isso acontece (e pode acontecer tantas vezes quantas forem as variações do tema da Separação), adentramos o espaço sagrado que mencionei, o espaço entre as histórias. Podemos pensar que é possível entrar nele de propósito, sem perda ou colapso, talvez pela oração, meditação ou solidão em meio à natureza. Talvez. Mas o que o levou a essas práticas? A menos que tenha sido criado nelas, provavelmente aconteceu algo que o ejetou de seu mundo normal onde essas práticas não são corriqueiras.

Além disso, um motivo pelo qual as práticas espirituais funcionam é porque desfazem velhas crenças e autoimagens – a História do Ser e do Mundo. Esse desfazimento é um tipo de crise, uma espécie de perda, até mesmo uma modalidade de morte. Se essa jornada para o espaço entre as histórias acontece através de uma prática, um divórcio, uma doença ou uma experiência de quase morte, não importa, estamos todos na mesma jornada.

Assim como nossa civilização está numa transição entre histórias, assim também estão muitos de nós de modo individual. Quando observamos as várias histórias que contamos a nós mesmos sobre nossas vidas, certos padrões ficam evidentes, e talvez seja possível discernir nesses padrões dois (ou mais) temas dominantes. Um deles representa a "velha história" da nossa vida, e o outro representa a "nova história". O primeiro em geral está associado com várias "feridas" com as quais nascemos ou que adquirimos como membros da nossa cultura. A segunda história representa o lugar para onde vamos, e é coerente com a cura dessas feridas.

Quero apresentar um processo chamado "O que é verdade?" que foi concebido com dois objetivos. Primeiro, a fim de trazer para o campo da consciência as histórias de plantão, que se arrastam de maneira invisível dentro de nós, para que possamos esvaziar sua potência. Segundo, para que através do mantra "O que é verdade?" levemos o contador da história ao espaço entre histórias, o espaço onde a verdade está disponível. O processo originou-se em um retiro que ministrei com o maravilhoso inventor social Bill Kauth em 2010, e que evoluiu de modo considerável desde então. Apresentarei aqui uma versão próxima da original, que o leitor pode adaptar para suas próprias finalidades de ensino.

A princípio, todos os presentes identificam uma situação ou escolha que estão encarando, uma dúvida, uma incerteza – algo sobre o qual você "não sabe o que pensar" ou "não sabe como decidir". Numa folha de papel, descreva apenas os fatos objetivos da situação, e depois escreva duas distintas interpretações dos fatos – a História nº 1 e a História nº 2. Essas histórias descrevem o significado da situação, as dúvidas, e o que ela mostra sobre as pessoas envolvidas.

Darei um exemplo pessoal. Quando terminei a primeira versão de *The Ascent of Humanity* [A ascensão da humanidade], comecei a procurar uma editora para publicá-lo. Enamorado com a beleza e profundidade deste livro que eu passara tantos anos escrevendo, ao enviar sua divulgação impecável a várias editoras e agentes, nutria grandes esperanças de que desse certo. Tenho certeza de que vocês sabem o que aconteceu. Nenhum deles mostrou sequer o interesse mais remoto. Nenhum agente queria representá-lo. Como alguém poderia deixar de ser seduzido pela (aos meus olhos) profundidade da tese do livro e a beleza dos trechos que eu enviara? Bem, eu tinha duas explicações que viviam de maneira concomitante dentro de mim, crescendo e minguando como a lua no tocante à sua influência.

A História nº 1 era assim: "Encare a realidade, Charles, o motivo pelo qual estão rejeitando o livro é simplesmente porque ele não é muito bom. Quem é você para tentar uma ambiciosa narrativa meta-histórica como essa? Você não tem doutorado em nenhuma das áreas sobre as quais escreve. Você é um amador, um diletante. A razão pela qual seus insights não estão nos livros que você leu é porque eles são muito triviais e infantis para que qualquer um se dê ao trabalho de publicar. Talvez você deva voltar para a faculdade, pagar as mensalidades, e algum dia se qualificar a fazer uma modesta contribuição à civilização que você, com sua rebeldia colegial, de forma tão conveniente rejeita. Não é nossa sociedade que está toda errada, é você que não consegue se fazer ouvir".

E a História nº 2 era assim: "Estão rejeitando o livro porque ele é tão original e único que não conseguem incluí-lo em categoria alguma, sequer têm olhos para enxergá-lo. É de se esperar que um livro que desafia de modo tão profundo a ideologia fundante da nossa civilização seja rejeitado pelas instituições construídas sobre essa mesma ideologia. Somente um generalista, alguém de fora das disciplinas estabelecidas, escreveria um livro assim; minha falta de um lugar legítimo na estrutura de poder da nossa sociedade fez com que fosse possível escrever esse livro e, ao mesmo tempo, é isso que torna sua aceitação rápida tão difícil".

Vários aspectos dessas histórias são dignos de nota. Primeiro, não se pode distingui-las com base na razão ou nas evidências. As duas histórias se encaixam nos fatos. Segundo, é óbvio que nenhuma delas constitui uma construção intelectual emocionalmente neutra; cada qual está ligada não apenas a um estado emocional, mas também a uma história de vida e uma constelação de crenças sobre o mundo. Terceiro, cada história naturalmente suscita um curso de ação diferente. Isso é o esperado. As histórias contêm papéis, e as histórias que contamos a nós mesmos sobre nossas vidas atribuem os papéis que nós mesmos iremos desempenhar.

Depois que cada pessoa escreveu a situação e as duas histórias sobre a situação, os participantes formam pares. Cada par tem um relator e um questionador. O relator descreve o que ele ou ela escreveu, o que deve levar apenas um minuto ou dois. É só isso que leva para passar o básico da maioria das histórias.

O ouvinte, encarando o relator, então diz: "Qual é a verdade?" O relator responde dizendo o que ele sente que é verdade segundo a escuta e atenção profundas do questionador. O relator pode dizer: "A História nº 1 é verdade" ou "A História nº 2 é verdade". Ou talvez diga, "De fato acho que a verdade é uma terceira coisa", ou, "A verdade é que eu gostaria de acreditar na História nº 2, mas infelizmente creio que a primeira história é a verdade".

Depois da resposta, o questionador continua dizendo: "E o que mais é verdade?"; ou se a resposta foi mais uma história, "Sim, mas o que é verdade?" Outras perguntas úteis seriam: "Se isso é verdade, o que mais é verdade?" e "O que é verdade agora?" Outra maneira de conduzir o processo é simplesmente dizer "O que é verdade?" a cada interação.

Esse é um processo sutil, imprevisível e altamente intuitivo. A ideia é criar um espaço onde a verdade possa emergir. Pode acontecer de imediato, ou pode levar vários minutos. Em dado momento o relator e o questionador sentirão que a verdade que queria aparecer já surgiu, e nesse ponto o questionador pode dizer, "Você está satisfeito por ora?" O relator provavelmente dirá que sim, ou talvez diga "Na verdade, tem mais uma coisa..."

Em geral a verdade que desponta se relaciona com os verdadeiros sentimentos do orador sobre aquele assunto, ou algo que o orador sabe sem dúvida alguma. Quando aquilo aparece, há um sentimento de liberação, às vezes acompanhado de uma exalação respiratória parecida com um suspiro. Antes disso o orador pode passar por uma minicrise, uma tentativa de fuga pela racionalização da situação. O papel do questionador é cortar essa dissimulação e voltar de modo incessante ao "Qual é a verdade?" Quando a verdade oculta aflora, em geral fica explícita e – de modo frequente e paradoxal, e também surpreendente – é algo "que estava bem diante dos meus olhos e eu não conseguia ver".

Para que tenham um sabor daquilo que emerge nesse processo, aqui vão alguns exemplos de verdades que vi surgir:

- A quem estou enganando – na verdade já fiz a minha escolha! Toda essa racionalização é apenas uma maneira de buscar minha própria permissão.
- Sabe, a verdade é que de fato não me importo mais. Tenho tentado me convencer de que deveria ligar, mas honestamente não estou nem aí.
- A verdade é que estou com medo do que as pessoas vão pensar.
- A verdade é que estou usando o medo de perder minhas economias como desculpa para o que de fato temo: estar desperdiçando minha vida.

Se o relator fica dançando em volta da verdade, o questionador, caso perceba isso, pode oferecer algo do tipo "É verdade que...".

A principal "tecnologia" desse processo é o que algumas pessoas chamam de "guardar lugar". A verdade vem como um dom, brotando pelas rachaduras da nossa história. Não é algo que possamos concluir pelo pensamento. Ao contrário, ela vem *apesar* de nossas tentativas de resolver a questão de modo racional. É uma revelação. Guardar lugar para ela talvez exija muita paciência, corajosa perseverança até, pois as histórias e as emoções que as acompanham nos envolvem.

Quando a verdade aparece, não há mais nada a fazer. O processo acabou. Depois de um momento de silêncio, orador e questionador trocam de posição.

Alguns processos desse tipo incentivam o orador a fazer algum tipo de declaração ou compromisso baseado na verdade que descobriu. Eu desaconselho. A verdade exerce seu próprio poder. Depois dessas percepções, as ações que antes pareciam impensáveis se tornam naturais; situações que antes eram desesperadoramente pantanosas se tornam cristalinas e transparentes; discussões internas angustiadas se desfazem sozinhas, sem nenhum esforço da nossa parte para deixá-las de lado. O processo "Qual é a verdade?" traz algo de novo ao campo da atenção e portanto ao nosso ser. De fato, uma outra pergunta paira por trás deste "Qual é a verdade". A outra pergunta é "Quem sou eu".

O mesmo é válido para aquelas experiências de contato com a natureza, morte, perda, silêncio etc. A verdade que trazem nos transforma, faz com que a história perca sua influência sobre nós. Nada precisa ser feito, mas muito acontecerá.

Observei que a própria vida age como uma espécie de "O que é verdade?" no seu diálogo com cada um de nós. Experiências se intrometem em qualquer história que estejamos habitando, levando-nos para fora da história e de volta para a verdade, e nos convidando a redescobrir partes de nós mesmos que nossa história tinha deixado de fora. E a vida é um questionador incansável.

O que a vida faz conosco, nós, como parte da vida dos outros, podemos fazer por eles, tanto no âmbito pessoal como no âmbito do ativismo social, espiritual e político. No âmbito pessoal podemos recusar os frequentes convites para participar dos dramas que as pessoas criam a fim de reiterar a história da culpa, do julgamento, do ressentimento, da superioridade e assim por diante. Uma amiga liga por telefone para reclamar do seu ex. "E aí, ele teve a coragem de ficar lá sentado no carro esperando que eu trouxesse sua pasta." Supostamente você agora deve juntar-se a ela e condenar e afirmar a história do "Como ele é horrível, e como você é legal". Em vez disso, você poderia jogar "Qual é a verdade" (disfarçadamente), talvez apenas dando um nome e atenção ao sentimento. Sua amiga talvez fique chateada por você não embarcar na história dela; às vezes isso é visto como traição, como todo convite ao ódio costuma rotular. Na verdade é possível perceber que quando se deixa uma história para trás, em geral também ficam para trás os amigos que habitavam aquela história com você. Esse é um outro motivo para a solidão que é uma característica marcante do espaço entre as histórias.

A viagem de saída do normal antigo em direção ao novo tem sido para muitos de nós uma jornada solitária. Vozes internas e externas nos disseram que somos loucos, irresponsáveis, imparciais, ingênuos. Éramos como nadadores lutando em mares encrespados, conseguindo apenas de maneira ocasional um respiro desesperado que nos permitia continuar nadando. O ar é a verdade. Não estamos mais sozinhos. Temos um ao outro para nos soerguer. Certamente eu não saí de minhas dúvidas sobre meu livro por força de heroico esforço pessoal, coragem ou persistência. Vivo numa nova história, na medida do possível, graças à ajuda vital que recebi em momentos cruciais. Meus amigos e aliados me mantêm ali quando estou fraco, e eu os sustento quando estou forte.

Sem apoio – mesmo que você tenha uma experiência de unidade universal, quando voltar para a vida, seu emprego, seu casamento, relacionamentos – essas antigas estruturas tenderão a puxá-lo de volta para a conformidade com elas.

A crença é um fenômeno social. Com raras exceções (como a de Frank no filme *Insanity*), não conseguimos manter nossas crenças sem a reiteração das pessoas à nossa volta. Crenças que se afastam de modo substancial do consenso social são especialmente difíceis de manter, e em geral requerem algum tipo de santuário, como um culto, no qual a crença dissonante recebe constante afirmação, e a interação com a sociedade é limitada. Mas o mesmo vale para vários grupos espirituais, comunidades intencionais, e mesmo seminários como aqueles onde eu falo. São uma espécie de incubadora para crenças frágeis, incipientes, onde a novíssima história pode se desenvolver. Ali se pode lançar uma rede de raízes para sustentar a nova história diante do ataque das intempéries das crenças externas.

Descobrir uma tal incubadora pode demandar tempo. Uma pessoa que recém saiu da visão de mundo convencional talvez se sinta sozinha na rejeição desta posição. Novas crenças brotam dentro dela, crenças que ela reconhece como velhos amigos, intuições da infância. Mas se essas crenças não forem articuladas por alguém mais, elas não conseguem se estabilizar. Por isso é tão importante falar aos que já estão convencidos, para que aquela pessoa isolada ouça o canto alto do coro de todos que partilham essa crença. Às vezes recebemos um pedaço totalmente novo da História do Interser que ninguém ainda explicitou, para o qual ainda não há um orador nem um coro. Mas mesmo nesse caso há almas afins esperando, cada vez mais entre nós, à medida que a história vai alcançando massa crítica.

Isto está acontecendo no nosso tempo. É verdade, as instituições construídas sobre a Separação parecem maiores e mais fortes do que nunca, mas suas fundações ruíram. Cada vez menos pessoas acreditam de fato nas ideologias reinantes do nosso sistema e suas atribuições de valor, sentido e importância. Organizações inteiras estão adotando políticas com as quais, de forma individual, nenhum dos seus membros concorda. Para lançar mão de uma analogia desgastada, um mês antes da queda do Muro de Berlim, nenhum observador sério conseguiu prever que isso aconteceria no futuro próximo. Vejam a força da Polícia Secreta da Alemanha Oriental! Mas a subestrutura da percepção popular já estava erodida há tempos.

E a nossa também. Acabei de dizer que a nova história está chegando à massa crítica. Mas será que já chegou? Será que chegará? Talvez não tão já. Talvez esteja balançando à beira do abismo, num momento de equilíbrio. Talvez seja necessário apenas o peso de mais uma pessoa que dê mais um passo para dentro do Interser, e isso fará pender a balança. Talvez essa pessoa seja você.

Consciência

O trabalho na dimensão da história não é apenas a chave para criar um mundo mais bonito; é também idêntico ao que tem sido chamado de prática espiritual ao longo da história. É evidente: nos fundamentos da nossa História do Mundo está uma História do Ser, com sua ilusão de estarmos separados de outras pessoas, da natureza, de Gaia, e de qualquer coisa que possamos chamar de Deus.

Em *Sacred Economics* [Economia sagrada] questionei a noção de que devemos perseguir algum tipo de meta espiritual unitária chamada iluminação; e de fato também a ideia de que algo assim exista como um bloco. O paralelo é muito próximo ao do dinheiro, a coisa única de onde supostamente advêm todas as bênçãos. Numa sociedade em que, como dizem os anúncios, o dinheiro pode suprir toda e qualquer necessidade, o dinheiro se torna não apenas um meio universal, mas também um fim universal. É claro que quando alguém consegue riqueza financeira percebe que o dinheiro, na verdade, não pode comprar tudo que precisamos; por exemplo, o aconchego da intimidade, a conexão, o amor e o sentido. Sejamos ou não financeiramente ricos, todos sabemos disso. Mas então, ao invés de questionar a noção de que atingir uma coisa levará a todas as outras, meramente deslocamos essa coisa única e a levamos do dinheiro para outra coisa. Presos ao dogma da separação entre espírito e matéria, presumimos que esta outra coisa seja, diferente do dinheiro, algo "espiritual". Alguns chamam de Deus, outros de iluminação, mas não abandonamos o "padrão ouro" – perseguir um objetivo único, a coisa mais importante que existe – pelo qual devemos fazer infinito sacrifício.

Não estou dizendo que a iluminação ou Deus não existam. Ao contrário. Talvez todas as coisas que deixamos de fora quando criamos a categoria "Deus" sejam na verdade parte de Deus. E talvez nosso empenho em atingir a iluminação, como meta, forçosamente negligencie as coisas que são de fato necessárias para a iluminação. Novamente, vê-se o perigo de perder-se numa história.

Em vez de ascender por um eixo evolutivo e linear de consciência em direção a um destino chamado iluminação, como a maior parte da metafísica da Nova Era parece ensinar, talvez os acontecimentos sejam mais sutis. Não é à toa que a ideia da evolução da consciência seja tão irresistível. De esquemas simples como "a transição da terceira para a quinta dimensão", até cartografias psicossociais sofisticadas como os vários mapas de evolução da consciência da Dinâmica Espiral de Don Beck,[1] todos retratam um fenômeno real. Nós *estamos* evoluindo. Só que não se trata de uma evolução linear. Estamos entrando num vasto território desconhecido, cada um de nós explorando uma parte diferente.

E já que estamos nesse assunto, gostaria também de questionar se a "consciência" é um fenômeno unitário, algo que podemos transformar em essência, sem distorcer. Ao tentar fazê-lo estamos adentrando terreno perigoso, o território onde "algumas pessoas têm mais consciência do que outras". As consequências tóxicas desse tipo de elitismo estão muito claras. De um lado, se todas as pessoas são igualmente conscientes, ouviremos que "os humanos têm consciência e os

---

1. Para aqueles da Comunidade Integral, eis aqui algo para processar: a utilidade do mapa da Dinâmica Espiral está chegando ao seu limite, pois é em si mesmo uma expressão da Consciência Amarela. Portanto, não é apto a explicar muito sobre os níveis além do Amarelo. Na melhor das hipóteses pode traduzir e reduzi-los ao aparato conceitual da Consciência Amarela. Isso não era problema até pouco tempo, pois nada além do Amarelo tinha se cristalizado ainda.

animais não", e logo temos justificativa para a produção de animais em escala industrial. De outro lado, se os animais têm consciência, então teremos: "Os animais com sistema nervoso central têm e as plantas não", e logo estamos justificando a monocultura e o uso de árvores como coisas. Se as plantas também têm consciência, o que dizer das águas e das montanhas? Chega disso. E se a "consciência" for um nome que damos a muitas coisas? E se, como Deus e a iluminação, nosso nomear as coisas estiver deixando partes de fora – a parte mesma que mais precisamos ver? Como disse Lao Tse: "O nome que pode ser nomeado não é o verdadeiro nome".

Embora os humanos da antiguidade talvez tenham vivido uma percepção muito mais forte do interser do que nós hoje em dia, mesmo assim, pode-se dizer que a humanidade está adentrando um novo território, movida pela crise do antigo. Cada um de nós é consciente em alguns aspectos e cego em outros. Quando pensamos que determinada pessoa "não entendeu nada", talvez estejamos simplesmente vendo as deficiências daquela pessoa enquanto não enxergamos as nossas. Certamente os outros podem olhar para nós e concluir de modo obtuso que nós é que não entendemos nada. A pessoa que não entendeu é você. Como diz Wayne Dyer: "Se você perceber algo nos outros, é porque está em você". Não poderia ser diferente num mundo do interser, onde cada um está em todos e todos estão em cada um.

O mundo não contém dois tipos de pessoa – aqueles que entenderam e os que não entenderam; os que são conscientes, despertos ou evoluídos, e os que não são; os que entraram na quinta dimensão e os que estão presos na terceira; os que estão entre os eleitos de Deus e os que estão destinados a arder no inferno. Quantas vezes você se sentiu um extraterrestre em um mundo de pessoas que não entendem e não se importam? A ironia é que, lá no fundo, quase todo mundo se sente da mesma maneira. Quando somos jovens é forte a sensação de missão, e de ter uma origem e um destino magníficos. Qualquer carreira e estilo de vida que traia essa sensação é vivido como doloroso, e só pode ser mantido por uma luta interior que desliga parte de nosso ser. Por algum tempo, podemos nos manter em funcionamento através de vários tipos de vício ou prazer superficial, para consumir a força vital e amainar a dor. Em outros tempos, talvez mantivéssemos o senso de missão e destino enterrado por toda a vida, e chamaríamos essa condição de maturidade. Não mais. A História do Mundo que a mantinha enterrada está moribunda. As instituições que conspiravam para nos manter viciados estão desmoronando. Cada um de nós – a seu próprio modo, através de uma permuta única de crises e milagres, expulsão e convite – está começando a compreender.

Escrevo como se a transição da velha para a nova história fosse um evento singular, "ou tudo ou nada", mas a realidade é bem mais complicada. É possível viver alguns aspectos da velha história e alguns da nova de forma simultânea, e em cada um desses aspectos vivenciamos a mesma dinâmica de crise, colapso, espaço entre histórias, e nascimento para o novo.

Um recém-nascido é frágil e dependente, e só consegue sobreviver graças ao cuidado daqueles que já estão estabelecidos no mundo. É assim quando nascemos para uma nova dimensão da História do Interser. Para ficar ali, precisamos da ajuda das pessoas que já a habitam e compreenderam seu funcionamento. A iluminação é um projeto grupal.

Hoje, a expansão de consciência para a História do Interser está acontecendo pela primeira vez de forma tão maciça que chega a prescindir dos velhos ensinamentos sobre a prática espiritual, gurus e mestres. A era dos gurus acabou – não porque não precisemos ajuda de fora para habitar a nova história, mas porque a transição está acontecendo com tantas pessoas, de tantos modos, que ninguém pode, sozinho, preencher a função tradicional do guru. Aqueles que tentaram, no final do século XX, se não tiveram a graça de fazer a passagem ou o bom senso de se aposentar, em geral chegaram a um fim inglório, metidos em escândalos de dinheiro, sexo e poder.

Isso não se deu porque fossem charlatães – a maioria, creio, eram pessoas de profundo conhecimento, experiência mística e prática consolidada. Mas o nível freático da consciência tinha subido a um tal ponto que começou a brotar de muitas nascentes novas, e ninguém conseguiu conter essa energia.

Certamente restam na atualidade muitos mestres íntegros e sábios, de linhagens tradicionais ou não, que têm muito a oferecer. Me encontrei com muitos deles, pessoas muito mais sábias do que eu, mas, todos eles, segundo me pareceu, precisavam também de mestres, e muitos dos que mais admiro prontamente reconheceram isso. Portanto, não estou dizendo que só podemos confiar no guru interior, como propalado por certos ensinamentos da Nova Era. Estou dizendo que o guru, agora incapaz de encarnar em algo tão pequeno como uma pessoa única, tomou a forma de um grupo. Como diz Thich Nhat Hanh, o próximo Buda será uma *sangha*. Como diz Matthew Fox, a segunda vinda de Cristo será o advento da consciência crística em todos. Talvez se possa dizer que o trabalho de milênios realizado pelos santos, sábios, místicos e gurus está perto de se completar.

Destino

> *Não há fatos. São apenas histórias.*
> – Whiteman (xamã nigeriano, citado por Adebayo Akomolafe)

Falo do mundo mais bonito que nossos *corações* nos contam que é possível porque nossa mente, embebida na lógica da Separação, muitas vezes nos diz que não é possível. Mesmo quando começamos a aceitar a nova lógica do interser, a velha dúvida continua pairando. Isso acontece porque as crenças intelectuais são apenas brotos de todo um estado de ser. Este livro explorou várias facetas desse estado de ser: os hábitos associados a ele, as feridas escondidas nele, as histórias que o reforçam e as instituições sociais que refletem e sustentam tais histórias. Mudanças em todos esses níveis são necessárias para que qualquer um de nós, e portanto todos nós, habitemos um mundo mais bonito.

Pelo fato de esse mundo não ser possível a partir da História da Separação, será preciso um milagre (na definição dada no capítulo "Milagre") para chegar lá. Em outras palavras, só se consegue isso através de métodos, ações e princípios causais de uma nova história, uma nova compreensão do ser, da vida e do mundo. Pelo mesmo motivo, o desespero que diz "Não vamos conseguir" revela a deficiência dos métodos, ações e princípios causais que consideramos práticos e possíveis.

A questão "Será que conseguiremos?" já traduz um profundo desempoderamento. Essa pergunta sugere que há um fato que independe de nossa ação. O medo por trás da pergunta é: "O que quer que eu faça, não importa, porque o mundo vai acabar de qualquer jeito". E o pressuposto por trás do medo é que eu sou separado do universo. Essa é parte da nossa história. O pressuposto, o medo e a pergunta desaparecem quando mudamos para a História do Interser. Nela, sabemos que qualquer mudança em nós coincidirá com uma mudança em outras pessoas e no mundo, pois a nossa consciência não é separada da deles.

Negar que "O que eu faço não importa" é algo tão audacioso que parece um delírio. É como afirmar que, se vamos conseguir ou não, isso depende de mim, pessoalmente. Não num sentido egoísta do tipo "depende de mim e não de você", mas no sentido de que depende de mim e de você e de você e de você... de todo mundo. Isso é totalmente diferente – na verdade, o oposto – do dogma desempoderador da separação, que afirma que não vamos conseguir a não ser que todos mudem e, portanto, o que eu ou você façamos não importa. O que estou dizendo é que de fato depende de você, independente do que eu faça, e depende de mim, independente do que você faça. A mentalidade da Separação se encolhe diante de tal paradoxo, mas a mentalidade do Interser compreende que, no mundo no qual você fez o que cabia a você fazer, eu também terei feito o que me cabia fazer. Através de suas ações, você escolhe de que história e de que mundo quer participar.

Longe de mim tentar estabelecer uma metafísica da intersubjetividade. Digamos apenas que o paradoxo só é um paradoxo no contexto de seres separados num universo objetivo. É verdade que esse também é o contexto para o método científico e para a maioria dos paradigmas científicos e tecnologias aceitas na atualidade. Já que estes determinam aquilo que percebemos como possível, quando aceitamos essa visão de mundo a resposta à pergunta "Será que conseguiremos?" provavelmente será negativa. Simplesmente não há soluções realistas para a maioria dos nossos problemas. O tempo para as soluções convencionalmente aceitas deve ter chegado e ido embora lá pelos anos 1960.

Partilharei com vocês uma intuição que tive, um quadro que surgiu inteiro instantaneamente na minha cabeça quando alguém me perguntou por que acredito que não vamos repetir os erros dos anos 1960. "De fato", eu disse, "essa foi a nossa primeira chance, e a perdemos". Seria possível fazer uma transição bem suave naquela época, quando o mundo tinha uma população de apenas três bilhões e a maioria das florestas tropicais estava intacta, os recifes de coral vivos, os níveis de CO_2 ainda remediáveis etc. Os cientistas com visão de futuro entenderam a ecologia, e visionários de todos os tipos desenvolveram as tecnologias simples para que três bilhões de pessoas vivessem em harmonia com a Terra. Mas não era para ser.

Agora temos uma segunda oportunidade, e dessa vez a transição não será tão suave. Riquezas demais foram destruídas, pessoas demais foram traumatizadas para que possamos esperar por uma transição fácil. De fato, os que compreendem com mais profundidade a gravidade das múltiplas crises que convergem na nossa direção não têm esperança alguma. Muitos falam de "cuidar de uma civilização moribunda". Este livro sustenta que seu desespero brota da mesma fonte das próprias crises e que, à medida que formos mudando para uma nova História do Mundo, as coisas que pareciam demandar milagres se tornarão possíveis. Mesmo com as extraordinárias tecnologias sociais e materiais, a transição será acidentada, mas ao menos poderemos evitar os bilhões de baixas que os catastrofistas preveem.

Talvez percamos essa oportunidade também. Se a mitologia nos pode servir de guia, teremos uma terceira chance. Talvez lá por 2050, quando o dano à ecosfera nos atingirá de modo verdadeiramente calamitoso, com consequências inevitáveis, salvo se acontecer uma mudança de rumo quase milagrosa agora. Em 2050 o dano cumulativo à ecologia, à saúde, ao corpo social e à psique terá sido tão grande que mesmo expandindo imensamente o âmbito do possível, apenas uma pequena parcela da humanidade sobreviverá. A desertificação; a poluição genética; a infertilidade; a poluição tóxica e radioativa etc., chegarão aos limites últimos da capacidade de regeneração do planeta. E é possível que percamos também a terceira oportunidade. Alguns seres não passarão da adolescência.

Milenaristas e utópicos têm afirmado há milhares de anos que sua geração vive tempos muito especiais. Por que eu seria diferente? O que faz o nosso tempo mais especial que os outros? Será que a história que a civilização tem vivido por milhares de anos poderá continuar por mais alguns milênios? Não creio, por uma simples razão: a ecologia. A narrativa da civilização nos descreve como separados da ecologia e isentos de suas limitações de crescimento. Não preciso explicar em detalhes que esse crescimento ilimitado é insustentável, que estamos chegando a uma coincidência de vários picos de recursos e picos ecológicos que se somam no Pico Civilização. Se estamos dispostos a destruir cada último pedacinho de riqueza natural, podemos apoiar o crescimento do consumo e da população por mais 40 anos, não mais que isso.

Portanto, podemos dizer com certeza que vivemos um tempo especial.

* *

Ontem falei ao telefone com Vicki Robin, a autora de *Your Money or Your Life* [Seu dinheiro ou sua vida]. "Estou em perigo de me tornar uma velhinha tricoteira", confessou. "As pessoas me procuram toda hora para receber inspiração e apoio, às vezes apenas querem a minha presença. Há pouco foi uma ecovila no Brasil. E a velha tricoteira dentro de mim pensou: 'Ecovila? Já tentamos isso. Não vai funcionar'. Não quero desempenhar esse papel."

Certamente, Vicki não é a única. Nas minhas viagens e correspondências encontro com muitos velhos hippies desiludidos. Às vezes vêm nas minhas palestras com tanta dor e cansaço, sem ousar reacender a esperança da juventude de um mundo mais bonito. Eles se encolhem ao ouvir falar de sociedade transformada ou mudança de consciência, pois isso toca a ferida da traição. Em suas comunidades e *ashrams*, com seus protestos por meio de meditação, amor, sexo, música, eles vislumbraram uma possibilidade assombrosamente bonita. Nós dizemos que eles ficaram desiludidos, presumindo que o que eles viram não era real, mas naquela época evidentemente *era* real. Não uma alucinação, mas uma visão de futuro. Estava óbvio que a Era de Aquário nascia e que a guerra; o crime; a pobreza; o ciúme; o dinheiro; a escola; as prisões; o racismo; o ecocídio e todas as nossas outras sombras logo se dissipariam diante do brilho de uma consciência expandida.

O que aconteceu não foi desilusão, pois desilusão teria sido descobrir que sua visão não era real. O que aconteceu foi que esses arautos do futuro foram esmigalhados pelos golpes das forças do passado, sejam institucionais ou psicológicas. Não apenas as forças sociais conspiraram para esmagar a experiência hippie, mas os próprios hippies carregavam em si a imagem daquelas forças, uma opressão imaterial que teve que se manifestar. Mesmo que eles estivessem conscientes da necessidade de cura mútua, suas estruturas incipientes eram fracas demais para suportar.

Outro modo de ver esse fenômeno é que nos anos 1960 a Era da Separação ainda não tinha chegado ao seu ápice. Havia ainda extremos mais distantes de alienação, separação, fragmentação a serem explorados pela humanidade. Os anos 1960 foram como um momento de clareza que o viciado experimenta antes de cair mais fundo. Só quando o mundo se desmantelar é que cairemos na sarjeta coletiva, e começaremos a viver da maneira como eles nos mostraram.

Se algum dos meus leitores participou da geração hippie que tanto amo, permita-me lembrá-los daquilo que sabem: o que viram e vivenciaram é real. Não foi uma fantasia. Foi nada menos que um vislumbre do futuro. Sua tentativa valente e malfadada de viver aquilo não foi em vão, pois ajudou a construir e fortalecer o campo morfogenético das possibilidades futuras. Em termos mais prosaicos, iniciou um processo de aprendizado cultural que a nova geração agora pode completar.

Como sei que aquilo que vocês vivenciaram é real? Repetidas vezes vejo as brasas daquela experiência ainda vivas nos olhos dos mais cínicos ex-hippies. E agora vem chegando a hora de reavivar essas brasas para fazer labaredas.

O que partilhei com Vicki foi que a nova geração de idealistas tem uma tremenda vantagem sobre os hippies. "O motivo pelo qual eles terão mais sucesso nas coisas que sua geração não conseguiu é simplesmente esse: você." Os primeiros pioneiros da contracultura não tinham pessoas mais velhas que os tivessem precedido na nova história. Eles não puderam aprender com os erros de ninguém. Não tinham ninguém que os apoiasse na nova história quando os velhos padrões irrompiam. É claro que havia umas poucas e raras exceções, mas em geral os hippies compreendiam que as gerações anteriores pertenciam a um mundo diferente. "Não confie em ninguém com mais de trinta", nos advertiam.

Hoje um amigo me disse: "Ao organizar eventos estamos sempre encontrando gente de 20 que tem uma sabedoria e uma generosidade que me deixam bobo. Eles têm um tipo de inteligência que nunca nem imaginava quando eu tinha 25". Em todos os lugares onde vou, vejo a mesma coisa: jovens que aparentemente já nasceram entendendo coisas que a minha geração levou décadas de duro esforço para alcançar. E eles se apossam dessa compreensão de um modo muito mais pleno. Uma jornada que nos custava décadas, eles fazem em meses. Os padrões do velho mundo não têm grande poder sobre eles. Algumas vezes nem precisam passar pelos mesmos processos de descobrir e decompor para deixar essas coisas para trás. É preciso apenas uma iniciação, uma afinação, e eles se transferem de uma vez para o novo. Nós, das gerações anteriores, seguramos o lugar para que eles embarquem, mas uma vez no novo espaço, eles vão muito mais longe do que nós jamais fomos.

A geração que está atingindo a maioridade agora poderá, de fato, criar um mundo que as gerações anteriores apenas vislumbraram. Conseguirão porque têm ombros sobre os quais se apoiar. A geração hippie, e em alguma medida os elementos de rebelião das gerações X e Y que se seguiram, montarão guarda em torno dos novos criadores, ajudando-os a manter a história de um mundo mais bonito, para que não se repita o que aconteceu nos anos 1960.

O relato acima, admito, se baseia na experiência da América do Norte. Que eu saiba, aquilo que acontecia nos Estados Unidos e na Europa Ocidental não aconteceu na Índia, China, América Latina ou África. Além disso, os povos indígenas sempre viveram muitos dos ideais que os hippies tentaram reviver. Contudo, é a civilização ocidental que agora está dominando o mundo com sua ciência, tecnologia, medicina, agricultura, formas políticas e economia, empurrando todas as alternativas para as periferias. Enquanto as pessoas no mundo todo reagem a essa civilização e lutam para construir alternativas, podem ainda se beneficiar de seus predecessores nos lugares onde a civilização primeiro atingiu seu ápice.

Entretanto, não imaginem que o Ocidente salvará a humanidade da civilização que ele mesmo perpetrou. Chapinhando como pobres peixes na lama de hábitos de separação invisíveis, não podemos desfazer uma civilização baseada na Separação. Nossa cura virá das periferias. Toda vez que viajo para países fora do mundo desenvolvido, tenho essa percepção renovada. Quando fui para a Colômbia, pensei: "Aqui temos pessoas que não se esqueceram tanto de como é ser humano. São espontâneas, abraçam, cantam, dançam, fazem as coisas com calma". Numa visita aos Estados Unidos, a ativista congolesa Grace Namadamu concordou que a minha sociedade não era mais conturbada do que a dela. É verdade, não temos milícias percorrendo o país estuprando mulheres e massacrando pigmeus. Contudo, ela observou que "As pessoas aqui não sabem sequer como criar seus próprios filhos", me disse. Ela ficou atônita com a falta de respeito (e obesidade, e impessoalidade, e falta de espírito comunitário...).

Nossa cura virá das bordas. Como poderia não ser, se o centro está se desfazendo?

- Virá das pessoas e lugares que foram excluídos da plena participação na velha História das Pessoas, e que portanto preservam alguma parte do conhecimento de como viver como interseres.
- Virá das ideias e tecnologias que foram marginalizadas porque contradiziam os paradigmas dominantes. Nelas se incluem tecnologias agrícolas; de cura; energéticas; mentais; de restauração ecológica e de remediação do lixo tóxico.
- Se apoiará também em tecnologias sociais e políticas marginais e quase esquecidas: tomada de decisões baseada em consenso, organizações não hierárquicas; democracia direta; justiça restaurativa e comunicação não violenta, para mencionar apenas algumas.
- Envolverá todo tipo de habilidades que o nosso sistema atual suprimiu ou desestimulou. Pessoas que ficaram para fora de nossas instituições econômicas dominantes, trabalhando com aquilo que amam e ganhando muito pouco, descobrirão que suas habilidades e experiências serão muito valorizadas por seu pioneirismo na nova história.
- Liberará as partes marginalizadas de pessoas que vêm suprimindo seus dons e paixões para ganhar a vida e serem normais. Em alguma medida essa categoria inclui todos os membros

da sociedade moderna. É possível sentir a inquietação desses dons suprimidos cada vez que pensamos "Não é possível que vim para a Terra para fazer isso!"
- Incorporará e validará as partes marginais da vida, as coisas que negligenciamos na pressa e pressão da modernidade: as qualidades de espontaneidade, paciência, lentidão, sensualidade e brincadeira. Desconfie de qualquer revolução que não incorpore essas qualidades – provavelmente não é uma revolução.

Quer ter um lampejo do futuro? É possível encontrá-lo naquilo que foi rejeitado, jogado no lixo, e floresceu lá, nos domínios do "alternativo", "holístico" e da "contracultura". (Coisas que foram descartadas e não floresceram nem se desenvolveram não se incluem nessa categoria – como, por exemplo, possuir escravos como bens comerciáveis e amarrar os pés das mulheres para deformá-los.) Aquelas práticas serão a nova normalidade. Algumas pessoas já vivem nesse território, mas a maioria de nós ainda está entre dois mundos, vivendo parte no antigo e parte no novo.

Iniciação

Um homem sai para desenhar o mundo. Ao longo dos anos ele povoa um espaço com imagens de províncias, reinos, montanhas, baías, navios, ilhas, peixes, salas, instrumentos, estrelas, cavalos e indivíduos. Pouco tempo antes de morrer, descobre que esse paciente labirinto de linhas revela os traços de seu próprio rosto.
– Jorge Luis Borges

Mas, será que conseguiremos? Se, como em tantas outras questões, as evidências e a razão são insuficientes para, sozinhas, determinarem uma crença, como responder a essa pergunta – em especial quando a resposta abarca todo o resto, mesmo nossas histórias mais básicas sobre o ser e o mundo? Ofereci em capítulos anteriores uma resposta: é preciso escolher a história na qual você quer estar.

Como escolher? Em que acreditar, dado que a razão, a lógica e as evidências são facilmente cooptadas a serviço de uma história? Eis um alternativa: escolha uma história que melhor encarna a pessoa que você realmente é, que você quer ser, e que você de fato está se tornando.

Por trás da neblina de impotência da pergunta "Será que conseguiremos?" está um portal que leva ao nosso poder de escolher e criar. Isto porque nesse portal está inscrita uma outra pergunta: "Quem sou eu?"

O desespero tem a mesma validade da história subjacente a ele, que gera aquilo que acreditamos ser possível. A história por trás do desespero é a História do Ser. Portanto, quem é você? Você é um indivíduo separado num mundo de outros? Ou você é a totalidade de todos os relacionamentos que convergem num lugar determinado de atenção? Não alimente a ilusão de que você pode responder a essa questão procurando provas. Ler mais alguns livros sobre fenômenos parapsicológicos ou vidas passadas não irá satisfazer seu cético interior. Todas as provas do mundo serão insuficientes. Simplesmente você terá que escolher, sem provas. Quem é você?

Os místicos têm nos oferecido a resposta há milhares de anos – duas respostas. De um lado, tire tudo que o liga ao mundo: seu dinheiro; relacionamentos; braços e pernas; linguagem – e ainda resta algo que é "você". Eu não sou isso, não sou aquilo. Algo, menos tudo, é igual a nada; daí a primeira resposta: você é nada. Mas quando nos encontramos ali, descobrimos que nada não é nada, é tudo: tudo brota do vazio, e uma partícula de vácuo quântico tem a energia de um bilhão de sóis.

Por isso a segunda resposta: você é tudo. Retire mesmo o menor dos relacionamentos e você ficará diminuído. Some um relacionamento e será aumentado. Modifique um ser deste cosmos e você será alterado também. Você, portanto, é tudo: uma teia de relacionamentos, cada um contendo tudo.

Esse é o ser do Interser. Despido da "situação", sua atenção é a minha atenção e a atenção de todo mundo. Somos o mesmo ser olhando para o mundo através de olhos diferentes. E esses olhos, esse pontos de vista, são todos únicos. Como disse o comediante Swami Beyondananda: "Você é um ser totalmente único, igual a todo mundo!"

Não direi mais sobre a natureza do ser. Quando mais falo, menos verdadeiro se torna. Além do mais, quem sou eu para saber o que você é? Portanto, digamos apenas que o ser separado com o qual temos vivido pelos últimos séculos, sob vários disfarces, é uma das possíveis histórias do ser.

"Quem é você?" Esta não é uma pergunta objetiva, qual história e qual ser é o verdadeiro você. O fato é que essa pergunta não pode ser respondida nem por todas as evidências do mundo, não há fato objetivo a questionar. Mas existe, sim, aquilo que é verdade. Você sente que a verdade sobre quem você é está mudando? Você sabe que, cada vez menos, você está sendo um ser da Separação?

O ser separado que tem medo de dar, medo de servir, que é vítima de forças impessoais e impotente para afetar o mundo hostil lá fora é o mesmo ser que quer provas de que não é esse ser. Não posso provar isso a você. Não posso provar que a História do Interser é verdadeira, assim como nenhum dos lados pode provar para o outro que está certo na política ou mesmo na ciência. Confiar em provas irrefutáveis é parte da velha história, a parte que chamamos de objetividade. Você terá que escolher, e não pode mais se refugiar nas provas para fazer a escolha. Isso vale para todas as perguntas que vai enfrentar. Qual crença é verdadeira? E muito mais ainda para a pergunta "Quem sou eu?"

Será que ainda ouço o cínico, o traído, dizendo: "E o que acontece se eu escolher ser o ser do Interser, e viver numa história em que a cura é possível, mas estiver apenas me iludindo?" Essa pergunta, você deve estar percebendo, traz a mesma energia de "Será que conseguiremos?" É o grito dolorido do ser separado. "E se eu estiver sozinho? E se eu doar e servir, mas ninguém nesse mundo hostil doar e cuidar de mim?" A conclusão é: "Melhor me prevenir, cuidar de meus próprios interesses e maximizar minha segurança". Imagine milhões de pessoas pensando a mesma coisa e agindo de acordo, e será possível perceber que é por causa da nossa imersão coletiva nessa história que nós criamos sua imagem e semelhança no mundo à nossa volta. Nós criamos as provas que em seguida inserimos na história como justificação.

Escolha viver numa nova história e você experimentará um reforço positivo semelhante. Você terá migrado para um mundo diferente, com leis diferentes. Recebo cartas toda hora dizendo coisas do tipo: "Doei todo o meu dinheiro e não consigo acreditar nas coisas mágicas que têm se desdobrado na minha vida". Às vezes os mestres da Nova Era, conscientes de tais histórias, ou tendo eles mesmos vivenciado o resultado de se libertar da programação da escassez, advogam que as pessoas mudem suas crenças sobre o dinheiro. É mais fácil falar do que fazer, pois tais crenças são parte de um mosaico muito maior, um padrão integral no centro do qual está "quem eu sou". Somente quando esta parte estiver mudando é que outras crenças podem mudar com ela, arranjando-se e formando um padrão mais bonito e novo. Mas se "quem eu sou" não mudou, as outras crenças serão arrastadas e alinhadas com esse ser, com a Separação, mesmo que se lute duramente contra a "negatividade". A negatividade está embutida na nossa mitologia mais básica sobre o ser e o mundo.

Em última instância, a menos que tenhamos – ainda que de forma parcial – nos mudado para dentro da História do Interser, será impossível mudar as crenças derivadas isoladas, e também não conseguiremos criar nada além da imagem da Separação no mundo. Nada que você fizer será útil. Mesmo que você lute contra o egoísmo para "ser uma boa pessoa", continuará a serviço de seus próprios interesses para parecer (a si mesmo e aos outros) uma pessoa boa, ao invés de realmente servir aos outros e ao mundo. Portanto, pare de tentar ser uma boa pessoa. Em vez disso, escolha quem você é. Aquilo que você criar com base nisso será muito mais útil do que qualquer coisa que consiga a partir de uma vaidade dissimulada. Além do mais, nosso conceito semiconsciente de "ser bom" está emaranhado de forma irrecuperável nos mecanismos de conformidade social e moralidade burguesa que servem para perpetuar o status quo. Ele nos impede de adotar as ações ousadas que desmantelam a velha história. Nesse quesito, talvez tenhamos algo a aprender até com os psicopatas.

Outro motivo pelo qual podemos afirmar que toda ação eficaz em direção a um mundo mais bonito vem de "Quem sou eu?" é que essa pergunta implica numa outra: "Quem é você?" Em outras palavras, vemos os outros pela mesma lente com a qual vemos a nós mesmos. Ao ver os outros como interseres que têm um desejo profundo de doar e servir, os abordaremos de acordo, abrindo espaço para que se vejam dessa maneira também. Se, por outro lado, os enxergamos como egoístas e separados, nos relacionamentos com eles dessa maneira e aplicaremos táticas de força, pressionando em direção a uma história segundo a qual estão sozinhos num universo hostil.

Em capítulos anteriores descrevi como as táticas do ativismo (que se baseiam no medo que o oponente tem da opinião pública, e no desejo de ganhar com isso) na verdade acabam dizendo ao oponente: "Eu te conheço. Você é egoísta e corrupto. Você não quer fazer o que é certo, então vamos ter que obrigá-lo". Para acreditar nisso em relação a alguém, temos que acreditar nisso a respeito de nós mesmos. Ainda que digamos a nós próprios que, diferente deles, nós não somos assim e já superamos essas coisas. Além do mais, acreditando que o outro é assim, acabamos abrindo esse espaço e convidando o outro a desempenhar esse papel. Quando o desempenha, nos sentimos justificados no tocante às nossas táticas e ao modo como o vemos. Porém, quando estamos na nova história, a mesma dinâmica traz o resultado oposto. Olhamos para todos à nossa volta, incluindo aqueles que seriam vistos como oponentes e todas as pessoas sobre as quais fazíamos julgamentos, e agora nossa mensagem a eles é: "Eu conheço você. Você é um magnífico ser divino que tem sede de expressar sua divindade em forma de serviço. Você, como eu, quer investir seus dons na criação de um mundo mais bonito".

A maioria de nós não consegue se manter sozinho na nova história – fazê-lo seria contradizer o princípio básico do Interser. Se você é parte de mim, e você está na Separação, então uma parte de mim também está. Deus sabe que existem muitas forças sociais e econômicas nos prendendo à velha história. Um milagre ou um colapso pode nos lançar temporariamente para fora do mundo da Separação, mas para ficar lá, a maioria de nós precisa de ajuda. Isto é algo que todos podemos oferecer uns aos outros. Por isso afirmo que a iluminação é um esforço grupal.

O caminho para o Encontro tem muitas curvas e viradas inesperadas. Às vezes uma curva muito fechada faz parecer que estamos retrocedendo. Essas reviravoltas, e mesmo os becos sem saída e retrocessos, são todos parte do caminho no novo território do Interser. Esse terreno é desconhecido para nós. Há poucos mapas, e não aprendemos a enxergar a trilha. Estamos seguindo um caminho invisível, aprendendo uns com os outros. Ao fazê-lo, ao aprender a reconhecer suas indicações sutis, o caminho se torna visível. Na ausência de mapa e nos estágios muito iniciais da nova história, só podemos seguir nossa intuição em cada ocasião onde é preciso escolher, guiados pela bússola do nosso coração, sem saber como nossas voltas nos levarão ao destino. Muitas vezes nossos hábitos de separação nos levam a vagar de novo pelos caminhos batidos, antigos, do velho mundo que conhecemos. É preciso desenvolver uma nova visão para enxergar as pistas apagadas de pegadas antigas indicando a saída do labirinto. É preciso ver o próprio terreno, a verdade por trás das histórias.

Caminhando, o destino desponta e desaparece de vista. Ao subir um morro – ali está! De algum modo minhas andanças me trouxeram mais perto. Descendo para o vale, me sentindo perdido, buscando pela direção correta, chego a duvidar que o destino que vi realmente existe. Nesses momentos me encontro com outro viajante. "Sim", diz ele, "Eu vi também". E partilhamos o que aprendemos sobre como trilhar esse caminho invisível. À medida que mais pessoas vão entrando no território, esses encontros acontecem com maior frequência e, juntos, achamos o caminho adiante para chegar ao mundo mais bonito que nossos corações sabem ser possível.

Um padrão comum nesse trajeto é o fato de que a primeira exploração no novo terreno pode ser suave por algum tempo, mas logo a vida oferece uma experiência que passa essa mensagem: "Tem certeza? Tem certeza de que quer viver aqui e ser essa pessoa?" Por exemplo, você larga um emprego que oferecia segurança financeira confiando que as coisas vão dar certo porque você está seguindo seu coração. Mas nenhum emprego milagroso aparece, suas economias vão minguando, e os medos que se escondiam atrás da afirmação "Vai dar certo de algum jeito" vêm para o centro do palco. Quem é você, de verdade? Se tudo transcorresse sem incidentes, você não teria que enfrentar essa questão de frente. Às vezes as escolhas precisam ser duras para que fique claro quem realmente somos. Os temores do tipo "e se..." acontecem ou mostram uma aparência convincente de que acontecerão de um modo ou outro. Uma mulher me disse : "Tenho medo de que se eu começar a defender as coisas que quero, meu marido me abandonará". Por fim ela fez isso e seu marido realmente a abandonou. Pare de viver do modo como vivia e pode ser que o pior aconteça. Ou talvez ameace acontecer. E nesse momento você saberá se está disposto a fazer uma escolha real ou a escolha condicional, dependente da esperança de que tudo vai dar certo e pronta para ser revertida assim que algo parece dar errado.

Quando a pessoa passa por uma série de iniciações desse tipo ao entrar na nova história, ele ou ela fortalecem sua posição dentro desse território e assim podem abrir espaço para outros. Num momento de crise, ou ao enfrentar uma iniciação, se a pessoa não consegue acreditar na História do Interser, um outro já iniciado, forte, pode acreditar por ela, segurando a porta aberta até que o novato esteja pronto para entrar. A cada iniciação nos fortalecemos como portadores da história, e nossas palavras e ações se tornam parte da narração da história.

Espero que este livro tenha servido para fortalecer você como contador da história, portador da história e servidor de uma nova História das Pessoas. Terminarei contando uma história pessoal.

REUNINDO A TRIBO

Era uma vez uma grande tribo de pessoas que viviam num mundo muito distante. Se era distante no espaço, no tempo, ou mesmo fora do tempo, não sabemos. Viviam num estado de encantamento e alegria que poucos hoje ousariam acreditar que existe, salvo naquelas raras experiências de pico quando vislumbramos o verdadeiro potencial da vida e da mente.

Certo dia, os anciãos da tribo convocaram uma reunião. Juntaram-se em roda e uma anciã disse de modo muito solene: "Meus amigos, há um mundo que precisa de nossa ajuda. Chama-se Terra, e seu destino está por um fio. Seus humanos chegaram ao ponto crítico de seu nascimento como coletividade, o mesmo ponto em que nós estávamos há um milhão de anos, e eles serão um natimorto se não ajudarmos. Quem gostaria de ser voluntário para partir em missão a esse tempo e lugar e prestar serviço à humanidade?"

"Nos fale mais sobre essa missão", disseram.

"Não será fácil. Nosso xamã os colocará num transe muito, muito profundo, tão completo que se esquecerão de quem são. Viverão uma vida humana e no começo esquecerão por completo suas origens. Se esquecerão até mesmo da nossa língua e do seu verdadeiro nome. Ficarão apartados da maravilha e beleza de nosso mundo, e do amor que nos banha a todos. Sentirão uma saudade pungente, mas serão incapazes de dar nome àquilo de que têm saudade. Se lembrarão do amor e da beleza que reconhecemos como normais, apenas pelo desejo de seu coração. Sua memória tomará a forma de um conhecimento intuitivo da existência, da possibilidade de um mundo mais bonito quando mergulharem nessa Terra dolorosamente desfigurada.

"Ao crescerem nesse mundo, seu conhecimento ficará sob ataque constante. Dirão a vocês de um milhão de modos que um mundo de destruição; violência; trabalho sem sentido; ansiedade, e degradação é normal. Poderão passar por tempos em que estarão completamente sozinhos, sem aliados que reafirmem seu conhecimento de um mundo mais bonito. Talvez caiam nas profundezas de um desespero que nós, no nosso mundo de luz, nunca imaginamos. Mas, apesar de tudo, uma fagulha de conhecimento jamais os abandonará. Uma lembrança de sua verdadeira origem ficará gravada em seu código genético. Essa fagulha ficará dentro de vocês, inextinguível, até que um dia se acenderá.

"Vejam, mesmo que se sintam, por algum tempo, totalmente sozinhos, não estarão. Enviaremos ajuda, assistência que sentirão como milagrosa, experiências que vocês descreverão como transcendentes. Essas vivências serão como ar que sopra sobre a fagulha e a transforma em chama. Por momentos, horas, ou dias, vocês despertarão para a beleza e alegria que deveriam ser normais. Vocês as reconhecerão sobre a Terra, pois apesar das pessoas e do planeta estarem profundamente feridos, ainda há beleza ali, projetada do passado e do futuro no presente como uma promessa do que é possível, e um lembrete do que é real.

"Depois desse vislumbre, a chama pode morrer e se tornar brasa de novo, à medida que as rotinas da vida normal tomarem conta de vocês. Mas depois do despertar, parecerão menos normais, e a história daquele mundo parecerá menos real. E a brasa se iluminará com mais intensidade. Quando muitas brasas fizerem assim, todas se tornarão uma chama juntas, e se sustentarão mutuamente.

"Pois lembrem-se de que não estarão lá sozinhos. Quando começarem a despertar para sua missão, encontrarão outros de sua tribo. Vocês os reconhecerão pelo propósito comum, valores e intuições partilhadas, e pela similaridade dos caminhos que trilharam. Quando as condições do planeta Terra forem chegando às crises, seus caminhos se cruzarão mais e mais. O tempo da solidão, o tempo de pensar que estavam loucos terá acabado.

"Encontrarão pessoas de sua tribo por toda a Terra e as conhecerão através das tecnologias de comunicação a distância usadas naquele planeta. Mas a verdadeira mudança, o mais forte estímulo virá de encontros presenciais em lugares especiais. Quando muitos de vocês se reunirem, lançarão uma nova etapa da sua jornada, uma jornada que – posso lhes assegurar – terminará onde começa agora. Então, a missão que repousava inconsciente dentro de vocês florescerá na consciência. Sua rebelião intuitiva contra o mundo que lhes for apresentado como normal se tornará uma busca explícita para criar um mundo mais bonito."

Uma mulher disse: "Fale-nos mais sobre o tempo da solidão, para que possamos nos preparar".

A anciã falou: "No tempo da solidão vocês procurarão se convencer de que não estão loucos. Farão isso contando às pessoas sobre tudo que está errado no mundo, e se sentirão traídos quando elas não prestarem atenção. Talvez tenham necessidade de histórias sobre coisas erradas, atrocidades, e destruição ecológica, pois elas legitimam suas intuições de que um mundo mais bonito existe. Mas depois de receberem a ajuda que enviaremos, e depois do estímulo dos encontros, não mais precisarão disso. Pois saberão com certeza. Sua energia doravante será voltada para criar ativamente esse mundo mais bonito".

Um dos membros da tribo disse: "Como sabe que isso vai funcionar? Tem certeza de que os poderes de nosso xamã são fortes o suficiente para nos enviar numa tal jornada?"

E a anciã respondeu: "Sei que vai funcionar porque ele já fez o mesmo muitas vezes antes. Muitos foram enviados à Terra para viver vidas humanas e construir as bases da missão que vocês empreenderão agora. Ele tem praticado muito! A diferença é que agora muitos irão ao mesmo tempo. A novidade nesse tempo que viverão é que vocês formarão massa crítica, e uns despertarão os outros para a missão. O calor que gerarão acenderá a mesma fagulha que está escondida em todo ser humano, pois em verdade todos são membros de uma tribo como a nossa. A galáxia inteira e mais além, tudo está convergindo para a Terra, pois nunca um planeta chegou tão fundo na Separação e conseguiu voltar. Aqueles de vocês que decidirem ir serão parte de um novo passo na evolução cósmica".

Um membro da tribo perguntou: "Existe o perigo de ficarmos perdidos nesse mundo, e nunca despertarmos do transe xamânico? Há perigo de o desespero, o cinismo e a dor da separação serem tão fortes a ponto de extinguir toda centelha de esperança, a fagulha de nosso verdadeiro ser e origem, e de ficarmos separados daqueles que amamos para sempre?"

A anciã respondeu, "Isso é impossível. Quanto mais estiverem perdidos, mais poderosa será a ajuda que enviaremos. Talvez a recebam num tempo de colapso de seu mundo pessoal, a perda de tudo que era importante para vocês. Mais tarde reconhecerão a dádiva ali contida. Jamais os abandonaremos".

Outro homem disse, "É possível que nossa missão fracasse, e que esse planeta, a Terra, pereça?"

A anciã então ponderou: "Responderei sua pergunta com um paradoxo. É impossível que sua missão fracasse. Sim, seu sucesso depende de suas ações. O destino do mundo está em suas mãos. A chave para o paradoxo está dentro de vocês, no sentimento que trazem, de que cada uma de suas ações, mesmo as lutas mais pessoais e secretas, têm significado cósmico. Saberão então, como sabem agora, que tudo que vocês fazem tem importância".

Não houve mais perguntas. Os voluntários se reuniram em círculo, o xamã foi até cada um deles. A última coisa de que tiveram consciência foi da fumaça que o xamã soprou no rosto de cada um. Entraram em transe profundo e sonharam que estavam num novo mundo, nesse onde estamos hoje.

Texto composto em Versailles LT. Impresso em papel Pólen Soft 80g pela Paym Gráfica.